LE

MARQUIS DE FAYOLLE

Chez les mêmes Éditeurs

OUVRAGES
DE
GÉRARD DE NERVAL

La Bohême galante. . . . . 1 vol.
Les Filles du Feu. . . . . 1 —
Souvenirs d'Allemagne. — Lorély . . . . 1 —

SÈVRES. — IMPRIMERIE DE M. CERF.

LE MARQUIS
DE FAYOLLE

PAR

GÉRARD DE NERVAL

TERMINÉ PAR ED. GORGES

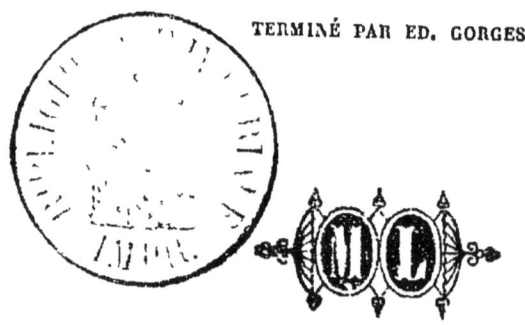

PARIS

MICHEL LÉVY FRÈRES, LIBRAIRES-ÉDITEURS

RUE VIVIENNE, 2 BIS

1856

Droits de reproduction et de traduction reservés.

Habent sua fata libelli

Je dois dire ici, pourquoi je place un nom obscur au-dessous d'un nom glorieux, du nom d'un écrivain aimé du public, aimé de tous ceux qui l'ont connu.

L'explication est bien simple :

En 1849, je racontais à Gérard un épisode de la guerre des Chouans; il écrivit le MARQUIS DE FAYOLLE, qui parut en feuilletons dans le journal le *Temps*.

Au bout de quelque temps, le journal cessa de paraître, et avec lui le roman commencé.

Tout le monde connaît la fin malheureuse du pauvre Gérard, mort d'ennuis, de misère, de chagrin, et abandonné de ses meilleurs amis...

Pauvre cher grand homme! si bon, si simple, si dévoué pour tous, si aimant; si tu avais eu pour vivre et pour rêver, la moitié de ce qu'ont coûté les cierges et la musique de ton enterrement, tu ne serais pas mort...

En souvenir d'une amitié qui remontait à bien des années, j'ai voulu finir ce roman commencé par lui.

Ce sera une larme à sa mémoire, une fleur sur sa tombe...

Dans ce livre, ce qui est bien est de lui, ce qui est mal est de moi.

1ᵉʳ mars 1856.

LE MARQUIS DE FAYOLLE

LE

MARQUIS DE FAYOLLE

PREMIÈRE PARTIE

LES CHOUANS

PROLOGUE

I.

Le plus beau moment pour voir la Bretagne est le mois de septembre ; l'automne commence ; les ormeaux au feuillage velouté, les chênes et les hêtres prennent des teintes plus sombres, et leurs feuilles se nuancent de belles couleurs jaunes et rouges ; les fougères sèches se mêlent aux ajoncs toujours en fleurs, et, vers la fin du jour, les grands arbres des montagnes se baignent dans des lointains violets, d'un effet charmant.

De loin en loin, des deux côtés de la route, on trouve quelques masures en terre, blanchies à la chaux, avec leurs toits de mousse, des hangars de paille, çà et là des paysans trapus, aux membres noueux, aux traits rudes, coiffés de bonnets rouges, vêtus de peaux de chèvres, ou de sarreaux de toile, et les jambes serrées dans des gamaches de toile, boutonnées jusqu'au genou, — poussant devant eux une maigre haridelle mal peignée qui broute au passage quelques touffes d'herbe ou les ronces du fossé.

Plus loin, des enfants en guenilles, jouant avec les poules et les chiens de la basse-cour ; ou des femmes filant la quenouille et faisant paître leurs vaches dans la rigole du grand chemin.

Vers la fin de septembre, deux voyageurs, dont l'un écrit ces lignes, avaient entrepris une tournée en Bretagne. Tous deux fouillant le passé et cherchant dans les châteaux en ruines des enseignements pour l'avenir.

Notre récolte s'était bornée d'abord à quelques croquis de clochers à jour, de dolmens et de menhirs, à des dessins de costumes riches et variés et d'un effet très-pittoresque.

Au point du jour, la diligence s'arrêta à Vitré.

Vitré est peut-être la ville de France qui a le mieux conservé sa physionomie du moyen-âge. Elle a toujours ses vieux porches en bois, à colonnes à peine dégrossies enjolivées de sculptures ébauchées. Ses maisons d'ardoises avec pignon sur rue, ses fenêtres étroites et bizarrement percées, suivant les caprices où les besoins des nouveaux propriétaires, ses rues longues, étroites, mal pavées, et ses lourdes portes chargées d'inscriptions bibliques.

Vitré est la ville des Rohan et des La Trémouille, le berceau de la réforme en Bretagne. Cette grosse tour qui défend le pont-levis converti en rue est la tour de Mme de Sévigné.

Son château des Rochers existe encore à deux lieues de là dans les terres, à peu près comme elle l'a décrit dans ses lettres.

Nous avions gardé du caquetage spirituel de cette illustre personne, un souvenir assez agréable pour lui devoir une visite de politesse mêlée d'un sentiment de curiosité.

En sortant de la ville, à droite, sur le bord du chemin vicinal qui mène de Vitré au château des Rochers, nous lûmes sur l'enseigne d'un cabaret le nom de JEAN LE CHOUAN.

Il serait assez curieux, dit le savant d'entre nous, de retrouver là un descendant de ces fiers *gars*, qui ont remué la Bretagne pendant vingt-cinq ans, donné la main aux Vendéens, résisté à Hoche, et que Napoléon seul a pu dompter en les incorporant dans l'armée d'Italie.

Nous entrons.

Un petit homme maigre et pâle, avec deux yeux gris et une barbe noire nous servit du cidre et des œufs durs.

— C'est vous qui vous appelez Jean le Chouan? demanda l'un de nous.

— A votre service, Monsieur, répondit Jean.

— Ne serait-ce pas quelqu'un de votre famille qui aurait donné son nom à la guerre des Chouans?

— C'est mon père, Monsieur, dit le paysan en se dressant avec un mouvement d'orgueil.

— Alors, nous sommes dans le véritable nid de la chouannerie?

— Pas tout à fait, dit-il; la chouannerie a commencé dans le château de la Rouërie, à Saint-Ouen, mais ce fut dans les forêts de Vitré, de Rennes et de Fougères que se firent les premiers rassemblements. Le quartier-général était à deux lieues d'ici, au château d'Épinay, dans le village de Champeaux, qui appartenait à M. le marquis de Fayolle, dont vous avez peut-être entendu parler.

— Oh! dit l'un de nous avec un mouvement d'épaules, je crois qu'on a beaucoup exagéré l'importance politique de la chouannerie! Les Chouans ne furent que des héros de broussailles, des brigands en sabots et des assassins fanatisés par des prêtres mécontents!

— Ne vous y trompez pas, dit l'autre, qui avait la prétention de généraliser toutes les questions, — ce qu'il appelait voir les choses de haut, — la chouannerie, comme la guerre de la Vendée, fut une résistance plutôt religieuse que politique, et, pour bien comprendre les causes et l'esprit de cette lutte de vingt-cinq années, il est nécessaire de jeter un coup-d'œil sur l'état politique et moral de la France avant 1789.

Il est clair que, des deux voyageurs, c'est le savant qui, dans ce qui va suivre, s'est livré à de certaines considérations historiques que l'autre, — le simple rêveur, si vous voulez, — n'a pu que résumer en substance.

II.

Il semble, selon l'opinion vulgairement répandue, que la noblesse française ait toujours été solidaire des empiétements de la monarchie. C'est une grave erreur. Aucun historien ne se refuse aujourd'hui à constater la lutte incessante des nobles de province contre les rois et les ministres qui cherchaient à établir le pouvoir absolu sur la ruine des franchises locales.

En même temps il n'est pas douteux que la noblesse défendit souvent ses privilèges personnels plutôt que l'indépendance des populations.

Les grandes idées, les grands dévoûments et les beaux caractères allaient s'amoindrissant depuis la féodalité. Après la Ligue, après la Fronde, la résistance de la noblesse prend une teinte purement religieuse; les plus dignes d'entre les opposants se font tuer ou chasser du royaume. La révocation de l'édit de Nantes emporte à l'étranger les derniers représentants de l'indépendance nobiliaire.

A dater de cette époque la noblesse de province était entièrement domptée. Ce qui en restait ne se composait plus que de familles pauvres ou décapitées de leurs branches les plus illustres, menant à peu près la vie des paysans ou s'enfermant au sein des vieux châteaux dans un isolement sauvage; quelques-unes même se livraient à l'industrie et au commerce maritime, qui leur offraient une indépendance relative et des ressources dont elles n'avaient pas à rougir.

Quant à la noblesse de cour, son orgueil et son faste suffisaient bien à représenter l'autre dans les parades et les cérémonies, — comme un bel acteur représente un héros. — Les cadets jaloux de leurs aînés, les bourgeois anoblis et les aventuriers élevés par l'intrigue brillaient d'un éclat douteux et passager, traînant dans les antichambres de grands noms, la plupart usurpés ou flétris. Que dire même des parlements, jésuites en robes rouges, crevant d'orgueil, hérissés de latin et empâtés d'érudition, préparant tout doucement sous le masque du bien public un gouvernement aristocratique qui leur attribuât tous les pouvoirs et mît en leurs mains les finances de la nation?

Toute la magistrature formait une opposition compacte et hargneuse, jalouse de ses prérogatives, se tenant par la main et ne négligeant pas toutefois les occasions de se donner une certaine popularité auprès de la bourgeoisie.

Ainsi, lors de l'édit de 1770, qui supprime les parlements, toutes les cours de France, la chambre des Comptes, la Cour des Aides, les bailliages et présidiaux, inondent la France de leurs réclamations, remontrances, mémoires, lettres, arrêts, arrêtés et protestations.

Alors, de guerre lasse, Louis XVI convoque les états généraux, « comme seul remède aux maux qui affligeaient la France. »

L'État avait un ennemi non moins dangereux dans le clergé; dans ce corps, qui venait dire au roi : « Nous possédons la moitié de vos domaines, la moitié de vos finances. »

En effet, d'après l'état des biens fournis lors de son assemblée de 1665, le clergé possédait, lui seul, la moitié du royaume.

Et que payait à l'État ce corps si prodigieusement riche?

Rien !

Il s'était, de droit divin, exempté de la capitation et du vingtième ; c'était un cas pécialement prévu dans les livres saints ; seulement le haut clergé voulait bien, par excès de générosité, se taxer lui-même et offrir une fois seulement au monarque reconnaissant, une sorte d'aumône que l'on appelait don gratuit, ou de joyeux avènement.

A ces calamités publiques, il faut encore ajouter la grande famille des privilégiés, de qui les biens étaient exempts d'impôts, et dont le peuple s'épuisait à engraisser l'orgueilleuse nullité.

C'étaient : les officiers de la maison du roi, des enfants de France, des princes du sang.

Les Ministres d'État, leurs commis, secrétaires, maîtresses, laquais et protégés.

Les Ordres de chevalerie du Saint-Esprit, de Malte, de Saint-Louis, de Saint-Lazare, etc.

Toute la noblesse, depuis les princes du sang, les ducs et pairs, jusqu'au fils du laquais qui avait de quoi acheter le titre d'écuyer, de marquis, de comte, ou l'audace de s'en parer.

Les officiers de robe des parlements, cours souveraines, présidiaux, bailliages, élections, trésoriers, secrétaires du roi.

Les intendants des provinces, les receveurs des tailles, les officiers des eaux et forêts, des gabelles, etc.

Les gouverneurs, lieutenants-généraux, majors des places-fortes, la maréchaussée, les lieutenants du roi.

Les maires, syndics des villes, échevins, jurats, leurs lieutenants et archers.

Les fermiers et sous-fermiers des trois ordres du clergé.

Toutes les terres nobles....

Enfin, il faut citer encore, d'après le cardinal de Fleury, les exempts par *industrie* et par *manège*. Cette classe, disait-il, est la plus nombreuse et la plus nuisible à la prospérité de la chose publique : ce sont ceux qui écartent d'eux le poids des impôts, par des présents corrupteurs, par le crédit de leurs parents, de leurs protecteurs ou par les femmes... Le nombre de ces gens-là est infini...

A ces charges accablantes, ajoutez la morgue des privilégiés et l'impunité assurée à certaines classes, et vous comprendrez quel était l'état moral et politique de la France avant 1789. Et si, plus tard, vous voyez le peuple se livrer à des excès, commettre des fautes, abuser de sa liberté, pardonnez-lui, car il a souffert pendant quatorze cents ans!!...

III.

Nous nous arrêtâmes quelques jours à Vitré.

L'histoire qui va suivre s'est passée dans les environs. Le fils de Jean le Chouan nous l'a racontée en partie ; plusieurs personnes du pays y ont ajouté des détails, dont notre mémoire a profité.

Vers la fin du mois de juin de l'année 1770, la comtesse de Maurepas, couchée sur une chaise longue, lisait, à moitié endormie, un roman de l'abbé Prévost.

La pendule marquait neuf heures du soir.

Le feu se mourait dans la cheminée : deux flambeaux de cuivre éclairaient faiblement l'une des salles du château d'Épinay, laissant perdus dans l'ombre les portraits de famille, les meubles et les lambris peints en grisaille.

La comtesse était une petite femme de vingt ans à peine, blanche et rose, avec de beaux cheveux bruns sans poudre, frêle et mince comme un enfant.

De temps en temps, ses grands yeux bleus se fermaient à demi, noyés dans le sommeil, se levaient vers l'aiguille de la pendule et retombaient fatigués sur les pages du roman.

En cet instant, la comtesse arrachée à sa rêverie tressaillit. M. le comte de Maurepas entra brusquement, en jetant de côté son feutre et son manteau trempés de pluie.

Puis, s'approchant de sa femme, et prenant ses petites mains blanches et grasses dans une de ses larges mains rougeaudes et hâlées, il déposa sur son front un baiser conjugal.

— Est-ce que tu t'ennuies? dit-il en détachant ses grandes guêtres boueuses et les jetant à un domestique.

La jeune femme répondit à cette interrogation par un mouvement de tête et d'épaule qui pouvait se traduire ainsi :

— Passablement.

Une belle comtesse, qui s'ennuie à vingt ans et qui fait un pareil accueil à son mari rentrant après une journée de fatigue, ne ressemble guère à ces châtelaines du moyen-âge qui allaient attendre sur le perron de leur château, le retour du seigneur et maître. Mais aussi, à cette époque, un comte n'eût pas tutoyé bourgeoisement sa noble compagne, comme vient de le faire M. de Maurepas.

Disons-donc quelques mots de sa position et de son caractère.

Ce seigneur, après avoir hérité, par la mort d'un de ses oncles, — du château d'Épinay, qui le rendait propriétaire de tout le village de Champeaux, avait épousé mademoiselle Hélène de Verrières, élevée à Rennes au couvent de Saint-George, où l'on ne recevait que des demoiselles nobles.

M. le comte de Maurepas résumait assez bien le type du gentilhomme breton.

D'une taille au-dessus de la moyenne, vigoureusement charpenté, le teint coloré, il avait le verbe haut, la parole brève, et les gestes violents.

Au printemps, il faisait quelques excursions dans les villes voisines, à Rennes, Vitré, La Guerche et Fougère, et visitait ses amis du Morbihan ou de l'Anjou. —

C'était sa mauvaise saison. Pendant six mois de l'année il passait ses journées à chasser, ses soirées à boire et ses nuits à dormir.

C'était, du reste, un excellent homme ; emporté parfois, mais affable, bon et obligeant, quand on ne le contrariait pas. — Mais, qui donc eût osé n'être pas de son avis dans tout le village de Champeaux ?

Ce genre de vie amusait médiocrement la comtesse, et le plus souvent, quand M. le comte, son mari, tablait avec ses amis, — du soir jusqu'au matin, chantant joyeusement des cantiques à boire, — elle s'enfermait seule dans sa chambre, et s'ennuyait à mourir en lisant des livres de piété. Quant au roman de l'abbé Prévot, c'était sur le nom de l'auteur qu'elle l'avait ouvert. En Bretagne, alors, on ne se méfiait pas encore des abbés.

Quant il eut largement soupé, M. le comte s'étendit devant un grand feu.

— Hélène, dit-il en laissant tomber lentement ses confidences, comme un homme bien sûr de produire un grand effet, — j'ai une proposition à te faire, mais je ne sais pas trop si elle te conviendra.

— Laquelle ? demanda la comtesse.

— Est-ce que tu n'aurais pas envie de voir Paris ?

La jeune femme fit un mouvement de surprise comme une personne assoupie — éveillée brusquement par une trop vive clarté.

Paris ! c'était le Ciel... mieux que cela, — c'était Versailles ! c'était la Cour avec ses fêtes éblouissantes comme des rêves, — le roi avec tous les prestiges de la royauté absolue, — tous les grands noms de la France, le luxe féerique des pierreries, des toilettes et des équipages.

En un mot, c'était pour elle le soleil se levant tout-à-coup brillant et radieux au milieu de la nuit...

— Mais, reprit le comte, jouissant de son étonnement, c'est un voyage de quinze jours au moins, long et ennuyeux ; les chemins sont mauvais, et les auberges tristes le long de la route... Qu'en dis-tu ?

1.

— D'abord, avez-vous l'intention sérieuse de faire ce voyage? hasarda timidement la jeune femme, qui craignait de se livrer trop tôt au plaisir.

— Très-sérieuse, dit le comte ; j'ai été chargé d'une mission par les gentilshommes des environs. Il est vrai de dire que le sort est tombé sur moi : je dois aller porter à Paris des remontrances au sujet de nos priviléges, attaqués sans relâche par le ministère... Cela se rattache un peu à l'affaire du duc d'Aiguillon; mais tu n'y comprendrais rien... Maintenant, voyons, décide-toi à m'accompagner ou à rester ici.

— Je ne voudrais pas vous laisser partir seul, mon ami. Et quand comptez-vous partir?

— Dans trois jours, au plus tard.

Hélène ne dormit pas de toute la nuit : elle avait peur de rêver. Puis, le lendemain matin, quand elle vit que ce projet était bien sérieusement arrêté dans la tête bretonne de son mari, elle s'abandonna à tous les transports, à tous les délices de sa joie d'enfant.

Le temps parut bien long.... Les préparatifs du voyage furent faits avec les soins les plus minutieux; les étapes calculées. Les époux n'étaient pas bien fixés sur la longueur du séjour qu'ils se promettaient de faire à Paris ; mais il fut décidé, qu'en attendant une installation plus convenable à leur rang et à leur fortune, ils descendraient provisoirement, et pour quelques jours seulement, dans la rue de l'Echelle, à l'hôtel du Gaillarbois.

A quelques jours de là, une lourde chaise de poste, traînée par quatre vigoureux chevaux, s'arrêtait dans la rue de l'Echelle, en face le guichet des Tuileries.

IV.

Le lendemain matin, M. de Maurepas sortit pour s'acquitter avant tout de sa mission. La comtesse, encore fatiguée des secousses de la voiture, devait attendre son retour pour visiter avec lui la ville. Une fois l'énorme cahier des doléances de sa province remis à qui de droit, le comte se faisait lui-même une fête d'accompagner sa femme dans les rues et les promenades, et de la présenter dans quelques maisons.

La comtesse attendit avec impatience, pendant toute la journée, puis jusqu'au lendemain matin, dans les plus vives inquiétudes.

Un billet, alors seulement, vint lui apprendre que son mari était enfermé à la Bastille.

Se désoler outre mesure, c'est sans doute ce qu'elle fit d'abord; mais c'était une femme de tête, et elle comprit que son devoir était surtout de solliciter l'élargissement de son mari.

Pour cela, il fallait voir du monde, et la comtesse ne connaissait personne à Paris. Son mari, homme assez taciturne d'ordinaire, comme nous l'avons dit, lui avait seulement cité quelques noms, parmi lesquels elle avait retenu celui de la baronne de Penguern, cousine des Maurepas. Elle se hâta d'écrire à la baronne, qui accourut et lui offrit un logement dans son hôtel de la rue Saint-Dominique pendant tout le temps que pourrait durer la détention du comte de Maurepas. Une jeune femme ne pouvait pas loger seule dans un hôtel meublé : la comtesse accepta avec reconnaissance. C'était en effet le parti le plus convenable à prendre dans la circonstance.

Entre l'existence solitaire qu'avait menée la comtesse depuis deux ans que durait son mariage et les splendeurs de la vie qu'on menait à l'hôtel d'une grande dame de la noblesse parisienne, il y avait un étrange contraste.

Mme de Maurepas, dans sa situation particulière, ne pouvait paraître dans les fêtes et les dîners d'apparat; mais elle ne put refuser de voir la société intime de la marquise.

Parmi les visiteurs les plus assidus, on remarquait

un jeune gentilhomme de la province de Bretagne, parent éloigné de Mme de Penguern, très-élégant de formes, de manières irréprochables, qui devait plus tard jouer un rôle important dans la guerre des Chouans. Voici le portrait que nous en a fait une personne de Vitré, qui l'avait particulièrement connu dans des circonstances que nous raconterons plus tard :

C'était un jeune homme de haute taille, maigre, mais d'une charpente forte et vigoureuse, avec une poitrine large et spacieuse dans laquelle le cœur et les poumons fonctionnaient à l'aise ; ses yeux noirs et ardents brillaient d'un éclat fiévreux ; ses sourcils droits et fournis, son nez long et pointu, sa bouche largement fendue, sa figure pâle et bistrée, ses mouvements violents, saccadés et impétueux accusaient au premier coup-d'œil un caractère à ne point garder de ménagements dans l'amour ni dans la haine.

Il portait, suivant la mode du temps, ses cheveux poudrés à blanc qui venaient se perdre dans une bourse de taffetas noir, appelée crapaud. Un habit de pékin bleu de France, à très-larges basques, à revers étroits, liserés d'or, laissait voir par devant un gilet de piqué anglais. Une culotte de tricot blanc s'attachait aux genoux par de petites boucles d'argent, et des bottines à retroussis jaunes venaient s'arrêter à la naissance d'un mollet sec et dur.

Ce personnage s'appelait le marquis de Fayolle.

Le marquis était l'aîné de sa famille. Son titre, sa fortune et son nom lui permettaient de prétendre à quelque union brillante ; mais emporté par la violence de ses passions, M. de Fayolle ne songeait guère alors à se reposer dans les joies tranquilles et douces du mariage.

Vivement touché du malheur arrivé à M. de Maurepas, le marquis promit d'employer tout son crédit personnel, et celui de ses amis, à le faire sortir le plutôt possible de la Bastille.

V.

Il n'entre pas dans les conditions de ce simple prologue, de développer longuement les événements qui marquèrent encore le séjour du comte et de la comtesse de Maurepas dans la capitale.

Avoir un mari à la Bastille, c'était trop de liberté inattendue pour une femme de vingt ans. L'époque d'ailleurs était assez dévergondée, comme l'on sait; les grandes dames de ce temps-là luttaient d'effronterie et d'inconstance avec les célèbres *impures* des fêtes et des bals publics; mais madame de Maurepas était trop bien élevée et trop provinciale encore pour avoir suivi cette route banale. De plus, la maison où elle s'était vue recueillie dans son veuvage momentané, était honorable, sinon tout-à-fait digne des vieilles mœurs de la Bretagne.

On faisait là de l'esprit et du paradoxe comme partout; mais cela était empreint de sentimentalisme, et même d'une sorte de mysticisme qui se rattachait facilement aux impressions superstitieuses de personnes issues, pour la plupart, de la vieille Armorique.

Le marquis de Fayolle était le plus ardent interprète de ces idées. Il avait lu les savantes rêveries de l'abbé de Villard, de dom Pernetty et du marquis d'Argens; il avait fait partie des célèbres réunions d'Ermenonville, où présidait le comte de Saint-Germain. Un tel homme était plus dangereux que tout autre, pour la comtesse, avec sa conversation tout empreinte des amours célestes de Swendenborg, et des théories sur le magnétisme des âmes qui préoccupaient alors tous les esprits désœuvrés.

La comtesse se laissa-t-elle entraîner, sans y songer, à cette pente dangereuse qui conduit de l'idéal aux réalités? — Unie, par raison de famille, à un mari peu sensible aux délicatesses de son éducation et de son esprit, sans doute elle put regretter de n'avoir pas connu plus tôt le brillant gentilhomme dont le hasard lui avait révélé les séductions.

Quelques personnes ont prétendu, qu'entraînée par curiosité, à prendre part à une de ces expériences de magnétisme qui faisaient alors le délassement des salons, et dont elle ne soupçonnait pas le danger, la comtesse céda à l'espèce d'influence surnaturelle que la science donnait à un homme déjà trop aimable à ses yeux. — Les évènements qui vont suivre donneraient quelque probabilité à cette version.

Le comte de Maurepas ne resta que quelques semaines à la Bastille. Les plaintes et remontrances qu'il avait apportées à Paris, dirigées contre l'administration du duc d'Aiguillon en Bretagne, l'avaient fait emprisonner comme calomniateur et factieux. L'influence du duc, qui, grâce à la faveur du roi, venait de triompher deux fois du parlement, avait aisément annulé la mission du hobereau breton. Les pièces avaient disparu; — on n'avait pas trop d'intérêt dès lors à retenir l'homme. Et puis, nous devons le dire, les sollicitations du marquis de Fayolle ne furent pas étrangères à son élargissement.

Pourquoi avait-il tenu à rendre ce service au mari de celle qu'il aimait? — C'est que depuis un certain jour, resté vague pour la pénétration des observateurs, la comtesse n'avait jamais voulu consentir à revoir l'aimable marquis.

VI.

Les deux époux avaient regagné le château d'Epinay, peu enchantés, par diverses raisons, de leur voyage à Paris.

La scène suivante se passa trois mois après par une froide soirée de février :

La comtesse était à demi couchée sur une bergère en tapisserie placée en travers d'une cheminée dans laquelle un tronc d'arbre achevait de se consumer.

Sa tête, penchée avec grâce, mais un peu fatiguée, s'appuyait sur une main blanche à fossettes, dont les doigts se perdaient dans l'écheveau de ses cheveux sans poudre, ce qui annonçait une grande habitude d'isolement. Sa robe de soie noire ondée, fort échancrée suivant la mode du temps, permettait aux moins clairvoyants de voir que Mme la comtesse de Maurepas était dans ce que les Anglais appellent une situation intéressante.

Son regard fixe, perdu, ses sourcils bruns légèrement froncés, annonçaient de tristes et sombres pensées.

Une voiture attelée de deux chevaux attendait dans la cour :

Une femme de chambre apportait des coffres, des cartons, fermait des malles, et déposait à la hâte cet effrayant attirail, sans lequel les femmes ne consentent jamais à se mettre en voyage.

Tout à coup la porte s'ouvrit avec fracas, et le comte entra.

Il revenait d'une de ces parties de chasse du pays qui durent plusieurs semaines, et il n'était certainement pas attendu dans ce moment.

La comtesse se dressa sur sa bergère comme poussée par un ressort, serra vivement autour de sa taille le mantelet dont elle était enveloppée, et demeura debout, pâle et tremblante, l'œil fixé sur son seigneur et maître...

— Je vois, dit le comte, qu'il était temps que j'arrivasse pour vous trouver encore ! — En bas une voiture, ici des bagages. Ah ça, sérieusement, est-ce que tu partais pour me chercher ?

— Oui,.. balbutia la comtesse, — je voulais... demain de grand matin...

— Bah ! et cette voiture en bas... est-ce qu'elle ne devait partir que demain ?

La comtesse atterrée ne trouva pas un mot à répondre.

— Voyons, dit le comte avec un sans-gêne campagnard. Dis-moi franchement que je suis un grand vaurien de passer mon temps à courir les champs, quand j'ai chez moi une charmante petite femme qui se désespère et s'ennuie à m'attendre... Là.., sérieusement, est-ce que tu comptais te mettre en route, cette nuit, par un temps pareil?

— Mais, oui... je m'ennuyais, et je voulais... aller passer quelques jours à Rennes chez ma tante de Renac.

— Et tu partais à la nuit..? malgré pluie et vent? dit le comte en l'attirant à lui... Regarde-moi en face?

Hélène essaya de lever les yeux sur lui...

Le comte hésita un instant..., puis une réflexion traversa son esprit. « Ah! je comprends, dit-il, tu me croyais toujours à Rennes, et tu voulais venir m'y surprendre?... Tu aurais dû au moins remettre ton départ à demain de grand matin... » Et, satisfait de cette explication qu'il se donnait de la conduite de sa femme, il s'avança vers elle pour l'embrasser.

La comtesse voulut le repousser, mais dans ce mouvement les plis du mantelet qu'elle tenait soigneusement drapé sur elle, se dérangèrent.

Le comte arracha brusquement le mantelet : et demeura immobile, les yeux ronds, la bouche béante...

— Enceinte! dit-il, en reculant d'étonnement. Puis, peu à peu, le regard qu'il tenait levé sur elle, s'assombrit et prit une expression effrayante!...

Il y eut quelques secondes d'un silence terrible...

— Malheureuse! cria le comte, en serrant fortement le bras de sa femme.

— Grâce! monsieur, grâce! s'écria la comtesse en tombant à genoux, la tête cachée dans la poitrine.

Le comte demeura atterré, anéanti, l'œil fixe, sans regard, sans pensée.

Puis la porte s'ouvrit pour la seconde fois et un homme s'arrêta sur le seuil.

Ce qui se passa alors fut terrible...

Le comte de Maurepas et le marquis de Fayolle se regardèrent fixement.

Entre ces deux hommes la lutte eût été longue et le résultat douteux. — Ce qu'il fallait surtout éviter, c'était la honte, le scandale...

Le comte se jeta sur ses pistolets de voyage :

Tous deux sortirent.

Le lendemain matin, le comte de Maurepas fut trouvé frappé d'une balle, sur la lisière du bois de sapins qui sépare le château d'Épinay du village de Champeaux.

Ce seigneur s'était montré souvent dur et brutal vis-à-vis de ses fermiers. — Le paysan breton est peu endurant de sa nature. — Le bruit se répandit que le comte avait été assassiné. — La justice chercha en vain les traces du coupable.

On fit au comte de Maurepas un enterrement magnifique. Tous ses parents et ses amis accoururent auprès de la comtesse, et la trouvèrent au lit se mourant de chagrin et inconsolable de la perte de son époux.

Les domestiques furent congédiés le lendemain.... Les portes et fenêtres du château demeurèrent fermées en signe de deuil.

Seulement, à quelque temps de là, par une nuit bien noire, on vit s'entrebâiller une petite porte du jardin donnant sur la route ; puis un prêtre sortit, tenant quelque chose enroulé dans des linges, — enfourcha un cheval attaché à un arbre de l'autre côté de la route et partit au galop.

Quelques jours après, la comtesse maria Yvonne, sa femme de chambre, à Jean le Chouan, et leur donna pour cadeau de noces une petite ferme dans la commune de Champeaux.

La comtesse avait consenti d'abord à revoir le marquis de Fayolle et à le suivre pour échapper à la colère de son mari. Mais le sombre résultat de la scène que nous venons de raconter lui laissa une impression telle, que désormais elle se consacra à la religion et s'enferma dans un couvent de Bénédictines, au milieu de la forêt de Rennes.

Quant au marquis de Fayolle, on apprit plus tard qu'il était parti pour l'Amérique.

FIN DU PROLOGUE.

I.

LE CHATEAU D'ÉPINAY.

Le château d'Épinay, où ces événements s'étaient passés, changea de maîtres à la suite de la mort du comte de Maurepas. Comme ce dernier ne laissait aucun héritier et n'avait point fait de dispositions en faveur de sa femme, le bien retourna à une branche éloignée de sa famille, et, par un hasard singulier, ce fut une demoiselle d'Épinay, épousée par le frère du marquis de Fayolle, qui l'apporta en dot à son mari.

Ce dernier n'avait par lui-même qu'une fortune assez modeste, les grands biens de la famille appartenant à l'aîné. Veuf depuis longtemps déjà, toute son affection s'était concentrée sur sa fille unique Gabrielle, qui, depuis un an à peine, venait de quitter le couvent.

L'abbé Péchard, le curé du village de Champeaux, était venu loger au château pour faire la partie d'échecs de M. le comte, combattre l'influence pernicieuse d'un autre commensal du logis, Martial Huguet, recteur de Vitré, gravement soupçonné de déisme, — achever l'éducation de Mlle Gabrielle et convertir son père qui, par conviction ou par esprit de contradiction, se montrait fort entiché des doctrines de MM. les encyclopédistes.

C'était la mode alors, et les idées de scepticisme et

d'examen, qui devaient plus tard amener la Révolution, flattaient les cadets de famille surtout, jaloux de la fortune de leurs frères, et commençant à douter que tout fût pour le mieux, dans le meilleur des mondes possibles.

Le comte de Fayolle était un homme de quarante ans, de haute taille, visant au majestueux ; il avait l'œil fin, le regard sec, le sourire ironique ; la parole prompte et caustique, sous une apparence de rondeur et de bonhomie irrésistible. D'une mise simple, le plus souvent négligée, sans prétention apparente, il cachait son orgueil nobiliaire sous cette familiarité protectrice que les paysans prennent toujours pour de la bienveillance.

Mlle Gabrielle de Fayolle, enfant de seize ans à peine, avait de beaux cheveux châtain clair, presque blonds ; ses grands yeux, d'un bleu pâle, lui donnaient une expression de douceur et d'ingénuité charmantes.

Gabrielle n'était qu'une enfant encore, et déjà pourtant les gentilshommes de Rennes et de Vitré trouvaient chaque jour de nouveaux prétextes pour venir saluer M. le comte à son château d'Épinay.

Chaque jour, au temps de la chasse, c'étaient des perdrix ou des bécasses qu'on venait de tuer à la porte du château, un lièvre ou un quartier de chevreuil qu'on venait offrir à M. le comte.

M. de Tinteniac surtout paraissait avoir pour M. de Fayolle une estime toute particulière. Il avait les plus beaux chevaux de la contrée ; sa meute était la plus nombreuse et la mieux appareillée ; puis son nom valait celui des Fayolle.

Un Tinteniac fut choisi jadis parmi les plus forts et les plus vaillants chevaliers pour se battre contre les gentilshommes anglais, dans le fameux combat des Trente qui se donna, en 1300 et tant, entre Ploermel et Josselin.

Mlle Gabrielle avait l'air d'ignorer complètement, — et peut-être l'ignorait-elle en effet, — que c'était pour ses beaux grands yeux bleus que se faisaient toutes ces chevauchées, ces chasses au tir et à courre.

Au château d'Épinay venait aussi,—comme nous l'avons dit, - l'abbé Huguet, le recteur de Vitré, — quelquefois seul, le plus souvent accompagné d'un grand garçon de dix-huit ans, d'une taille élancée, osseux et maigre, gauche, timide et embarrassé, sans pourtant paraître trop ridicule malgré cela.

Peu à peu, au reste, la timidité de ce jeune homme disparaissait, ses yeux brillaient et ses traits prenaient alors une expression de fierté, d'audace, d'énergie et de passion sauvage.

A sa pose, à sa démarche on sentait que ses membres, grèles en apparence, avaient l'élasticité, la force et la souplesse de l'acier.

Auprès de Huguet, il était à peu près aussi muet, aussi réservé qu'un confident de tragédie, et son rôle se bornait à écouter, avec une imperturbable résignation, les profondes réflexions de son maître sur l'égalité des hommes, — sur les républiques d'Athènes et de Rome, — sur les philosophes anciens et modernes, depuis Platon et Lucrèce jusqu'à Martin Luther, Descartes, Fénelon et Rousseau.

Georges s'occupait fort peu des graves mystères soulevés par ces grands esprits. Son plus grand bonheur était d'aller parfois avec son maître au château d'Épinay ; il s'y sentait attiré par une sorte d'instinct aristocratique, par un sentiment irréfléchi dont il n'avait pas encore essayé de se rendre compte.

Pour lui M. le comte de Fayolle, M. de Tinteniac lui-même, — Gabrielle surtout, — étaient des êtres à part, des créatures privilégiées.

Étonné de se trouver seul au monde, il avait souvent questionné l'abbé Huguet pour connaître le secret de sa naissance, et, en ne recevant que des réponses évasives, il se consolait en pensant que ce mystère cachait peut-être une naissance illustre, et il se voyait dans l'avenir fils d'un prince ou tout au moins d'un duc. Que de rêves délicieux, en cheminant le long des chemins creux ou couché sous un chêne ! Que de fois, sous prétexte d'étudier la Flore des environs, il avait poussé jusqu'au château d'Épinay, attiré par l'espérance de voir de loin Gabrielle à travers les branches et les champs de genets fleuris !

Un jour, caché derrière un massif d'aulnes et de coudriers enlacés de ronces et d'églantiers, il lisait un volume de la *Nouvelle Héloïse*. Couché sur le bord de l'étang, il aperçut de loin Gabrielle descendre le jardin, sortir de l'enclos et venir en face de lui laver ses pieds dans l'eau.....

C'était Julie !... il était Saint-Preux !...

Julie regagna le château sans oser faire un mouvement qui pût trahir sa présence. Lui, si plein d'audace, il tremblait de peur à la seule pensée que Gabrielle pût soupçonner le motif qui l'avait attiré.

Puis il s'en alla rêvant à cette gracieuse apparition, n'osant encore arrêter sa pensée à la possibilité d'aimer Mlle Gabrielle de Fayolle ou d'en être aimé. Souvent au château, pendant que Huguet discutait avec l'abbé Péchard sur le libre arbitre, - ou avec le comte sur l'égalité des hommes, — Georges se prenait à oublier ses yeux sur les grands yeux de la jeune fille, qui rougissait de plaisir.

Bien des fleurs avaient été échangées dans le jardin et dans les champs... Souvent Georges avait frissonné à table, en effleurant de ses doigts la main de Gabrielle. — Une fois, une seule, il avait osé presser de son pied celui de la jeune fille, sans qu'elle parût le moins du monde courroucée... Cette témérité l'avait fait longuement rêver...

Puis ce furent de longues promenades à La Haie, la ferme de Jean le Chouan, qui se trouvait à un quart de lieue sur la route de Vitré.

D'abord on se rencontrait par hasard à quelque distance du château, puis on marchait tout en causant, et le but de la promenade se trouvait être le même. Ce jour-là la mère Yvonne avait toujours de la galette chaude, du beurre et des œufs frais.

Un jour, Georges surprit M. de Tinteniac qui causait avec Gabrielle. — Pour la première fois la jalousie le mordit au cœur, et il s'en alla bien triste et bien malheureux.

A quelque temps de là, Gabrielle proposa la première une promenade à La Haie... Ils partirent ensemble du château ; tous deux marchaient côte à côte, le long des haies, sous les branches. Avant d'arriver au bourg de Champeaux, Gabrielle se trouva fatiguée et s'assit sur un bloc de granit, sous un vieux chêne aux branches duquel les ronces et les clématites avaient accroché leurs capricieux festons.

Depuis qu'ils étaient partis, Georges n'avait pas desserré les dents.

— Qu'avez-vous, Georges ? demanda Gabrielle.

— Rien, dit Georges d'un air passablement maussade.

Puis, quelque temps après :

— Pourquoi M. de Tinteniac a-t-il avec vous de si longues conversations ?

— Si longues ! dit la jeune fille ; je n'ai pas remarqué... Nous parlons de choses bien insignifiantes.

Georges la regarda en face.

Elle baissa les yeux et rougit.

La charmante enfant mentait déjà comme une grande personne.

Mais ce mensonge était une faveur, un aveu ; — car, si déjà elle n'eût pas aimé Georges, qui l'eût forcée à lui faire ce mensonge ?

Tous deux gardaient ce silence si doux quand le cœur est rempli de sentiments inexprimables.

Georges s'assit près d'elle sur la pierre et prit sa main qu'il porta à ses lèvres. Une douce et insensible pression répondit à son baiser.

Alors, enlaçant de son bras la taille souple et frêle de la jeune fille et l'attirant doucement à lui, les boucles de leurs cheveux se mêlèrent... Tous deux se sentirent frissonner de plaisir, et leurs bouches réunies se donnèrent un long et délicieux baiser.

Georges pressait fortement Gabrielle, qui se défendait à peine :

— Oh! que je vous remercie, Gabrielle, si vous m'aimez autant que je vous aime!...

La jeune fille sourit comme doivent sourire les anges quand ils sont amoureux.

— Je t'aime! dit Georges en l'étreignant fortement et l'enveloppant de son regard.

Les yeux baissés comme une madone en prière, Gabrielle se laissait adorer.

— Vous n'aimez pas M. de Tinteniac? demanda Georges.

— Je ne l'aime pas.

— Et s'il vous demande en mariage?...

— Je refuserai.

— Mais votre père, Gabrielle?

— Mon père m'aime trop pour vouloir mon malheur.

— Et vous oseriez lui avouer que vous m'aimez, moi dont on ne connaît ni le nom ni la famille?

— Je l'oserai.

— Oh! Gabrielle, le nom de Tinteniac est un des plus beaux noms de la Bretagne! mais, quel que soit celui que mes parents m'ont laissé, je veux le faire si beau, que vous puissiez l'entendre prononcer sans rougir.

Tous les amoureux ont l'ambition de monter sur un piédestal.

— Et, reprit Georges, si votre père refuse?...

— J'attendrai.

— Devant Dieu, Gabrielle, vous me promettez de n'avoir pas d'autre époux que moi?

— Je vous le jure!... Georges, dit Gabrielle en pressant la main du jeune homme.

— Le ciel nous entend! s'écria Georges avec exaltation.

Gabrielle tourna vivement la tête... Il lui avait semblé entendre marcher sur les feuilles sèches, de l'autre côté de la haie.

Le ciel les entendait en effet; mais par l'oreille d'un de ses serviteurs.

Le témoin était Péchard, qui, revenant de Champeaux, se rendait au château en disant son bréviaire; — en entendant du bruit à quelques pas de lui, il s'était approché doucement et il avait tout vu, tout compris.

Georges et Gabrielle rentrèrent au château, marchant côte à côte, lentement, silencieux et recueillis dans leurs pensées d'amour.

II.

LE SOUPER.

Le comte causait avec l'abbé Huguet. — On annonça M. de Tinteniac et la baronne de Tinteniac, sa mère.

La baronne avait une fierté digne du onzième siècle; elle n'était jamais si joyeuse que quand elle trouvait l'occasion de faire voir son mépris pour les petites gens.

Coiffée de ruches de dentelles, inondée de bouillons de soie, noyée de brouillards de blonde, elle était jolie encore, malgré ses cinquante ans, et avouait ses péchés sans trop de scrupules.

Mais, depuis quelque temps, ne sachant plus que faire, elle avait étudié tous les blasons et toutes les généalogies de la Bretagne, la province de France la plus riche en gentilhommerie.

Au souper, l'occasion était trop belle pour que la baronne ne crut pas devoir faire parade de ses connaissances héraldiques et généalogiques. Après avoir rappelé 'es noms, les alliances, les armoiries et l'origine des principales familles de la Bretagne, la baronne, par une transition adroite et flatteuse, finit par demander au comte de Fayolle s'il n'avait pas reçu depuis peu des nouvelles du marquis son frère.

— Il est toujours en Amérique avec M. de Lafayette, répondit le comte, — « et ne sais quand reviendra » comme dit la chanson.

— S'il revient jamais!... — observa Péchard.

— Nous n'aurons pas, j'espère, le chagrin de voir s'éteindre un des premiers noms de la Province, dit Tinteniac.

—A moins que M. le comte, son frère, ne songe à se remarier.. dit la baronne, car lorsqu'on n'a qu'une fille..

— Le nom de la famille se perd, — dit le comte, en riant, — et je ne voudrais pas que cela fût par ma faute. Si l'on n'avait plus de nouvelles de mon aîné, baronne, je vous demanderais conseil là-dessus.

— Les desseins de la Providence sont impénétrables, dit gravement Péchard, — et quelque étrange qu'ils nous semblent d'abord, remarquez qu'ils sont toujours motivés par quelque cause mystérieuse. Ainsi, admettons, — ce qu'à Dieu ne plaise, — la mort de M. le marquis, ne serait-il pas possible de trouver dans sa vie passée des fautes qui nécessitent cette sévère expiation ? Les égarements de sa jeunesse, par exemple, — ses folles prodigalités, — ses duels nombreux...

— Gardons-nous d'avoir une telle pensée à l'égard du marquis, répondit Huguet, — mais, comme vous le dites, — l'expiation comme la récompense est nécessaire dans ce monde, ou dans l'autre. C'est, à mon avis, la meilleure preuve de l'égalité des hommes, parce qu'elle repose sur la justice de Dieu.

— L'égalité dans l'autre vie... dit Péchard.

— Pourquoi pas dans celle-ci... répliqua Huguet.

« Les mortels sont égaux : — Ce n'est pas la naissance... »

— C'est Voltaire qui l'a dit, Messieurs, dit le comte, avec cette banale condescendance de certains seigneurs du temps qui visaient à la popularité. Et il cita toute la tirade à laquelle l'abbé Péchard applaudit avec réserve.

— Nous sommes tous un peu grisés, observa-t-il, par cette fièvre de liberté et d'égalité; mais prenez garde que l'amour de l'égalité n'est ordinairement qu'une jalousie des cœurs bas contre tout ce qui est noble et beau.

Huguet allait répondre. Le comte de Fayolle ne lui en laissa pas le loisir. Les priviléges ont fait leur temps, — dit-il; l'homme du peuple, le paysan, le savant ou l'industriel, sont à mon avis cent fois plus utiles à la société que le gentilhomme gaspillant follement son temps et sa fortune.

— Ainsi, par exemple, monsieur le comte, dit Péchard, d'après un tel système, vous consentiriez à donner votre fille au premier venu?

— Sans doute, s'il était honnête homme, et s'il occupait une position honorable.

Georges et Gabrielle échangèrent un regard triomphant.

— Prenez garde, monsieur le comte, — dit Péchard, — ce serait peut-être aller un peu loin.

— Comment cela?...

— Sans doute... sûre à l'avance de votre consentement, mademoiselle Gabrielle pourrait peut-être faire tel choix qui serait loin de vous être agréable.

Tous les yeux se portèrent à la fois sur Georges et Gabrielle. La jeune fille, rouge de honte, tenait ses yeux cloués sur son assiette; Georges embarrassé de la tournure que prenait la conversation, promenait ses doigts sur la table avec un mouvement nerveux.

— Cela n'est pas à craindre, dit le comte en les regardant alternativement l'un et l'autre.

— D'ailleurs, dit la baronne, bon sang ne peut mentir.

Georges et Tinteniac se mesuraient du regard.

Huguet, étranger à ce qui se disait autour de lui, suivait le fil de ses pensées.

— Supposons, dit Péchard en clignant de l'œil et donnant à ses paroles une accentuation ironique, — car ceci n'est qu'une simple supposition... que la fille d'un homme de votre rang, et pour faire une supposition improbable, que mademoiselle Gabrielle, par exemple, encouragée par de tels principes — sortis de la bouche paternelle, entraînée peut-être par une fausse générosité, commette l'imprudence d'écouter.... mon Dieu !.... M. Georges que voici, — supposez même que le mal soit allé jusqu'à des aveux, des serments, si vous voulez... Je serais curieux de savoir de quel œil M. le comte de Fayolle verrait ces enfantillages ?...

— Ah! ça, l'abbé, — dit le comte, qui avait peur de comprendre, — que nous chantez-vous là?

— D'ailleurs, — dit Tinteniac, — à quoi bon toutes ces suppositions? Est-ce probable? est-ce possible?

— Je ne sais pas, — reprit Péchard, — jusqu'à quel point cela est vraisemblable; — mais je maintiens, moi, qu'il n'est pas absolument impossible — qu'un jeune homme, dont l'esprit a été dépravé, le jugement faussé par une mauvaise éducation, — s'aveugle au point...

— D'aimer ma fille! dit le comte... Voyons, Péchard, expliquez-vous plus clairement.

L'instinct du gentilhomme reprenait déjà le dessus dans une question personnelle.

Tout le monde se sentait embarrassé.

On se leva de table.

Huguet, qui n'avait rien compris jusque là au manége de son adversaire, et qui ne pouvait croire qu'on parlât du pauvre orphelin confié à ses soins, pressa lui-même Péchard de tout dire, et ce dernier raconta tout ce qu'il avait vu, tout ce qu'il supposait encore.

Georges leva la tête sous tant d'affronts :

— Et après tout, dit-il, quand cela serait.... monsieur le comte ne disait-il pas tout à l'heure, qu'il donnerait sa fille à un homme du peuple... Et que suis-je donc moi?

— Toi? dit Péchard, pauvre garçon ! tu n'es pas même un homme du peuple... Tu es un enfant trouvé !...

Ce mot tomba comme un soufflet sur la joue du malheureux Georges.

Il resta un instant les yeux fixés à terre, pâle, immobile, frémissant de honte et de colère.

— Vous êtes cruel, monsieur, dit Huguet en regardant fixement Péchard ; il n'est pas généreux de reprocher à ce jeune homme un malheur dont il est innocent.

— Eh ! mais, — observa la baronne, — séduire une noble fille, ce n'est pas si maladroit ; c'est une manière commode de se faire un nom... quand on n'en a pas.

L'abbé Huguet prit le bras de son élève et l'entraîna hors la salle. Sans doute, en insultant ainsi, publiquement, ce malheureux enfant trouvé, Péchard n'était poussé que par l'intention très-louable d'éclairer Gabrielle sur la légèreté de sa démarche, d'éveiller l'attention du comte, ou de mortifier Huguet dans la personne de son élève ; cependant, qui pourrait répondre que les passions de l'homme ne fermentaient pas sous la soutane du prêtre, que, sans le savoir peut-être, il jalousait un bonheur que son état lui faisait un crime de jamais connaître.

C'est ce que la suite nous apprendra peut-être.

III.

LE PÈRE MARTINET.

Comme ils passaient devant l'office, un petit homme en blouse bleue et coiffé d'un chapeau de paille recouvert d'une toile cirée, se leva précipitamment de table, et saluant respectueusement Huguet :

— Vous retournez à Vitré, monsieur le recteur. Si vous le permettez nous ferons route ensemble.

— Volontiers, père Martinet, — dit Huguet avec distraction.

Le père Martinet siffla son chien qui fracassait la vaisselle de l'office; et tous trois sortirent du château d'Épinay.

Martinet qui, plus tard, jouera un rôle important dans ce récit, était un homme de trente-six ans environ; il avait les jambes torses comme un basset, le nez crochu, les yeux petits, caves et inquiets.

— Il faisait toutes sortes de métiers : courait les fermes des environs, changeait des chiffons pour des épingles, vendait de la mercerie, troquait pour de méchants mouchoirs mauvais teint, les beaux cheveux de paysannes; achetait des chevaux, des moutons et des vaches, qu'il engraissait gratis dans la forêt et dans les rigoles des grands chemins.

Il connaissait les secrets, les besoins et les ressources de tout le monde, et prêtait, à des taux fabuleux, aux paysans gênés, des fonds pour le compte de certains banquiers de Rennes et de Saint-Malo.

Il était partout et toujours suivi d'un mauvais barbet noir, sale et crotté, qu'il appelait *Sans-Gêne*, — à cause de ses façons gourmandes et familières.

Le marchand de vaches savait lire et écrire; — il se flattait même d'avoir été clerc d'huissier; — aussi, les paysans, en lui parlant, l'appelaient monsieur Martinet, — et par derrière, c'était le père Martinet, — capable de vendre son père pour un écu de six livres.

— C'est de drôle de monde, voyez-vous, que ces gens du château, — dit Martinet en cherchant à deviner la pensée de l'abbé Huguet, — ça vous donne à boire et à manger, je ne dis pas; mais, dans le fond, ça vous regarde toujours de sa hauteur. — Je rends quelques petits services à M. le comte... Il a bien voulu m'inviter à dîner aujourd'hui, mais à l'office, comme de raison. M'est avis, à moi, que vous n'avez pas beaucoup mangé à la grande table. Les plats nous arrivaient comme si on les avait faits pour nous... Ah! nous avons bien dîné à l'office, — moi et Sans-Gêne.

Le barbet, comprenant qu'on parlait de lui, répondit par un grognement de satisfaction.

— C'est vrai, dit Huguet se parlant à lui-même, — sous les formes de la politesse la plus caressante, tous ces nobles ont, au fond du cœur, un orgueil qui vous blesse et vous irrite.

— Ça n'empêche pas, dit Martinet en clignant de l'œil de faire avec eux, de temps en temps, de bonnes petites affaires... Mais qu'est-ce que vous avez donc, jeune homme, ajouta-t-il en s'adressant à Georges; vous n'avez pas l'air bien joyeux pour avoir dîné en si belle compagnie. Est-ce que vous ne seriez pas content du mariage de Mlle Gabrielle avec M. de Tinteniac?

— Son mariage? dit Georges.

— Dam! on en parlait à l'office...

— Qu'est-ce que cela me fait, dit Georges en voulant jouer l'indifférence la plus complète.

— Il est sûr et certain, dit Martinet, que Mlle Gabrielle de Fayolle n'est pas faite pour épouser un... puis se reprenant, — un jeune homme qui ne serait pas noble, et riche à l'avenant...

L'abbé Huguet se hâta de parler de choses indifférentes, heureux encore en lui-même cependant de n'avoir pas à s'entretenir immédiatement avec Georges des événements qui venaient de se passer au château. Il ne put toutefois retenir, en causant avec Martinet, quelques observations sur l'inégalité des classes, assez hardies déjà pour l'époque dans la bouche d'un recteur; mais son cœur débordait d'amertume, et il fallait qu'il en manifestât quelque chose, — même pour son grossier compagnon de route.

Martinet, entrant dans ses idées, lui dit d'un ton confidentiel :

— Patience, monsieur le recteur, patience... ça ne durera pas longtemps... tout ce qui brille n'est pas or... et ceux qu'on envoie manger à la cuisine, ont souvent plus d'écus à leur service que les maîtres du château.

On arrivait à Vitré.

Martinet prit la route de Fougères pour se rendre à la foire du lendemain.

Georges suivit l'abbé Huguet dans la petite maison qu'ils occupaient tous deux à quelques pas de l'église.

IV.

LE RECTEUR DE VITRÉ.

Aucune explication n'eut lieu entre eux ce soir-là. Quoiqu'il eût le cœur plein de compassion, Huguet affecta de se montrer froid et sévère, et ordonna à Georges de monter à sa chambre. Le pauvre amoureux, humilié, fut sur le point de se jeter aux genoux du prêtre et de l'interroger sur sa naissance; mais on lui avait dit tant de fois qu'il avait été trouvé exposé sur le seuil d'une église, que rien ne pouvait lui faire penser que l'abbé en sût davantage. Quant à se plaindre longuement de sa situation, il était trop fier pour le faire, et aussi trop coupable, au fond, des malheurs de cette journée.

Resté seul, le recteur ne put dormir de la nuit. Il se représentait les attaques terribles de l'abbé Péchard contre lui-même et contre son élève, il se reprochait de n'avoir rien trouvé à lui répondre, effrayé qu'il était de sa propre imprudence.

— Mon Dieu ! se disait-il, serait-il vrai que tu daignes te manifester dans les événements de chaque jour, — comme le disait Péchard avec ses maximes de théologie banale ! — Et moi, suis-je donc un prêtre indigne, moi qui pense que sur cette terre l'homme possède toute liberté d'agir, quitte à répondre après du mal qu'il aura pu faire? S'il en est autrement, si la Providence intervient à toute heure, pourquoi tant de misères, et de crimes? Comment serait-on libre, au milieu d'un réseau de fatalités qui se dresseraient çà et là sur notre route? Il faudrait se résoudre à ne point faire un pas, à ne point émettre une idée, — il faudrait passer sa vie dans l'immobilité, comme un faquir de l'Inde. Oh! non, il y a quelque chose qui compense les idées fausses, ce sont les nobles inspirations de l'âme humaine, — qui remontent à toi, mon Dieu.

Mais croire à une intervention matérielle de ta puissance, croire, par exemple que le marquis de Fayolle serait mort misérablement en Amérique pour punition d'avoir tué en duel M. de Maurepas, voilà ce que je ne puis faire!

Et en admettant même que ta main frappe les grands crimes : qu'a fait ce pauvre enfant, qui ignore même toute la honte de sa naissance?

— Homme du peuple! ce serait encore quelque chose, disait Péchard, mais ce n'est qu'un enfant trouvé! Je n'ai rien dit, moi, contre ces paroles, car peut-être eussé-je laissé échapper un secret plus terrible, — que nul ne soupçonne du moins.

Non, je ne crois pas à la fatalité; pourtant, par quel aveuglement me suis-je laissé aller à conduire si souvent Georges dans ce château d'Épinay, où eut lieu sa triste naissance? comment ce château lui-même se trouve-t-il appartenir, après dix-huit ans, au frère du marquis de Fayolle? comment arrive-t-il que ce pauvre jeune homme, dans lequel je voyais toujours un enfant, devienne amoureux de la noble fille du comte?... Eh! mon Dieu! c'est une série de hasards, voilà tout!... Ce château, faute d'héritiers directs du comte de Maurepas, a passé dans la famille... dans la famille d'un meurtrier, c'est vrai, mais par suite d'alliances étrangères à tout cela. — Autre hasard! le comte de Fayolle voit chez moi cet orphelin, le trouve aimable, s'intéresse à lui, et, voulant se montrer au-dessus des préjugés vulgaires, m'engage à l'amener de temps en temps au château... — Quoi de plus naturel que tout cela !... L'amour entre deux enfants du même âge est un autre hasard bien simple, auquel seulement j'aurais dû veiller.

Maintenant, le mal est fait. Il faut éloigner Georges ; je l'enverrai commencer ses cours à Rennes, car je ne veux pas en faire un prêtre... j'ai trop souffert moi-même... Il étudiera la médecine, il se dévouera au soulagement de la souffrance humaine : c'est une autre sorte de sacerdoce, c'est une expiation aussi.

La honte de sa naissance ne lui sera pas un obstacle dans cette noble carrière : — c'est le prêtre, c'est le médecin, c'est l'avocat encore qui commencent à opérer une fusion salutaire dans cette société composée de castes... on ne leur demande pas d'où ils sortent, mais ce qu'ils valent. — Indépendant plus que tous, le médecin possède une autorité contre laquelle le monde ne peut se défendre ; la société tient à lui, et il ne tient pas à elle ; c'est avant tout un savant et un philosophe : — dans la chambre même de son malade, au château comme à la chaumière, il est le maître, il est chez lui !

On ne le jette pas à la porte, celui-là !

Le lendemain, l'abbé Huguet expliqua ses intentions à Georges, qui ne tarda pas à partir pour Rennes.

V.

LE CAFÉ DE L'UNION.

Quand Georges arriva à Rennes, les idées révolutionnaires inconnues au château d'Épinay, fermentaient dans toutes les têtes, étaient pesées, discutées, analysées par tous les habitants des villes.

Le premier programme révolutionnaire est parti de la ville de Rennes.

Dès le 22 décembre 1788, le tiers-état de Bretagne avait formulé ses plaintes contre la noblesse et exposé nettement et avec énergie ces grandes idées, qui devaient plus tard immortaliser les travaux de l'Assemblée constituante.

Il demandait :

La souveraineté nationale. — La fusion des trois ordres de la grande famille du peuple. — La délibération par tête ; — celle qui s'opérait par classe de privilégiés ne pouvant qu'anéantir l'esprit public, et soumettre vingt-cinq millions d'hommes aux volontés de quelques milliers d'individus. — Le salaire des députés payé par leurs provinces. — L'abolition des lettres de cachet. — La suppression des prisons d'État. — L'affranchissement des serfs et mainmortables... — La liberté illimitée de la presse. — La suppression des quêtes des religieux mendiants et autres, « comme contraires à la décence et aux bonnes mœurs. » — La suppression de la vénalité des offices et des juridictions seigneuriales. — L'abrogation du Code criminel. — La réformation du Code civil. — L'extinction de la mendicité. — La loi sur la chasse, sur les écoles primaires. — « La nécessité pressante d'abolir la noblesse, » cri imposant et universel de toutes les paroisses de la sénéchaussée de Rennes. — L'abolition gratuite des chevauchées, quintaines, soule, saut de poisson, baiser de mariée, chansons, transport de l'œuf sur une charrette, silence de grenouilles, — et autres usages de ce genre, aussi superstitieux qu'extravagants.

Qu'on juge de la fermentation que produisirent ces idées jetées au milieu des masses, et surtout parmi la jeunesse des écoles!

C'était au café de l'Union, sur la place du Palais, que se réunissaient, le soir, les jeunes gens des comptoirs, des écoles de droit et de médecine, et la plupart des mécontents de la ville.

Là, à la lueur d'une lampe fumeuse, au milieu d'un

nuage de fumée de tabac, on voyait, groupés autour de petites tables couvertes de toile cirée et chargées de bouteilles, des jeunes gens à la parole vibrante et passionnée, à l'œil brillant, aux gestes animés, discuter avec chaleur.

Dès les premiers jours de son arrivée à Rennes, Georges s'était lié avec les jeunes gens qui lui avaient paru le plus exaltés contre la noblesse.

En face de lui, à la même table, était assis un grand jeune homme de Morlaix, qui plus tard devait s'appeler le général Moreau et mourir les armes à la main contre sa patrie. — A cette époque, Moreau, par son audace et son sang-froid dans le danger, avait acquis une grande influence sur les étudiants de son temps, qui l'avaient nommé prévôt de l'école de droit.

A côté de lui, un jeune homme pâle et fluet, au front large et lourd de pensées, avec de petits yeux à demifermés, un nez recourbé sur une petite bouche aux lèvres minces, — Chassebœuf, — qui plus tard ne garda que le nom de Volney.

En face s'épanouissait la face béate et rondelette d'un étudiant connu sous le singulier nom *d'Omnes Omnibus*. Tulliac, Marain Jouault, Blin, et une foule de jeunes gens à l'âme ardente et généreuse y causaient çà et là.

Tout-à-coup un sergent de royal-marine entra dans le café, l'habit débraillé et les cheveux en désordre.

— Bernadotte!... dirent plusieurs jeunes gens qui le reconnurent.

— Les infâmes! s'écria-t-il en gesticulant avec violence, je ne serai heureux que quand j'aurai écrasé sous mon talon la tête du dernier des hobereaux!

Plusieurs de ses amis l'entourèrent.

— Qu'as-tu?

— Tout à l'heure, dit-il, au détour de la rue Montfort, je me suis trouvé en face d'une douzaine de ces épées de fer. — L'un d'eux prétend que je l'ai heurté du coude. — Si je vous ai insulté, lui ai-je dit en dégaînant, et lui montrant un réverbère je suis tout prêt à vous donner satisfaction.—Mon cher, m'a-t-il répondu en me tournant le dos, je ne me bats pas avec un sergent.... Adressez-vous à un de mes laquais.... Furieux, j'allais lui passer mon épée au travers du corps, quand une bande de drôles à sa livrée m'entourent, me poussent, me bousculent, m'arrachent mon épée des mains, la brisent, m'en jettent les morceaux à la figure, et me mettent enfin dans l'état où vous me voyez...

— C'est une indignité!... s'écrie-t-on de tous côtés.

— Il faut que cela ait une fin.... dit Moreau en se levant, et laissant tomber son poing lourdement sur la table. — Il y a assez longtemps que le peuple, comme un chien soumis, se tient couché à plat-ventre devant ses maîtres... Qu'il se lève à la fin et montre les dents!

— Oui, dit Jouault, il y a assez longtemps que leur orgueil nous écrase... Faisons voir aux gentilshommes que nous sommes des hommes!

— Et des hommes libres! ajouta Omnes. — Ne sommes-nous pas tous sortis des côtes d'Adam?

— Ceci est une question, dit Chassebœuf.

— Comment?

— L'étude des races a démontré que chacun des grands continents a eu sa création... ou, si vous voulez ne pas admettre la création, son éclosion d'hommes particulière. Il existe donc primitivement quatre races correspondant aux quatre parties du monde. Ainsi la race noire appartient à l'Afrique, le plus ancien des continents; la race jaune à l'Asie, la blanche à l'Europe, la rouge à l'Amérique. Dans le principe ces quatre portions du monde étaient séparées par les mers; chacune d'elles avait ses animaux et ses plantes particulières. Il faudrait peut-être même supposer une cinquième série d'organisation pour le monde détruit des Atlantes, dont Bailly a écrit l'histoire, et qui reparaît peu à peu à la surface des eaux de l'Atlantique sous forme d'îles considérables. Quant à ce qui est de la race dite Adamique...

— Où veux-tu en venir? interrompit Moreau en fronçant le sourcil. Penses-tu nous prouver que les gentilshommes soient d'une race supérieure?

— Ce n'est pas mon intention.

— Eh bien! qu'importe tout cela? dit Bernadotte, j'ai été indignement outragé; j'en tirerai vengeance!...

— Et nous serons avec toi, s'écria Moreau.

— Il fera jour demain, dit Omnes-Omnibus. Laissez-nous, en attendant, écouter les paradoxes scientifiques du brave Chassebœuf. C'est un homme qui a voyagé et qui a risqué sa vie plus souvent que nous tous; il est allé puiser la sagesse en Orient, il a vécu quatre ans parmi les Égyptiens et les Druses : il est bon à écouter pour des jeunes gens comme nous.

— Je n'ai encore que trente ans, dit Chassebœuf avec ce fin sourire qui, aidé du soleil d'Orient, avait déjà prononcé des rides sur les pommettes saillantes de son visage.

— Et tu viens de recevoir, dit Moreau se rasseyant, une belle médaille d'or de l'impératrice Catherine, pour ton voyage en Syrie : cela te rend plus indulgent à l'égard des grands de la terre.

— Tout jeune encore que je suis, dit Volney, j'ai beaucoup vécu, et les convictions qui me restent sont formées et irrévocables. Je souhaite que les tiennes aient une base aussi solide.

— L'origine de la noblesse est bien simple, dit Jouault, et il n'est pas besoin pour l'expliquer de remonter jusqu'au père Adam, — auquel Chassebœuf est bien libre de ne pas croire... — Dans les temps de barbarie, où la force brutale faisait loi, où chaque homme avait, à toute heure du jour, à défendre sa vie et sa chaumière, on avait besoin de se grouper autour d'un chef, de concentrer ses efforts et de donner la part la plus large à celui qui était le plus vaillant et le plus courageux. Mais aujourd'hui, Messieurs, c'est la pensée, c'est l'intelligence qui gouvernent le monde ; c'est la loi qui protége tous les citoyens, et tous les hommes doivent être égaux devant la loi... Plus de noblesse ! plus de priviléges ! plus de servitudes !

— Vive la liberté ! vive l'égalité ! — s'écria tout le café électrisé.

— Vive la liberté, en effet !... s'écria Volney, dont la voix grêle se perdait d'abord dans le tumulte, mais qui finit par le dominer... Quant à l'égalité, vous la réclamerez en vain. — Elle n'existe pas plus dans l'ordre moral que dans l'ordre physique. Ce qu'il faut établir, c'est la fraternité humaine, c'est la solidarité de tous les membres de la grande famille sociale, autrement l'égalité n'est qu'un vain mot. Ce que disait Jouault tout à l'heure est vrai... mais d'une vérité banale.. La force seule ne constitua pas l'origine et le droit de la noblesse. Il faut compter aussi l'audace, le courage primitif, aventureux et souvent même la vertu des tribus militaires, qui vinrent, tout en les frappant, régénérer des civilisations dégradées, engourdies dans le vice et la lâcheté ! Ceux qui ne savent pas résister à l'oppression méritent de la subir !

Un murmure d'incertitude courait dans l'assemblée. Cependant l'autorité d'un talent reconnu, les opinions avancées du journal la *Sentinelle*, fondé à Rennes par Volney, lui conciliaient encore l'attention...

— Paradoxe que tout cela! dit Bernadotte... A ce compte, j'appartiendrais à la race vaincue, et cependant je me sens plus brave que le lâche seigneur qui vient de m'insulter sans risque.. à ce qu'il croit, du moins.

— Laissons de côté les questions personnelles, dit l'étudiant Omnes-Omnibus.

Chassebœuf, — recueilli en lui-même, promenait son regard perçant sur l'assemblée et n'était nullement disposé à céder un pouce de son système ni à répondre aux interruptions.

— Il est évident, dit-il, que la constitution de la noblesse a été partout le résultat de la conquête, — la race franke issue du rameau indo-germanique....

— Assez d'histoire, dit Moreau.

Cette fois, tout le monde cria silence à l'interrupteur.

— .... A conquis évidemment la plus grande partie de la Gaule, où elle est venue importer ce système dit féodal, qui existe encore dans toute sa pureté parmi les tribus du Caucase.

— Allons, allons, garde cela pour ton livre (Volney s'occupait alors de ses considérations sur les Turcs), et passons à notre époque, dit Jouault.

— Hé bien, mes amis, dit Chassebœuf comprenant que ce n'était pas le lieu de développer tout son système, il en est des races d'hommes comme des races d'animaux, lesquelles s'abâtardissent et dégénèrent. C'est ainsi que le descendant du noble chien César devient un laridon digne à peine de mettre en jeu les tourne-broches.

Une salve d'applaudissements accueillit cette comparaison.

— Ne niez pas, dit Chassebœuf en s'animant, que les races militaires n'aient joué un beau rôle sur notre globe... Mais leur mission est finie. La destinée a frappé les plus nobles souches et il n'en reste plus que de faibles surgeons. La guerre et l'échafaud ont détruit cette race altière, et, pour ce qui en reste, vous en aurez bon marché.

— Enfin, dégradée ou non, dit Moreau, c'est encore la race conquérante qui nous opprime, et, de par la science, tu nous classes dans les populations inférieures et vaincues.

— De par l'histoire, prouverez-vous que vous n'avez pas supporté cet opprobre pendant un grand nombre de siècles? Et d'ailleurs, la nature elle-même a classé différemment les familles dans les espèces identiques. Le cheval de labour n'est pas un cheval arabe ; le noble lévrier est quelque chose de plus qu'un carlin, et de moins pour l'intelligence que le chien du berger.

— Mais quelle est cette fantaisie de comparer l'homme à la bête ? dit Moreau. Le courage est dans l'être fort et non dans l'être dégradé... Vous ne trouverez aujourd'hui, l'énergie, la force, la patience et le courage que dans les classes laborieuses...

— Qu'elles se lèvent donc, dit Chassebœuf, ces races que l'oppression a longtemps courbées, dont un dur labeur a noué les membres et déjeté la stature, dont la souffrance et la crainte ont contracté les traits, ou leur ont donné l'expression de la ruse ! et elles se régénéreront à leur tour et ne transmettront plus à leurs enfants les signes physiques d'une longue servitude.

— Ainsi selon toi, dit Bernadotte, il n'y aurait que des natures difformes dans le peuple et parmi nous-mêmes.

— Vous autres, répondit Volney, vous appartenez à la bourgeoisie dont le type s'est déjà amélioré par suite d'une éducation relative et d'une aisance qui l'exempte des travaux les plus pénibles. Ensuite, voyez-vous, il s'est opéré bien des croisements d'alliance nobles et roturières, légales et illégales. Les seigneurs, en vertu de leurs droits ou de leur position, ont peuplé les villes et les campagnes d'une postérité déjà bien nombreuse ; et n'y a-t-il pas souvent aussi des fantaisies inverses chez les nobles châtelaines ou chez les dames de la cour ?...

— De telle sorte, dit Omnes-Omnibus, qu'il peut se trouver dans le peuple beaucoup de gens de noble race, et bien des manants parmi la noblesse !

Un éclat de rire général applaudit cette observation.

— A ce compte là, nous sommes près de nous entendre, dit Moreau.

Un groupe nombreux se pressait autour de la table de Volney, se dressant sur la pointe des pieds, pour mieux voir et entendre.

En face, Georges écoutait, assis seul à une table placée dans l'angle le plus reculé du café; près de lui, un homme de quarante-cinq ans environ, également seul, prêtait la plus grande attention aux paroles de Volney.

— Tenez, reprit Chassebœuf qui suivait toujours sa pensée à travers les interruptions, — vous voyez bien ce jeune homme, en face de moi; — et il désignait Georges, spectateur muet de cette discussion un peu avancée pour lui. — Eh bien! il est évident pour tout physiologiste, qu'il n'appartient à aucun des quatre types qui constituent le populaire de la France, — il n'est ni Gaël, ni Kimri, ni Celte, ni Ibère d'origine, — ce sont là les termes admis par la science,—ce n'est pas un gallo-romain, — ce qui est généralement le caractère de la race bourgeoise, — c'est un franc, c'est un gentilhomme..,

— Un gentilhomme! s'écria-t-on.

— Oh! de père et de mère, il n'y a pas de type plus pur.

Tous les yeux se portèrent sur Georges.

Se voyant l'objet de l'attention générale, il se lève, s'approche du groupe, et s'adressant à Volney:

— Vous parlez de moi, Monsieur?

— C'est vrai, dit Volney, je parlais de vous... Je ne vous connais pas, c'est, je crois, la première fois que vous venez à ce café?

— La première, en effet...

— D'après certains signes caractéristiques qui ne m'ont jamais trompé, je disais à ces messieurs que vous étiez de la noblesse.

— Vous vous trompez, Monsieur.

— En êtes-vous bien sûr?.... Comment vous nommez-vous?

— Je m'appelle Georges.

— C'est un nom de baptême cela, c'est votre nom de famille que je demande...

Georges baissa la tête sans répondre.

— Alors c'est un bâtard, dit Chassebœuf avec l'indifférence, quant au sujet, d'un professeur qui fait une leçon d'histoire naturelle.

Georges sentit son front rougir, et la colère brillait déjà dans ses regards : — mais la réflexion, dans cette âme déjà forte, suffit pour arrêter sur ses lèvres une réponse provocante.

Il comprit que l'intention de Chassebœuf n'avait pas été de le blesser, — et d'ailleurs, la plupart de ses camarades savaient déjà qu'il n'était qu'un orphelin recueilli par l'abbé Huguet. Dans une telle réunion même, si au-dessus du vulgaire préjugé, son malheur lui devenait un titre à la sympathie générale.

Du reste, s'il y avait un côté blessant pour lui dans l'hypothèse du savant, est-il sûr que la supposition d'une illustre origine n'en compensât pas en partie l'amertume?... Il sentit cependant le besoin de dire en relevant la tête :

— Un bâtard, Monsieur, qui vous dit que je suis un bâtard? J'ai été exposé dans la rue et recueilli par charité. Mais croyez-vous que, dans ces temps de misère, il n'y ait pas d'honnêtes familles du peuple, réduites à abandonner leurs enfants faute de pouvoir les nourrir? Je sens en moi vibrer l'âme et la loyauté d'un homme du peuple; et quant aux indices donnés par la physionomie, c'est une rêverie folle qu'il faut laisser à Lavater.

— Il ne s'agit pas ici de physionomie, dit Chassebœuf peu touché de l'interruption et s'adressant à l'assemblée. Dans toutes les espèces animales, les diverses familles se reconnaissent à la forme particulière des pattes et des mâchoires. — C'est la forme du pied qui permet seule de distinguer l'homme des autres singes.

Un éclat de rire universel concilia de nouveau à l'orateur, l'attention de tout le café.

— .... Ou si vous voulez, des autres *orangs,* continua le savant avec le plus grand sérieux. Étudiez chez ce jeune homme les types irrécusables de la race franke. La main est large, — l'ongle est long et taillé en amande, — et pourtant les doigts sont effilés; le pied doit être bombé et courbé en arc par-dessous, ce qui est le propre des races militaires habituées à l'usage du cheval.

— C'est bien cela, dit Omnes-Omnibus regardant le pied de son camarade.

— Les narines se dilatent dans la colère ; comme chez les carnassiers, le nez est fort, l'œil est perçant... Tels sont les signes les plus communs de la race pure... Presque toujours le front est fuyant, ce qui n'indique qu'une intelligence ordinaire...

— Allons, finissons, dit Jouault qui sentait ce que cette énumération avait de pénible au fond pour celui qui en était l'objet, au reste, Georges est de mon avis, nous savons tous qu'il n'aime pas les nobles, et cela nous suffit.

— Je les hais ! dit Georges, et si vous voulez connaître ma profession de foi, la voici ! — Je jure guerre à mort à la noblesse tout entière !..

A ce moment, le personnage assis en face de lui, qui jusque-là n'avait pas pris part à la conversation, s'approcha de Georges et lui touchant légèrement l'épaule :

— Vous avez tort, jeune homme ; si la noblesse de cour a porté la livrée de Louis XIV, agioté dans la rue Quincampoix, ou dansé aux orgies de Louis XV, n'oubliez pas qu'elle a tiré l'épée et versé son sang pour la liberté du Nouveau-Monde... Il y a dans la noblesse des hommes généreux qui veulent l'affranchissement du peuple et sont prêts à se sacrifier à sa cause.

— Lesquels ?

— Le marquis de Lafayette, mon ami... et moi.

— Votre nom, Monsieur ?

— Le marquis de Fayolle...

Ce nom dont le passé aventureux était connu de tout le monde, prononcé simplement et sans forfanterie produisit une impression profonde sur cette foule tout à l'heure si bruyante et si passionnée.

— Messieurs, dit Moreau, n'oublions pas que nous avons à préparer pour demain des choses sérieuses...

Nous saurons plus tard ce qui fut résolu au sortir du café, où il n'était pas prudent de faire connaître ses projets.

VI.

L'HOTEL FAYOLLE.

Le soir de ce jour-là même, quelques heures plus tard, un bal splendide se donnait à l'hôtel Fayolle.

Arrivé depuis quelques jours, le marquis de Fayolle venait d'inviter toute la noblesse de Rennes et des environs, à une grande fête qu'il donnait pour fêter son retour.

Du milieu d'une rosace à ornements historiés, pendait un lustre en cuivre doré, chargé d'une profusion de bougies ; au-dessus de la cheminée en marbre blanc veiné, dessinée en arc d'amour, s'élevait jusqu'au plafond un trumeau encadré par un fouillis de branchages, de nids de tourterelles et de canaris dorés, dans lequel se miraient deux grands bras en cuivre dorés, chargés de bougies.

Sur les fauteuils, sur les causeuses, sur le sopha en satin cerise et doré, se tenaient, raides, guindées, poudrées, peinturées de blanc de céruse et vermillonnées, les plus grandes dames de la noblesse bretonne. C'étaient Mesdames de Farcy, de Mué, de Genouillac, de Cornullier, de Caradeuc, Mademoiselle de la Bintinaye et Mademoiselle Gabrielle de Fayolle.

Autour d'elles, les élégants, les heureux de cette société privilégiée, en habit et culotte de satin aurore, gris perle ou gorge de pigeon, soigneusement poudrés, papillonnaient, pirouettaient, chiffonnaient avec grâce la dentelle de leur jabot, faisaient glisser du bras droit sous le bras gauche, et réciproquement, leur petit tricorne galonné, ou s'occupaient à maintenir la pointe en l'air, leurs épées à poignées de nacre ou d'ivoire. Parmi les plus élégants, on remarquait le marquis Tuffin de la Rouërie, — dont le marquisat était fort contesté parmi la noblesse d'alors ; MM. du Maz-Lamotte, de Botherel, de Piré, d'Epinay, de la Salle, le comte de Fayolle, de la Bourdonnaye, de Cintré, la Houssaye, etc.

Le marquis de Fayolle faisait les honneurs de son salon en homme façonné de longue main aux usages de la cour et du grand monde.

Tout le monde l'entourait : les femmes par curiosité, pour l'interroger sur ses galanteries qui avaient eu de l'éclat, sur ses voyages, — sur les merveilles de l'Amérique, sur ses aventures que l'on disait fort étranges.

Messieurs du Parlement trouvaient surprenant qu'un gentilhomme breton, de bonne maison, — au lieu de rester à défendre les droits et les prérogatives de sa province, eût été jusqu'au bout du monde prêter à des sujets révoltés le secours de son épée. — Qu'étaient les Américains, après tout ?... des sujets en révolte contre les Anglais leurs suzerains.

— L'esprit révolutionnaire est partout aujourd'hui, — dit M. de la Houssaye ; — il a tourné toutes les têtes, bouleversé tous les esprits, — et d'Amérique il vient passer jusqu'en Bretagne.

— Avez-vous lu le cahier des charges du tiers-état ? demanda M. de la Houssaye à M de Cintré.

— Je l'ai lu... dit M. de Cintré en se dandinant avec importance :

— Il y a quelque exagération ; ces gens-là demandent plus pour avoir quelque chose.

— Comment ! de l'exagération ? Dites plutôt de l'extravagance, de la folie ! s'écria M. de la Houssaye avec une indignation apoplectique. Vouloir nous faire contribuer aux dépenses publiques ! Vouloir taxer nos châteaux, nos parcs, nos jardins, nous faire payer les fouages !... C'est violer la propriété... Demander une représentation aux États, égale aux deux nôtres ! Nous réduire à députer comme des roturiers ! à délibérer par tête encore ! C'est renverser la Constitution ! C'est ébranler le trône... Car nous sommes les soutiens du roi, Messieurs, et, quoique nous ne soyons que deux mille gentilshommes en Bretagne, c'est nous qui lui maintenons la province fidèle.

— Cela est évident ! dit M. de Cintré.

— Cependant, observa M. de Piré, je serais d'avis quant à moi, qu'on leur fît peut-être quelques petites concessions, pour avoir la paix...

— La paix ! Des concessions à ces gens-là ; fi donc ! répondit M. de la Houssaye, ce serait s'encanailler.

— Messieurs, les circonstances sont peut-être plus difficiles que vous ne paraissez le penser, dit le marquis de Fayolle... Le peuple crie...

— Eh bien ! c'est son rôle, dit M. de la Houssaye.

— Le peuple ! — dit M. de Boisgelin, — vous voulez dire une douzaine d'avocats et de marchands enrichis, qui s'en vont pérorant à tous les carrefours, déclamant dans tous les cafés, parlant beaucoup de liberté, d'égalité, de droits et d'impôts, pour flatter les passions de la multitude, les exploiter à leur profit et usurper nos priviléges ?

— C'est aussi mon avis, — ajouta M. de Botherel ; une centaine de lettres de cachet nous auraient bientôt débarrassés de leurs criailleries.

— Des lettres de cachet ! — y songez-vous, monsieur le comte ? dit M. de la Houssaye; des lettres de cachet pour ces gens-là !... Mais que resterait-il donc à la noblesse ?

— Mon cher, — dit M. de Fayolle en prenant le bras de la Rouërie, faisons un tour dans le bal, et laissons ces Messieurs se lamenter à cœur-joie.

— Et surtout taisons-nous, — dit Tuffin, ils nous croiraient devenus **républicains** pendant notre séjour **en Amérique !**

Tous deux s'arrêtèrent un instant à l'entrée de la salle du bal.

Gabrielle, en ce moment, faisait face à la porte d'entrée et dansait une gavote avec M. de Tinteniac.

La Rouërie la contemplait avec admiration.

Le marquis de Fayolle suivit la direction de son regard, et eut peine à reconnaître sa nièce, tant il la trouva embellie et comme transfigurée par l'animation du plaisir; puis un nuage passa sur ses yeux, et ses sourcils se contractèrent... Un souvenir venait de traverser son esprit comme une flèche.

— A quoi penses-tu, marquis?

— A rien, mon ami,... j'oubliais... je regardais danser mes illusions de vingt ans.

— Comment trouves-tu cette jeune personne en robe de satin blanc, qui danse avec M. de Tinteniac?

— Gabrielle?... ma nièce? — Je la trouve jolie.

— Comment, jolie!... dis donc ravissante!... C'est la plus adorable personne que j'ai vue de ma vie... mais vois donc quelle coupe de figure gracieuse,... quel éclat, quelle fraîcheur, et dans le regard, quelle adorable expression de naïveté, de candeur et d'angélique beauté. .

— C'est vrai, elle a de beaux yeux!

— Que de grâce et de fierté dans ce nez droit et fin, aux ailes mobiles et rosées!...

— Oui... pas mal...

— La bouche est un peu grande, peut-être, mais les dents!..

— On dirait des perles, n'est-ce pas?

— Je suis sûr que sous la poudre, ses cheveux sont du plus beau blond. Oh! je donnerais dix ans de ma vie pour y plonger mes doigts et voir ses grands yeux humides s'arrêter sur les miens avec bonheur, avec volupté!...

— Tudieu, le gaillard! comme il prend feu! Est-ce que, par hasard, tu serais amoureux, mon ami?

— Moi ! fit la Rouërie en protestant par un mouvement d'épaule ; mais, à mon avis, celui qui sera aimé de cette jeune fille sera heureux entre tous les hommes, car c'est une des plus belles personnes qu'il y ait au monde...

— Oh ! pour le coup, marquis, tu es fou ; elle est un peu frêle, ceci soit dit entre nous.

— C'est de l'élégance et de la distinction, mon ami, tiens, vois quelle grâce naturelle dans la pose, dans les manières !

— Comment peux-tu trouver de la grâce, dans une taille emprisonnée dans les lames d'acier d'un corset ?

— Puis elle a je ne sais quel petit air dédaigneux qui lui sied à merveille ; on est tout heureux et tout fier, n'est-ce pas, quand elle veut bien vous regarder ?

— Décidément, marquis, tu m'ennuies avec cette petite... parle-moi franchement... te sentirais-tu des velléités d'épouser ?

— Ah ! si j'avais vingt-ans de moins.

— Il t'en resterait encore à peu près autant.

— Si même je n'avais pas gaspillé si follement ma jeunesse !...

— Ah ! dit Fayolle, il est certain qu'elle fut passablement tourmentée, notre jeunesse... Te rappelles-tu ton duel pour la Beaumesnil de l'Opéra, qui refusait de t'épouser ?

— Oh ! dit Tuffin, ton enlèvement de la petite Dufresne n'était guère plus raisonnable.

— Et ton duel avec le comte de Bourbon-Busset ;

— Aurais-tu oublié ce coup d'épée que tu donnas au chevalier de Mouchi pour avoir parlé légèrement d'une certaine petite parente dont le mari était à la Bastille... Tu ne m'as jamais dit ce qu'elle était devenue...

— Ah ! dit le marquis en passant la main sur son front, je n'aime pas à rappeler cette histoire... elle est tachée de sang !...

— Moi, ce sont toujours les aventures les plus tristes

que je me rappelle avec le plus de plaisir... tiens, par exemple, cette grosse Présidente dont le mari est mort de chagrin d'avoir été trompé par moi...

— Il est mort... mais au moins tu ne l'as pas tué.

— C'est un détail, car tu comprends parfaitement, que s'il l'eût exigé de moi, je n'aurais pas pu lui refuser cette légère consolation...

— Malheureux! et les remords!...

— Ah! tu penses donc encore à ce pauvre diable de mari, que tu tuas la nuit! dans un bois de sapins, à la lueur d'une lanterne?...

— J'y pense toujours...

— Au moins, ne va pas faire encore la folie de rentrer à la Trappe...

— Oh! maintenant à quoi bon, la plaie est cicatrisée, je suis pour toujours guéri de la passion des femmes.

— Bah, laisse donc; est-ce qu'on guérit jamais de ces choses-là?

— Je le crains bien... dit Fayolle. A chaque nouvelle déception, on se dit qu'on est à jamais revenu de ces contrées utopiques de l'amour... qu'on est las de courir après cet Eldorado qui nous fuit toujours, — ce mirage des illusions, qui danse devant vos yeux, sans qu'on puisse l'atteindre... Comme on se rira sans pitié de ces doux regards, de ces émotions feintes, de ces trompeuses paroles... Oh! les femmes! elles peuvent venir à présent avec leur attirail de fausseté, leur arsenal d'armes émoussées et impuissantes!...

Et tout-à-coup, avant que l'on ait même songé à se mettre en garde, on voit surgir de nouveau tous ces blancs fantômes de la jeunesse, dont le souffle fait revivre mille pensées mortes, et reverdir l'arbre des douces croyances, dépouillé par l'automne.

La danse venait de finir; le bal tirait à sa fin...

Le marquis de Fayolle emmena La Rouërie dans un petit salon à l'écart :

— Eh bien! sérieusement, si ma nièce te plaisait à

ce point.... nous verrions. Quant à moi, j'en serais charmé... Je ne te vois d'autre rival que ce petit Tinteniac.

— Je le connais beaucoup, il m'est tout dévoué.

— Quel homme est-ce?

— Honnête, chevaleresque et brave comme son épée... S'il aime ta nièce, qu'il l'épouse, et sois sûr qu'il la rendra heureuse, si toutefois son bonheur dépend de lui, ce que je ne crois pas...

— Ni moi... alors veux-tu que j'en parle?

— Hum! fit La Rouërie.

— Hum?

— Je n'ai rien dit.

— Mais qu'est-ce que tu penses?

— J'admire beaucoup mademoiselle de Fayolle, mais..

— Tu recules encore devant le mariage... Bah! il faut bien finir... par en finir. Nous ne sommes plus très-jeunes, mon ami; mais qu'importe? tu épouses, et cela fait une seconde jeunesse! — On échappe au triste rôle de vieux garçon, — et l'on fait encore des conquêtes... en qualité de jeune mari.

— Fort bien! mais écoute-moi; — à son meilleur, à son seul ami, à son frère, on peut tout dire... Eh bien, je sais de bonne part que ta nièce a aimé quelqu'un... et même, je te le dis entre nous, je crois que tu ne feras pas mal de conseiller à ton frère de la marier le plus tôt possible...

— Pourquoi cela?

— Je ne sais rien de bien sérieux, mais il court sur son compte des bruits de petite ville, des commérages de duègne, — des enfantillages...

— Enfin?... dit Fayolle inquiet.

— Mon Dieu! rien, — reprit La Rouërie; — tu sais qu'entre nous ces choses-là n'ont aucune importance, mais les épouseurs sont parfois plus exigeants.

— Est-ce que ma nièce.. ?

— Non... on m'a seulement parlé de fleurs échangées, de petits serments, de rendez-vous avec...

— Avec ?...

— Je ne sais qui... un bâtard, un enfant trouvé...

— Et c'est là ce qui t'inquiète ?

— Que veux-tu, en vieillissant je deviens chaque jour plus jaloux...

— Si ce n'est que cela, j'interrogerai mon frère et nous reprendrons cette conversation...

Quel est ce bruit ? demanda Fayolle en se retournant.

La danse avait cessé, et les femmes effrayées se groupaient tremblantes autour des danseurs réunis au milieu du salon... L'antichambre regorgeait de laquais, de gens de service, et d'une foule chassée de la rue et cherchant un abri dans l'intérieur de l'hôtel, dont les portes éclairées étaient restées ouvertes.

— A nous, messieurs ! à nous ! crièrent quelques gentilshommes en entrant dans la salle du bal : — Les étudiants font le siège de l'hôtel du comte de Lamotte.

On avertit ce dernier, qui répondit :

— Laissez, messieurs, laissez... Les bazochiens s'amusent à briser les vitres et à décrocher les réverbères.

On va salir les portes de mon hôtel pour consoler ce sergent de marine que j'ai fait châtier hier par mes gens !

— Eh bien ! allons tous à l'hôtel Lamotte ! s'écrièrent les gentilshommes, qui se répandirent, en habits de bal, dans la ville, suivis par leurs laquais armés.

Il faisait jour déjà.

L'expédition des étudiants, comme l'avait prévu M. de Lamotte, s'était bornée à briser quelques fenêtres ; la garde prévenue avait pu arriver à temps pour empêcher de plus grands dégâts.

Nous avons à raconter maintenant ce qui résulta de cette échauffourée, dont la cause, si petite en apparence, **fut** cependant le germe de grands événements.

VII.

LA PLACE PUBLIQUE.

Echauffés par la dispute, irrités par la haine, les partis ne devaient pas tarder à se rencontrer sur la place publique.

Ce fut le 26 janvier 1789 que se joua sur la place des Cordeliers, le prologue du grand drame révolutionnaire.

Mais pour bien apprécier les faits, il faut savoir quelle était alors la position respective de la noblesse et du tiers-état.

Le tiers avait porté aux Etats de la Province deux demandes :

1° Que le tiers-état, qui ne comptait à cette assemblée que quarante-deux députés, souvent nobles ou anoblis, et presque jamais librement élus, y fût représenté par un nombre égal à celui des deux ordres qui opineraient par tête.

2° Que les impositions supportées presque en entier par le tiers seul, fussent réparties entre tous les citoyens suivant leurs facultés.

Prévoyant bien que messieurs de la noblesse et du clergé ne feraient pas de bon cœur le sacrifice de leurs propres priviléges, le tiers-état avait formellement interdit à ses députés de prendre part à aucune délibération, jusqu'à ce que les États se fussent prononcés sur leurs réclamations.

Ce fut à cette occasion que Volney écrivait dans la *Sentinelle du peuple*.

« Amis et citoyens, il n'en coûte pas plus de bâtir à neuf que de rebâtir du vieux, et l'on est beaucoup mieux logé. Nous avons toujours vu se repentir ceux qui, par économie, réparaient les baraques.

» Si nous ne rasons pas de fond en comble notre gothique constitution, nous aurons toujours une tournure gothique, et nous devrions aussi rebâtir Rennes comme il était avant l'incendie.

» Les enfants qui regardent trop le fossé avant de sauter, prennent la peur et y tombent; si les quarante-deux n'avancent pas rondement, ils feront la culbute.

» Au lancer d'un vaisseau, tant que l'on tient la cheville, on est maître de la machine; mais une fois partie, il est trop tard pour revirer, et si les quarante-deux accordent le premier sou, il n'y a pas de raison de refuser cent millions.

» Quand on veut prendre les oiseaux, il faut porter le filet tout fait, et les quarante-deux doivent porter le leur dans leur poche avec ces mots : — « Rien, ou signez... »

» On n'a jamais fait tant de choses avec si peu de mots, et NON est devenu l'art de gouverner.

» Quand les bons généraux ont de mauvaises troupes, ils mettent du monde à la queue pour sabrer ceux qui fuient, et pendant la bataille des États, les communes devront se tenir derrière, afin que si les quarante-deux reculent, elles les cassent sur place. — Mais que faire de ces gens cassés?... — Des nobles de Bretagne.

» La bataille des trente, si célèbre, ne fut qu'un combat de coqs pour le divertissement de la compagnie. Mais, la bataille des quarante-deux, s'ils ont du courage, sera comme celle des Suisses, qui secouèrent le joug des Allemands vingt fois plus forts qu'eux... »

Les États ouvrirent le 29 décembre. Le 30, le don gratuit fut accordé, et la régie provisoire des fermes fut ordonnée.

La noblesse et le clergé voulurent engager d'autres délibérations.

Le tiers-état demanda à être entendu, on le lui refusa. — Alors il déclara n'avoir pas pouvoir de délibérer sur aucun objet.

— « Quelle fut, sire, notre surprise, — dirent la noblesse et le clergé dans leur mémoire au roi, — lorsqu'au lieu de nommer ses commissaires, l'ordre du tiers déclara qu'il était sans pouvoir pour concourir à une délibération, jusqu'à ce que l'assemblée eût entendu la lecture du cahier des charges « et y eût fait droit. »

» On se propose d'abolir les distinctions et les droits dont jouissent l'ordre de la noblesse et du clergé !... On ose proposer aux deux premiers ordres de sacrifier l'influence que chacun deux a toujours eue dans les assemblées nationales !... Non, sire, le clergé de votre province de Bretagne, ni l'ordre de la noblesse ne peuvent consentir à un pareil changement. »

Contrariée de ces obstacles, la noblesse résolut d'avoir recours à l'intimidation. Sept ou huit cents laquais et porteurs, ivres et armés de bâtons, se rendent au Champs-de-Mars.

Le domestique de la commission des Etats pour la navigation intérieure, Dominique Hélandais, monte sur un banc et lit un long discours dans lequel il demande : le maintien de la constitution ; que leurs maîtres conservent leurs priviléges, et que le tiers les soulage des corvées.

L'orateur finit sa harangue en criant :

— On nous attend au parlement ! — Vive la noblesse ! Vive le pain à quatre sous !

Puis, l'assemblée se répandit par la ville en criant :

— Mort aux étudiants ! A la lanterne les bazochiens !
— s'il n'y a pas de bourreau, nous en servirons !...

La cour reçut ces étranges pétitionnaires et leur promit de délibérer sur leurs demandes. Ils allaient se séparer, quand Hélandais aperçut à la porte du café de l'Union une douzaine d'étudiants.

— Haro ! haro ! ce sont des bazochiens !

Ils lancent sur les jeunes gens, des bûches que l'on venait de décharger devant les Cordeliers. Des gardes de la ville arrêtent quelques séditieux et les remettent à la maréchaussée qui les relâche à l'instant.

Un garde de ville veut arrêter un des valets qui venait d'abattre un étudiant à ses pieds. M. le marquis de Tremargat lui ordonne, le pistolet sur la gorge, de le lâcher.

Deux autres gentilshommes et un monsieur du parlement, en robe rouge, se fourrent dans la mêlée, maltraitent les gardes, trop respectueux pour le trouver mauvais, frappent à qui mieux sur les bazochiens, et par leur exemple, excitent le courage de leurs laquais.

Avertis de ce guet-apens, Moreau, Berger et Ulliac accoururent au secours des étudiants.

Les nobles, un peu calmés, rougirent de s'être mêlés à la canaille, et apaisèrent les plus irrités; enfin, M. le comte de Thiard envoya un détachement de chasseurs qui rétablit la tranquillité.

Mais le bon ordre n'était qu'apparent, chaque parti passa la nuit en préparatifs hostiles.

Ceci se passait le 26.

Le 27 au matin, le Procureur général, au nom du Parlement, ordonna aux officiers de justice de cesser toute information sur les troubles de la veille. Les laquais et les porteurs en conclurent qu'ils étaient sûrs de l'impunité et recommencèrent de plus belle.

De leur côté, les jeunes gens se réunirent sur la place du palais, l'épée au côté et le pistolet à la ceinture.

Au milieu des groupes, on voyait Moreau, Georges, Ulliac, Omnes, Blin, Jouault et les plus ardents, pérorer et gesticuler avec feu, et criant vengeance!

Le Parlement se rendait au palais en corps et en robes rouges.

— Messieurs, leur dit Moreau, vous savez que notre vie n'est pas en sûreté; nous sommes traqués et poursuivis par vos laquais, et vous protégez nos assassins!

— Tout-à-l'heure, ajouta Georges, un teinturier vient de recevoir un coup de couteau... Nous demandons justice!

Une trentaine de gentilshommes sortirent au même instant des Cordeliers, l'épée au poing et criant :

— Que demandent ces drôles ?...

Plusieurs dames de la noblesse étaient aux fenêtres et montraient du doigt la jeunesse des écoles :

— Voyez donc, disaient-elles en riant, comme ils ont l'air méchant et terrible !... Ces enfants se blesseront... Vraiment, les parents ont tort de les laisser jouer avec des armes.

En levant la tête, Georges aperçut à une fenêtre, parmi ces dames, mademoiselle Gabrielle de Fayolle qui riait, causait et paraissait prendre le plus grand plaisir à ce spectacle.

Auprès d'elle, était accoudé sur le même balcon, M. de Tinteniac.

La place des Cordeliers où se passait la scène que nous essayons de peindre, — et qui porte aujourd'hui le nom de place du Palais, — n'avait pas alors cette physionomie symétrique et régulière que lui ont donnée les constructions modernes.

Vis-à-vis la rue de Bourbon, qui conduit aux quais de la Vilaine, on voyait, comme on le voit encore, le Palais-de-Justice, commencé sous Louis XIV, sur les dessins de Jacques Desbrosses.

Les sommes que coûta ce temple de la bazoche, assez médiocre, en réalité, paraissaient si exagérées, que Louis XVI, avec ses idées d'économie bourgeoise, regrettait que le grand roi ne l'eût pas fait construire en écus de six livres.

Mais rien n'était assez beau, assez grandiose pour messieurs du Parlement.

A gauche, en sortant du palais, on trouvait le couvent des Cordeliers (démoli en 1830), qui communiquait par un souterrain, au vieux couvent de Saint-Georges, agrandi sous Louis XV par la piété d'une dame de Lafayette, et converti depuis la révolution, en une caserne d'infanterie.

Un couvent de moines et un couvent de nonnes communiquant par un souterrain ! — Quel scandale cela devait produire trois ans plus tard !

Le reste de la place, formant un grand carré, avait gardé sa physionomie du moyen-âge : les boutiques n'étaient alors que les rez-de-chaussées humides et obscurs de maisons en bois et en torchis, avec de petites portes, lourdes et massives, des fenêtres étroites et de longues allées obscures.

En face du couvent des Cordeliers, — on voyait sur une petite enseigne de bois noir, deux mains enlacées, peintes en jaune ; — c'était là le café de l'UNION, auquel nous avons déjà rendu visite.

C'est sur cette place, telle que nous venons de la décrire, qu'allait avoir lieu cette lutte étrange des jeunes gens de la bourgeoisie, — plutôt que du peuple, — contre ceux de la noblesse.

On se serait cru dans une de ces villes italiennes du moyen-âge, — où se livraient des combats entre les grandes maisons rivales, divisées par des haines purement politiques ou religieuses. — Ici un élément nouveau apparaissait, — deux castes ennemies se trouvaient en présence. Quant au peuple, il se divisait en deux partis, — les laquais du côté des nobles, les ouvriers du côté des étudiants.

Beau spectacle pourtant ! — offrant l'image d'un tournoi chevaleresque, — sous les regards des nobles dames, qui encourageaient du regard leurs nobles et vaillants champions, — tandis que les pauvres bazochiens n'avaient à attendre d'elles, que mépris et qu'injures.

Cependant Gabrielle avait remarqué Georges dans la foule qui s'était massée devant le café de l'Union. Elle se retourna avec crainte du côté de M. de Tinteniac : il avait déjà disparu. — Un instant après, elle l'aperçut sur la place, où il se mêla parmi les gentilshommes.

— Hors d'ici les lâches!... cria-t-il en faisant tournoyer son épée.

— Oui!... répondit Georges avec amertume, — ceux là sont des lâches qui arment leurs valets pour nous assommer...

Les épées furent tirées, — les pistolets armés.

— Retirez-vous! M. de Boishüe, — dit Moreau avec sang-froid, — votre mère est là au balcon, ne nous forcez pas de vous tuer sous ses yeux.

— Feu!... s'écria Tinteniac.

— Feu!... répéta Moreau.

Vingt coups de feu partirent en même temps des deux côtés..... MM. de Saint-Rivel et Boishüe, tombèrent morts.

Georges s'élança au premier rang et croisa l'épée avec Tinteniac. Celui-ci, plus expert dans l'art de l'escrime, écarta le fer, lui porta un coup droit et l'atteignit profondément à l'épaule.

Georges tomba.

Un mouvement tumultueux se faisait en ce moment dans la foule, de sorte qu'aucun de ses camarades ne put lui porter secours.

Bernadotte venait d'apercevoir le comte de Lamotte.

Perçant jusqu'à lui, il le prend à la gorge, le terrasse, et le tenant cloué à terre sous son genou, il broie la tête du comte avec le pommeau de son épée, brisée la veille, en criant : — Tiens, lâche! tu ne vaux pas un coup de pointe... Ah! tu ne veux pas te battre avec un sergent! — Eh bien! le sergent va t'assommer comme un laquais, comme un chien...

Puis, las de frapper, il le pousse du pied sans daigner l'achever.

De tous côtés, gentilshommes et étudiants accouraient au bruit et se battaient partout où ils se rencontraient; — chaque rue, chaque place, devint le théâtre d'un duel, et la mêlée ne cessa qu'avec le jour.

La nuit, les nobles enfoncèrent la boutique de l'armurier Jourjon, brisèrent les banquettes des États, et se barricadèrent dans le cloître des Cordeliers.

Le lendemain, la place du Palais était pleine de jeunes gens, accourus de Saint-Malo et des villes voisines au secours des étudiants.

Enfin, grâce à l'intervention de M. le comte de Thiard, la paix fut rétablie pour quelque temps, et les nobles consentirent à quitter le couvent des Cordeliers à des conditions assez insolentes, qui pourtant furent acceptées.

VIII.

LES DEUX FRÈRES..

Les Cordeliers venaient d'être évacués par les gentilshommes ; la lutte était finie dans la rue, et la bonne ville de Rennes était retombée dans sa léthargie accoutumée.

Il était près de minuit.

Le comte de Fayolle se promenait seul, soucieux et pensif, dans la chambre qu'il occupait depuis quelques jours à l'hôtel de son frère.

Le marquis entra.

Les premiers jours de son arrivée avaient été complètement absorbés par les visites de ses amis qu'il revoyait après une absence de dix-huit années.

C'était à peine s'il avait trouvé quelques heures pour causer avec le comte son frère.

— Tout est calme ? demanda le comte.

— Pour le moment, du moins.

— Oh ! cela ne peut aller bien loin.

— Qui sait ?

— Le général Thiard est un esprit ferme et prudent tout à la fois.

— Les soldats répriment les émeutes—et précipitent les révolutions.

— Nous n'en sommes pas encore là, Dieu merci.

— Je l'espère... Pourtant les haines me semblent

bien vives, entre la noblesse et le peuple... J'ai déjà remarqué les mêmes symptômes à Paris.

— Enfin, Dieu protége la France !

— Dieu protége la France !

— Assieds-toi-là, dit le comte, en indiquant à son frère un fauteuil de l'autre côté de la cheminée. — Nous avons à causer de choses très-sérieuses.

Le marquis s'assit en face de lui.

— Ah ! ça mon frère, dit le comte, est-ce que tu serais enfin devenu raisonnable en vieillissant?

— Pourquoi me fais-tu cette question?

— C'est que, franchement, avec le caractère aventureux que je te connais, je suis surpris que tu ne te sois pas fourré dans la bagarre et mis résolument à la tête du parti de la noblesse.

— Moi, je m'en garderais bien.. des imbéciles qui se croient encore au quinzième siècle et qui ne comprennent pas que depuis vingt ans, un immense mouvement révolutionnaire s'accomplit en France, en Europe et dans le monde entier.

— Je l'ai compris moi... dit le comte en prenant avec satisfaction une prise de tabac dans sa boîte... Alors, pourquoi ne pas te mettre du côté des étudiants?.. Du tiers-état?

— Plus tard, nous verrons cela... aujourd'hui la lutte n'est pas encore engagée... j'attends... A propos, je dois t'avouer que j'ai rapporté peu de chose de mon voyage d'Amérique, et d'ici à quelques jours, j'aurai besoin d'argent, — dit le marquis avec l'embarras d'un homme qui méprise les détails et qui commence à prévoir le moment où il lui faudra compter.

— De l'argent!... et où veux-tu que j'en prenne?

— Mais, il me semble que ma fortune...

— Ta fortune? elle est dans un bel état!.. Tu étonnes Paris par un luxe de prince... Tu fais des voyages en Amérique... Tu donnes des fêtes magnifiques... Tout cela est fort beau, mais cela coûte, mon cher ! L'argent est rare en Bretagne.. et pour éviter le scandale des emprunts hypothécaires, j'ai été forcé d'emprunter, sous-main, à des taux fabuleux.

— C'est bon... nous paierons tout cela.
— Comment ?
— Je n'en sais rien... mais nous verrons.
— Prends garde, mon frère ; quand une fois on a des dettes, on peut se regarder comme ruiné : ce n'est plus qu'une question de temps ; c'est la pelotte de neige qui grossit... c'est la tache d'huile qui s'étend.

Le marquis fit un mouvement d'impatience.

— Voyons, dit le comte, combien te faut-il ?
— Une bagatelle... une vingtaine de mille livres...
— Vingt mille livres !... c'est beaucoup dans ce moment-ci... enfin, j'en parlerai au père Martinet...
— Qu'est-ce que le père Martinet ?... Un usurier ?...
— C'est un fripon de bas étage qui prête pour ces coquins de premier ordre que l'on nomme traitants.
— Demandes-en au diable si tu veux, pourvu que j'en aie..
— Tu es ton maître... c'est toi l'aîné, la fortune t'appartient... Seulement, je te répète de prendre garde... tu vas vite...
— Eh ! mon Dieu ! cela me regarde, — dit le marquis impatienté... Mais toi-même, tu ferais bien de surveiller aussi un peu mieux les affaires de ta maison.
— Que veux-tu dire !
— On parle beaucoup d'une aventure de ta fille avec un nommé Georges... qui n'a pas d'autre nom..
— Une aventure !... Un enfantillage tout au plus !
— Tu ne sais pas tout... et cela peut-être a été plus loin que tu ne l'imagines.
— Pourquoi cela ?
— Cette après-midi, Gabrielle était à une fenêtre pendant qu'on se battait sur la place des Cordeliers, et en voyant Georges croiser le fer avec Tinteniac, elle a jeté un cri et s'est évanouie.

4

—Ne veux-tu pas qu'une jeune fille de seize ans voie une bataille du même œil que le prince de Condé ou le maréchal de Saxe?

—Cette émotion a été jugée différemment par plusieurs personnes... On a parlé de rendez-vous, de serments.

—Bergerades que tout cela!... et, mieux que personne, tu dois savoir qu'en penser, toi le plus mauvais sujet que je connaisse.

—C'est possible, mais celui qui épouse a le droit de se montrer plus exigeant... et je ne serais pas surpris que, maintenant, M. de Tinteniac y regardât à deux fois...

—Comme il lui plaira..! je n'ai pas d'ailleurs l'intention de marier ma fille avant une couple d'années... ce n'est encore qu'une enfant...

—Ho! après tout, dit le marquis, le mal n'a pu être bien grand... à ce bel âge, les amoureux ne songent guère qu'à confier leurs joies et leurs peines, à la lune, aux étoiles, aux vents et aux fleurs... pourtant ce petit Georges m'a paru un peu moins sot et moins fat que ne le sont les jeunes gens de son âge.

—Tu le connais donc?

—Oui, je l'ai rencontré un soir, au café de l'Union.

—Toi, marquis! tu as été t'attabler au café de l'Union!

—Oui... pendant les quelques mois que je viens de passer à Paris, depuis mon retour d'Amérique, j'ai beaucoup fréquenté les lieux publics, pour connaître le cours des idées et tâter le pouls à l'opinion publique... j'ai voulu tenter la même expérience en Bretagne et je suis entré au café de l'Union, fréquenté par la partie la plus intelligente, la plus brave et la plus généreuse du tiers-état... c'est là que j'ai vu M. Georges... mais comment Gabrielle, ta fille, a-t-elle pu connaître ce petit garçon? vous ne voyez pas le même monde, j'imagine?

—Eh! mon Dieu, de la manière la plus simple et la

plus naturelle. Le recteur de Vitré, Huguet, qui l'a recueilli et élevé, nous l'amenait quelquefois à mon château d'Epinay.

— Ton château d'Epinay?... dit le marquis avec un mouvement de surprise.

— Comment! est-ce que tu ne sais pas que j'ai, par ma femme, hérité du comte de Maurepas, mort sans héritier et sans testament?

— Mais... le comte n'a-t-il pas laissé un fils ou une fille ?

— Qui t'a dit cela ?....

— Ma mémoire peut me tromper... mais pourtant il me semble...

— Il te semble... dit le comte, avec un mouvement d'épaules; mais moi, je le sais mieux que personne, puisque j'en ai hérité!

Le marquis demeura un instant pensif, les yeux fixés à terre.

— Tu ne connais pas l'histoire de Maurepas? demanda le comte.

— J'ai peu connu le comte; seulement, j'ai rencontré quelquefois la comtesse à Paris, chez madame de Penguern, et je croyais me rappeler...

— Le comte de Maurepas, mon cher, a été assassiné à la porte de son château.

— Assassiné! s'écria le marquis, qui aussitôt comprima son émotion.

— Je te l'écrivis dans le temps; mais tu l'auras oublié... peut-être même n'avais-tu pas le temps de lire mes lettres?

Après sa mort, la comtesse resta cinq ou six mois dans son château, sans vouloir voir personne; puis, un jour, elle alla s'enfermer au couvent des Bénédictines, qui est au milieu de la forêt de Rennes.

Le marquis prit son chapeau et sortit sans laisser une parole d'adieu, sans même prendre garde à ce qu'il faisait. La nuit fatale du 13 janvier venait tout à coup se dresser devant lui, avec son drame sanglant et ses conséquences si terribles!...

Il revoit la grande salle du château d'Épinay : les portraits de famille, raides et rébarbatifs, s'ennuyant dans leurs cadres enfumés, la comtesse évanouie sur le sofa, — le comte debout, l'œil en feu, les habits en désordre, l'air terrible et menaçant; puis les évènements se suivent, se précipitent avec la rapidité de la foudre...

A dix pas du château, sur la lisière du bois, deux pistolets sont jetés à terre... deux coups de feu partent... Il entend le bruit sourd d'un corps qui tombe lourdement... le dernier râle de l'agonie!..

Il se sent pâlir, une sueur froide perle sur son front... et il fuit dans l'ombre, se cachant lâchement comme un voleur, comme un assassin.

Le marquis, tout à ces souvenirs, laissa tomber son front dans ses deux mains et se prit à pleurer comme un enfant...

IX.

CONSEILS D'UN PÈRE A SA FILLE.

La nuit passée au bal de l'hôtel de Fayolle avait étrangement modifié les idées de Gabrielle.

Une jeune fille dans un bal, c'est l'ange dans le camp des Philistins; que d'enfants pures qui ignoraient leur beauté, et comme Ève ne savaient pas qu'elles étaient nues, sont revenues de ces fêtes le corps brûlant, le cœur défloré, la tête agitée.

La lumière des bougies les avait éclairées sur des choses inconnues : maintenant, enfermées dans leurs robes montantes, elles jalousent les jeunes femmes qui découvrent leurs gorges; la puissance du corset leur est révélée; elles s'étudient à le serrer autour de leur taille, à se plier, se dresser, marcher, prendre des poses gracieuses et irritantes; la chaleur du bal amollit leur âme, fond leur innocence; leur imagination inquiète s'égare à la recherche d'un monde inconnu. Des sensations nouvelles, incomprises, les font frissonner, et des rêves étranges tourmentent leurs couches solitaires. Alors, elles parfument leurs corps, frisent leurs cheveux, stylent leurs paroles, dirigent leurs regards et les dressent à la conquête d'un mari.

Rentrée chez elle, Gabrielle, encore émerveillée des splendeurs de la fête, avait refait toute sa nuit; s'était rappelée le plus léger incident, les paroles les plus insignifiantes de ses danseurs... et elle réfléchit longuement.

Quelle différence entre les jugements du monde auquel elle venait d'être initiée, et l'Eldorado fantastique dans lequel elle s'était endormie jusque-là!... Comme elle eût rougi, la chère enfant, si quelqu'un de ces beaux seigneurs de velours et de satin, ou de ces grandes dames diamantées avait pu lire au fond de son cœur et connaître son secret!

Quelle figure aurait faite le pauvre Georges, parmi tous ces beaux seigneurs si fiers et si élégants?... Il y avait donc entre eux une immense différence! Évidemment, son amour n'avait été qu'une surprise, qu'un rêve... et ce serait vraiment folie à elle que de sacrifier des prérogatives dont elle ne soupçonnait pas l'importance.

A cause d'elle, Georges avait, il est vrai, éprouvé une sanglante injure; mais aussi à qui la faute? Pourquoi s'était-il avisé de l'aimer? Ne devait-il pas sentir la distance que la naissance et la fortune avaient mise entre eux? et même, cet amour, — si toutefois on peut appeler amour, un enfantillage de quelques mois, — Georges l'avait sans doute oublié, puisqu'on le voyait au premier rang parmi les ennemis les plus acharnés de la noblesse.

Voilà ce que disait la raison.

Mais tout aussitôt l'amour lui rappelait Georges tombé sous ses yeux, blessé par Tinteniac, — et, malgré elle, la pauvre enfant, elle se prenait à haïr Tinteniac et à s'attendrir sur le sort de Georges...

Que pensait-il d'elle à cette heure? souffrant et malheureux, elle ne pouvait que le plaindre... Arrogant et fier, elle eût pu le haïr et le mépriser, mais la pensée que Georges se mourait peut-être en la maudissant comme une femme fausse et perfide, troublait son sommeil et la faisait cruellement souffrir.

L'entrée de son père chez elle vint interrompre ses profondes méditations.

Malgré la sécurité apparente du comte, les révélations de son frère l'avaient légèrement inquiété, et il n'était pas fâché de voir jusqu'à quel point ses craintes étaient fondées.

Pendant que le marquis galopait sur la route des Bénédictines, le comte entra dans la chambre de sa fille.

Après quelques paroles insignifiantes, il alla s'asseoir sur un fauteuil auprès de la fenêtre où Gabrielle travaillait habituellement; et, donnant à sa voix l'inflexion la plus caressante :

— Viens ici, dit-il, en attirant la jeune fille sur ses genoux, nous avons à causer de choses qui t'intéressent profondément : hier, pendant que M. de Tinteniac et Georges se battaient, tu es tombée évanouie, m'a-t-on dit?

— J'ai eu peur — dit Gabrielle en se sentant rougir.

— Pour lequel ?

— Je n'ai pas pensé...

— Écoute, mon enfant, nous ne sommes plus au fond des bois, au château d'Épinay, où l'on peut vivre et penser à sa guise ; ici, nos paroles, nos gestes, nos regards même sont jugés, commentés, et sévèrement appréciés. — C'est toute une vie à apprendre... Souvent même, il nous faut cacher comme des crimes nos pensées les plus innocentes en réalité : ainsi, par exemple, au château, tu aimais M. Georges.

— Je l'aimais... dit Gabrielle avec une petite moue

et un mouvement d'épaules... c'est-à-dire qu'il me plaisait... un peu...

— Tu sais, si là bas, je t'ai jamais fait la moindre observation à cet égard.. mais le monde sera moins indulgent peut-être, et tôt ou tard il te jugera sévèrement.

— Que puis-je craindre?

— Je ne sais, mais sois sûre que M. de Tinteniac recevra d'étranges confidences...

— Que m'importe ?

— Prends garde! nous autres de la noblesse, nous vivons, pour le monde d'abord, et pour nous ensuite. Nous avons un nom qu'il faut transmettre pur et honoré à nos descendants. Aujourd'hui, je puis te parler sérieusement, parce que tu n'es plus une petite fille.

Gabrielle prit la pose et la dignité qui convenaient à une grande demoiselle.

— Qu'une femme de la bourgeoisie épouse l'homme qui lui plaît, il n'y a aucun inconvénient à cela... mais, nous avons, nous autres, un rang à tenir dans le monde... La chose la plus importante pour nous, est donc la fortune... J'en ai très-peu, n'étant pas l'aîné, et tu comprends... Ainsi, admettons que tu aimes ce petit Georges...

— Je ne l'aime pas, mon père, balbutia Gabrielle.

— Quand tu l'aimerais, il n'y aurait pas grand mal à cela... car, comme me disait l'autre jour l'abbé Péchard, on n'est pas maître d'aimer ou de haïr qui l'on veut.

— L'abbé Péchard disait cela!

— Oui, ma fille... tu sais que je n'aime pas beaucoup les prêtres. « Ils ne sont pas ce qu'un vain peuple pense. » C'était l'opinion de M. de Voltaire, et c'est aussi la mienne... Mais il en faut. — Quant à toi, ma fille, tu dois avant tout, te garder de compromettre ton avenir... La réputation d'une jeune personne est fragile comme le verre, on ne lui tient aucun compte de son inexpérience, le monde est pour elle d'une sévérité impitoyable, — et la moindre étourderie peut compromettre l'honneur de toute une famille respectable... Une fois mariée, c'est autre chose...

— Mon père...

— Enfin, on fait comme on veut... Dans la noblesse, le mariage, c'est l'indépendance de la femme... Elle peut voir et aimer qui bon lui semble, elle a le beau rôle, mais avant tout il faut se marier.

— Oh! je ne suis pas pressée...

— Pourquoi cela! Il faut commencer par avoir en l'abbé Péchard et en moi, une confiance illimitée...

— Mais, mon père, je n'ai rien à vous cacher, dit Gabrielle.

— Bien vrai?

— Je vous jure...

— Attends... Qu'as-tu fait de l'anneau de ta mère que je te donnai quand tu sortis du couvent!...

— J'avais eu peur de le perdre, et je l'ai laissé au château.

— Tu ne mens pas! dit le comte lentement

Gabrielle se troubla sous le regard profond et pénétrant de son père...

— Je l'ai égaré il y a quelque temps, — dit-elle en détournant les yeux. — Je ne voulais pas vous le dire de crainte de vous affliger...

— Tu sais que j'y tenais beaucoup... C'était l'alliance de ta mère... Nos deux noms sont gravés à l'intérieur... Il est très-fâcheux que tu l'aies perdu... Mais, ce qui serait plus malheureux encore, c'est que cet anneau fût tombé dans les mains d'un jeune homme qui, par fatuité, pourrait le montrer à ses amis... Tu comprends, n'est-ce pas, quelles présomptions cela ferait peser sur toi, et quelle apparence de vérité cela donnerait à ses mensonges?...

Gabrielle rougit et pâlit tour-à-tour. En ce moment, elle maudissait intérieurement Georges et l'inexplicable folie qui l'avait entraînée vers lui...

— Que répondrais-tu, par exemple, à quelqu'un qui

viendrait te dire que Georges l'a montré à ses amis du café de l'Union?

— Que c'est un misérable! s'écria Gabrielle avec indignation.

— On ne te croirait pas, ou du moins on ferait semblant de te plaindre d'avoir si mal placé ton affection... Voyons, ma fille, avoue-moi franchement sans songer à mal que tu lui as donné cet anneau, nous verrons ensuite ce qui nous reste à faire pour prévenir les suites de ton étourderie...

Touchée par tant de bonté, Gabrielle cacha en pleurant son front rouge de honte, dans le sein de son père.

— Il faut demander cet anneau,—dit le comte, c'est indispensable. — Seulement, si Péchard ou moi, exigions que ce jeune homme le rendît, — il est probable qu'il nous le refuserait... Il faudrait que la demande fût faite par toi.

— Je n'oserai jamais! mon père, dit Gabrielle en sanglottant.

— C'est pénible, je le comprends ; mais enfin c'est un mal nécessaire... Tu ne veux pas te retrouver seule avec lui?

— Oh! jamais...! j'aimerais mieux mourir.

— Hé bien! Il ne faut pas perdre de temps, tu vas aller ce matin même, trouver Marianne de Renac; c'est une excellente femme, prudente et de bon conseil; elle fera comprendre, de ta part, à M. Georges, l'indélicatesse qu'il y aurait à abuser de l'étourderie, de l'inexpérience d'une jeune fille, de son imprudence même...

— Ah! mon père, c'est une faute que je ne me pardonnerai pas!...

— Aie seulement cet anneau, dit le comte en la baisant au front; mais pour plus de précaution, je vais faire sonder le terrain par notre ami Péchard : il vous dira si notre jeune homme est dans une situation d'esprit à pouvoir te comprendre et faire ce que nous voulons de lui : voyons, habille-toi.

X.

LES BÉNÉDICTINES.

Rentré dans son appartement, le marquis se promena toute la nuit, le front soucieux et penché, les bras croisés sur la poitrine. Il éprouvait pour le sommeil cet insurmontable dégoût que donnent les passions violemment surexcitées.

Oubliés pendant près de vingt années, chassés chaque jour par des distractions nouvelles, ses souvenirs se réveillaient tout-à-coup, vifs et pénétrants comme s'ils étaient de la veille... Jusque-là, le marquis n'avait guère attaché plus d'importance à cette aventure qu'aux mille bonnes fortunes qui avaient accidenté sa vie folle et dissipée. Une bonne fortune et un duel! M. de Fayolle ne s'étonnait pas pour si peu... Mais, le nom du château d'Epinay, la suppression de l'enfant, brusquement tombés dans la conversation, l'avaient violemment impressionné. Pour la première fois de sa vie, peut-être, il se prenait à réfléchir aux conséquences d'un caprice, d'une fantaisie...

Un mari tué; une femme aimée, — un moment du moins, — arrachée à une vie douce et tranquille, et ensevelie pour toujours dans l'horreur d'un cloître... Un enfant...

Qu'était devenu cet enfant?...

Il ne pouvait l'oublier, la comtesse était enceinte, — et même c'était afin de cacher une faute pour laquelle toute excuse était impossible, qu'elle s'était résignée d'abord à suivre le marquis à Paris.

L'arrivée imprévue du comte de Maurepas avait détruit leurs projets et précipité le dénouement de cette aventure sanglante.

Si l'enfant était mort en venant au monde, pourquoi avoir caché sa naissance?... S'il était vivant, pourquoi ne pas lui avoir laissé le nom et la fortune des Maurepas?...

Pourquoi, enfin, tous ces biens étaient-ils passés dans les mains de son frère ?..

Le lendemain matin, le marquis sortait seul, à cheval, et se dirigeait vers le couvent des Bénédictines, qui se trouvait au milieu de la forêt de Rennes, à quatre lieues de la ville environ.

Les chemins étaient tristes et déserts, le vent se lamentait dans les grands chênes et les bouleaux, courbait les genêts, les bruyères et les ronces, et balayait une petite pluie froide et pénétrante.

Après avoir hermétiquement fermé son manteau et enfoncé son feutre sur ses yeux, le marquis mit son cheval au galop, et une heure après, il voyait à travers les arbres se dessiner les tourelles aiguës du couvent des Bénédictines.

Il mit pied à terre, passa la bride de son cheval dans un anneau de fer scellé dans la muraille, et heurta fortement à la petite porte.

— Qui frappe ?... demanda la tourière à travers le guichet grillé.

— Le marquis de Fayolle.

— Que désirez-vous ?

— Voir madame la comtesse de Maurepas.

— Nous n'avons pas de comtesse dans cette maison, Monsieur ; — Il n'y a que des sœurs Bénédictines, et il n'est possible de leur parler qu'en présence de madame l'abbesse et avec sa permission.

Le marquis tira son calepin et écrivit son nom sur une des feuilles qu'il déchira :

— Veuillez, je vous prie, demander à madame l'abbesse quelle est celle de vos sœurs qui a porté le nom de comtesse de Maurepas ?

La tourière regarda le marquis avec surprise et lui dit:

— Mais c'est l'abbesse elle-même.

— Eh bien ! c'est à elle que je désire parler :

La tourière prit le papier et ouvrit la porte.

Le marquis la suivit au parloir.

Demeuré seul, il se trouva assailli par de douloureuses pensées.

Après vingt ans, son passé entr'ouvrait le sépulcre d'un cloître pour lui rappeler les fautes de sa jeunesse; puis son crime se para des formes les plus séduisantes, les plus gracieuses...

Il retrouvait Hélène comme il l'avait vue à Paris, dans le salon de madame de Penguern, avec ses grands yeux, si doux et si tristes à la fois, comme si déjà elle eût pressenti tous les malheurs qui l'attendaient.

En levant les yeux, il vit venir une femme, enveloppée d'une large robe noire, et la tête couverte d'un long voile blanc.

C'était comme un fantôme glissant sans bruit sur les losanges noirs et blancs du cloître.

Un grillage de bois, peint en noir, les séparait :

— Vous avez demandé à me parler, Monsieur, dit Hélène, en écartant légèrement son voile.

D'un regard, le marquis comprit toutes les souffrances passées de cette femme.

Ses grands yeux, cerclés de noir, étaient fatigués par les larmes; et une idée fixe avait creusé, entre ses sourcils, une ride perpendiculaire. Son nez maigri s'était légèrement recourbé sur ses lèvres serrées, et le menton paraissait plus vigoureusement accentué.

Dans ce regard froid, sur ces joues pâlies, il lisait une fierté que rien n'avait pu dompter; mais, sous ce masque impénétrable, il lui était impossible de lire ce qui se passait au fond du cœur.

— Je vous demande pardon, Madame, d'avoir troublé la paix de votre solitude, dit le marquis, en s'efforçant de cacher son émotion; mais vous comprenez, j'espère, que je n'ai cédé qu'à un sentiment impérieux et irrésistible.

— J'ai moi-même hésité longtemps à vous recevoir, Monsieur, dit la comtesse d'une voix parfaitement claire; mais l'abbé Huguet, mon directeur, m'a fait comprendre qu'une dernière entrevue était nécessaire.

— Vous connaissez alors, Madame, le motif de ma visite?

— Je le pense, Monsieur.

— Voudrez-vous bien m'apprendre, Madame, ce qu'est devenu l'enfant?...

Une vive rougeur colora subitement le front de la comtesse.

— Impossible, Monsieur, dit-elle, en reprenant aussitôt toute son impassibilité.

— Permettez-moi, Madame, dit le marquis, avec une politesse froide et pleine de dignité, de vous rappeler que je ne suis pas tout-à-fait un étranger pour vous.

— Je le sais, Monsieur.

— Cet enfant, Madame, vous l'avez abandonné?

— Ça été la plus cruelle punition que le Ciel ait pu m'infliger.

Le marquis crut voir une larme dans ses yeux...

— Mais il avait, en venant au monde, un nom, une position, une famille... Pourquoi l'avoir déshérité de tout cela? Vous avez été bien cruelle, Madame!

— N'est-ce pas, dit la comtesse avec un sourire ironique; à ce crime d'adultère, il fallait joindre le vol: jeter dans une famille, qui m'avait donné son nom, l'enfant d'un autre homme!...

— Et de quel droit, Madame, avez-vous puni cet enfant d'une faute qui n'était pas la sienne?

— Je n'ai rien fait, Monsieur, que d'après les conseils de personnes plus sages et plus éclairées que moi.

— Enfin, Madame, je ne veux point ajouter mes reproches aux remords que vous avez dû éprouver. Je suis seul coupable, et je veux seul réparer, autant qu'il sera en mon pouvoir, tout le mal que j'ai fait... Est-ce une fille?

La comtesse baissa les yeux et demeura impassible.

— Je veux lui rendre possible son entrée dans le

monde, dans le cas où ses goûts ne lui permettraient pas de passer sa vie dans un cloître...

La comtesse ne leva pas les yeux.

— Si c'est un garçon, dit le marquis, en accentuant lentement ses paroles, et cherchant à pénétrer cette femme plus froide en apparence que les dalles de marbre du parloir, si c'est un garçon, je le placerai à Kergus (1), sous le nom d'un de nos parents éloignés ; et peut-être qu'un jour il pourra, par quelque action d'éclat, effacer la tache de sa naissance.

La comtesse n'eut pas l'air de comprendre ; seulement, un observateur plus attentif eût pu voir ses lèvres frémir et un frisson courir par tous ses membres.

— Mais, répondez-moi donc, Madame! dit le marquis, exaspéré de cette froideur glaciale, de cette insensibilité de statue ; c'est de mon enfant que je vous parle !...

La comtesse laissa retomber son voile et fit un mouvement pour se retirer. Derrière elle la porte d'une cellule s'ouvrit.

L'abbé Huguet entra.

Les deux hommes se regardèrent en face un instant : ils ne s'étaient pas vus jusque-là.

L'abbé Huguet ne connaissait le marquis que par ce qu'il en avait ouï raconter au château d'Épinay.

Il le salua avec une dignité froide, et s'approchant de la grille :

— Madame n'a pas de secrets pour moi, Monsieur, je suis son directeur... et elle m'a confié les douleurs de sa vie passée.

— Ah! dit le marquis en le toisant d'un regard, — c'est vous, Monsieur, qui avez pu conseiller à une mère d'abandonner son enfant?...

— C'est moi, Monsieur, — dit Huguet avec fierté,

(1) C'était une école militaire où l'on plaçait les enfants nobles, illégitimes ou sans fortune.

qui n'ai pas voulu que le fils d'un étranger héritât d'un nom et d'une fortune qui ne lui appartenaient pas... C'est moi qui n'ai pas voulu que l'enfant du crime souillât les saintes joies de la maternité...

Hélène cacha son front dans ses deux mains et laissa couler des larmes qu'elle ne pouvait plus comprimer.

— Je crois, comme vous, à la nécessité d'une expiation, M. l'abbé, — dit le marquis, voulant essayer la persuasion, — et je viens vous supplier de m'en donner la possibilité.

— Vous avez attendu dix-neuf ans, monsieur le marquis?...

— Il n'est jamais trop tard pour se repentir, monsieur l'abbé.

— C'est vrai, Monsieur ; mais de quel droit venez-vous réclamer un bonheur dont vous n'êtes pas digne?

— Monsieur!... dit le marquis avec fierté. — Puis se radoucissant tout-à-coup. — En venant ici, j'ai cru accomplir un devoir que me prescrivait ma conscience... J'ai offert une réparation, vous la refusez... Vous avez sans doute, pour vous montrer aussi sévère, des motifs que je ne connais pas... Mais, permettez-moi de vous faire une dernière observation.—Dans toute la France, les esprits sont irrités, la lutte des parlements contre la royauté, peut amener une guerre civile... — Hier, Monsieur, le sang a coulé sur la place des Cordeliers. .

— Le sang a coulé!... dit Huguet en pâlissant.

— Les gentilshommes se sont battus contre le peuple et les étudiants... des deux côtés, il y a eu des morts et des blessés...

La comtesse poussa un cri étouffé et se sentit chanceceler...

Huguet prit son bras pour l'empêcher de tomber... et regardant le comte avec anxiété, il fut sur le point de tout lui avouer...

— Voyez, monsieur l'abbé, ajouta le marquis avec

émotion, — si vous voulez m'exposer à tuer mon fils, ou à être tué par lui...

— Votre fils ! dit l'abbé d'une voix attendrie et tendant à travers les barreaux une main tremblante...

Il s'arrêta tout-à-coup; il venait de voir Péchard qui sortait de la sacristie et se dirigeait de leur côté...

— Dieu ne l'a pas voulu !... ajouta-t-il en soutenant la comtesse qui s'affaissait, brisée de douleur. — Encore un sacrifice, madame, et Dieu veuille que ce soit le dernier !...

Huguet entraîna la comtesse brisée par la douleur et l'anxiété. Un instant le marquis les regarda s'éloigner. — Puis il sortit sans remarquer le salut obséquieux que lui adressait l'abbé Péchard.

— Mais, disait Hélène à Huguet, d'un ton humble et soumis, — s'il connaissait son fils, ne serait-ce pas pour lui, un protecteur, un ami, un guide dans ce monde où vous ne pouvez plus l'accompagner ?

— Et que répondrait-il à son fils qui lui demanderait sa mère ?

— Que je suis morte... Ne le suis-je pas en effet !

— Prenez-garde, Madame ! — dit Huguet sévèrement, vous pensez encore au marquis; vous l'aimez toujours.

— Oh ! oui, mon Dieu, dit-elle avec désespoir, en tombant à genoux... — toujours !...

— Le père de Georges, c'est moi, qui l'ai élevé, entouré de soins et d'affections depuis qu'il est au monde... Lui, c'est un étranger, un grand seigneur débauché qui veut se passer la fantaisie d'avoir un grand enfant... Eh bien ! non ! Il ne nous l'arrachera pas...

— Le sang a coulé hier, Georges est blessé peut-être: allez à Rennes, Huguet... ne perdez pas de temps... et s'il est malade, quoi qu'il puisse m'arriver dans ce monde et dans l'autre, appelez-moi... je ne veux pas qu'il meure sans me connaître, sans m'avoir pardonnée... je vous en prie, partez à l'instant... partez !

XI.

PÉCHARD.

Depuis longtemps déjà, il y avait entre Huguet et Péchard une haine sourde, une inimitié violente, qui s'était plus nettement dessinée, plus vigoureusement accusée le jour où Georges fut chassé du château d'Épinay.

Huguet avait pour Péchard, ce froid dédain, cette profonde indifférence, qu'ont les hommes supérieurs par l'intelligence et par le cœur, pour les natures mauvaises et les esprits bornés ; ce sentiment, toutefois, n'allait pas jusqu'à troubler la parfaite sérénité de son cœur, et à diminuer l'amour immense qu'il avait pour l'humanité toute entière.

Le recteur voyait en Péchard une créature méchante, dont il se bornait à éviter le contact, sans chercher à lui rendre les coups détournés qu'il en avait reçus déjà.

Mais dans le crâne étroit de Péchard, la haine pour Huguet était devenue une passion profonde, un tourment continuel.

Il souffrait à la fois de cette supériorité qui le rapetissait à ses yeux, et de ce dédain qu'il sentait mérité.

Malgré ses fréquentes insinuations sur les croyances peu orthodoxes du recteur, et quoiqu'il eût énergiquement et savamment combattu plusieurs de ses opinions entachées d'hérésie, — Péchard n'avait pu détruire l'influence que ce dernier exerçait sur l'abbesse, — ce qui, par conséquent, le reléguait dans une position secondaire.

Plusieurs fois déjà, il avait éveillé les scrupules de la comtesse, alarmé sa conscience, inquiété son esprit ; et toujours, quoi qu'il eût pu faire, elle s'obstinait à garder Huguet pour confesseur, bien que Péchard fût le directeur de la plupart des autres religieuses.

Avec la finesse et la pénétration qu'acquièrent les esprits étroits, tournant sans cesse dans le même cercle d'idées, Péchard venait de comprendre qu'il y avait entre Huguet et la comtesse un secret terrible.

La mort de M. de Maurepas, tué à la porte de son château, le soir même de son arrivée; le silence de Jean-le-Chouan et de sa femme, qui avaient toujours refusé de répondre à ses questions... Cette ferme de la Haie, que la comtesse leur avait donnée en les renvoyant... Cette vocation subite, qui l'avait fait s'enfermer dans un couvent, à vingt-deux ans, belle, riche, veuve, et sans enfant... Si encore, elle avait eu pour son mari une de ces passions violentes, qui rendent le monde odieux et la solitude nécessaire... mais tout le monde savait que leur mariage n'avait été qu'une affaire de convenance arrangée par les grands parents et subie par les époux.

L'arrivée du marquis au couvent et sa visite à la comtesse qu'il avait fort peu fréquentée, jetaient sur ces conjectures une demi-clarté.

Comment expliquer aussi cet amour si profond de Huguet pour Georges?

D'où venait-il, ce Georges?... un enfant trouvé... Mais en y réfléchissant davantage, Péchard se disait : S'il était le fils de la comtesse, Georges aurait le nom et le bien des Maurepas... Pour quel motif la mère l'en eût-elle dépouillé?...

Les âmes inférieures, habituées à tout juger au point de vue de l'intérêt, ne soupçonnent pas même chez les autres des sentiments dont elles-mêmes n'auraient jamais été capables. Le conseil de Huguet à la comtesse de ne point donner le nom et la fortune de son mari à un enfant étranger, — que cependant la loi des hommes eût reconnu pour légitime, était donc lettre close pour Péchard.

Il imaginait plutôt que l'enfant avait pu naître quelque temps après la mort du comte.

Il aimait à se dire même que Huguet pouvait bien en être le père.

Mais alors comment expliquer la visite du marquis de Fayolle au couvent ?

Enfin, il y avait sur tout cela un voile, qu'il espérait ne pas tarder à soulever ; il se hâta de repartir pour Rennes, où il n'avait plus qu'à poursuivre une manœuvre déjà commencée.

XII.

L'ENTREVUE.

Après quelques coups de feu et de grands coups d'épée échangés sur la place des Cordeliers, M. de Thiard, avec ses chasseurs, ayant fini par dissiper l'émeute, — des deux côtés l'on s'empressait de relever les morts et les blessés couchés sur la place du Palais.

Au coin de la rue Saint-François, Péchard avait aperçu deux étudiants qui portaient sur un brancard Georges évanoui par suite du coup d'épée qu'il avait reçu de Tinteniac.

— Pauvre enfant ! dit l'abbé d'un ton paterne, il expie cruellement les malheurs d'une éducation vicieuse... Je connais ce jeune homme, dit-il aux étudiants :— Il est de Rennes, seul, sans famille... Portez-le, ici près, je vous prie, chez les demoiselles de Renac ; — Ce sont de saintes filles qui auront pour lui tous les soins que réclame sa position.

Un quart d'heure après, Georges était couché dans une chambre, chez mesdemoiselles de Renac.

Un médecin pansait sa blessure, et Marianne, assise à son chevet, veillait sur lui, avec la touchante sollicitude d'une sœur de charité.

Marianne et Madeleine de Renac occupaient une petite maison entre cour et jardin, un peu au-dessous de la place sur laquelle est aujourd'hui la Préfecture. La cour donnait sur la rue qui longe la promenade dite la Mothe-à-Madame, et conduit au jardin du Thabor.

Il était midi ; Marianne était occupée à tricoter dans une grande pièce très-propre, servant à la fois de salon et de chambre à coucher, lambrissée à hauteur d'appui et tapissée d'un papier fond bleu, avec des fleurs impossibles et des oiseaux invraisemblables.

C'était une petite femme de trente ans, pâle, maigre et austère, vivant fort retirée et ne connaissant de la ville de Rennes, où pourtant elle était née, que le trajet de sa maison à l'église, et de l'église à sa maison.

Madeleine, de quelques années plus jeune que sa sœur, avait pour elle une amitié qui était presque de l'adoration ; elle s'efforçait de l'imiter en tout et de s'effacer pour ainsi dire derrière elle.

Le lendemain, Georges était hors de danger, et sa blessure ne présentait plus beaucoup de gravité. En reprenant connaissance, il avait été contrarié de se trouver chez les demoiselles de Renac, qui appartenaient à la noblesse. — Cela pouvait le compromettre auprès de ses amis.

Son mécontentement redoubla quand il apprit que c'était par les soins de Péchard qu'il avait été transporté dans cette maison.

Georges était, et pour un motif qu'on n'a pas oublié sans doute, peu favorablement prévenu en faveur de Péchard, dont il connaissait l'esprit cauteleux et dissimulé.

Mais il se rassura promptement : le médecin qui pansa la blessure, l'assura qu'il pourrait sortir sous quelques jours, en portant son bras en écharpe ; ce qui, dans les circonstances, n'était pas une petite satisfaction.

Un instant après, l'abbé Péchard lui faisait demander la permission de le voir.

Georges eût bien voulu éviter cette politesse suspecte, mais comment ? sous quel prétexte ?... On avait eu pour lui, dans cette maison, les soins les plus affectueux et les plus empressés... seulement, il souffrait de se trouver forcément lié par la reconnaissance à la caste qu'il abhorrait, — en ce moment surtout.

Péchard entra.

Georges tourna la tête et prit un air très-souffrant pour éviter toute explication.

Après quelques banalités dévotes sur les avertissements envoyés par le ciel, sur les châtiments infligés par le Seigneur à ses enfants bien aimés...

—Mon cher ami,—dit Péchard d'une voix doucereuse, que le premier coup qui vous frappe vous mette en garde contre les mauvais exemples et les conseils perfides qui vous précipitent dans la voie de la perdition.

— Je ne suis point encore guéri, monsieur l'abbé, répondit Georges d'une voix faible. Les sermons me font mal... Une autre fois, si vous le permettez...

— J'ai quelques mots seulement à vous dire, mon enfant. — Il y a deux sortes d'amis : ceux qui approuvent toujours, et ceux qui ont une voix sévère, de salutaires conseils pour les fautes qu'ils voient commettre.

Georges ferma les yeux et n'eut pas l'air de comprendre.

— Aujourd'hui, mon fils, nous vous voyons avec peine parmi les ennemis les plus acharnés du trône et de l'autel... Déjà le Seigneur vous a châtié... prenez garde...

— Eh! Monsieur, — dit Georges en rejetant brusquement la couverture, et le regardant avec des yeux brillantés par la fièvre, — si je suis l'ennemi des nobles, si j'ai juré de les combattre jusqu'à la mort, — à qui la faute ? — Avez-vous oublié la scène du château d'Epinay ?... Qui m'en a fait chasser ?... Qui donc a égayé la noble assemblée de mes aveux surpris, de mes confidences écoutées ?... Voyons, monsieur l'abbé, quand on est l'ennemi des gens, il faut avoir le courage de le leur dire en face.

— Moi, votre ennemi, Georges ?... Ah! vous me connaissez mal; je n'eus jamais dans le cœur d'inimitié contre personne, contre vous surtout, l'enfant d'adoption du révérend ecclésiastique que j'estime et honore plus que personne au monde, tout en déplorant souvent ses erreurs philosophiques...

Je vous aime, Georges, comme un fils bien-aimé, j'espère un jour vous en donner des preuves irrécusables... Seulement, alors, je dus me montrer sévère et impitoyable pour une faiblesse qui ne pouvait que vous rendre malheureux. Sans le vouloir et par la force des choses, vous vous trouvez fatalement entraîné vers une jeune fille appartenant aux premières familles du pays... J'ignorais à cette époque le secret de votre naissance... Aujourd'hui...

— Aujourd'hui?... s'écria Georges en se levant à demi, et regardant Péchard avec un inexprimable sentiment d'anxiété.

— Aujourd'hui,—reprit l'abbé,—je n'ai encore que des soupçons, des pressentiments graves, à la vérité... mais j'attendrai d'avoir des preuves certaines, palpables, pour vous dire voilà votre famille... voilà votre mère!..

— Eh! Monsieur,—dit Georges en se laissant retomber affaissé sur son lit,—que puis-je attendre de parents qui m'ont abandonné pendant près de vingt années?

— Si c'est une faute, si c'est un crime, nous appellerons l'expiation par le repentir... Et si, comme je l'espère, votre nom vous le permet, je serai le premier à bénir votre amour.

— Mon amour?... dit Georges avec colère. J'ai pu aimer la jeune fille timide, l'ange que je rêvais; mais je n'ai plus que du dédain pour la femme qui vient froidement s'accouder à un balcon pendant que les hommes s'égorgent.

— Eh! mon Dieu, mon enfant, qui peut sonder les replis mystérieux du cœur des femmes? Qui vous assure que Gabrielle n'a été attirée que par une curiosité barbare ? n'y avait-il pas dans la foule quelqu'un à qui elle s'intéressait ? Croyez-vous que la haine puisse remplacer aussi subitement une tendre affection dans le cœur candide d'une jeune fille ?

—C'est vrai : M. de Tinteniac était là, dit Georges avec amertume.

— Mieux que moi, reprit l'abbé avec un sourire insinuant, —mademoiselle de Fayolle pourra vous expliquer le motif qui l'avait attirée à cette fenêtre.

Georges le regarda avec surprise.... La porte s'ouvrit.

Gabrielle parut, suivie de mademoiselle de Renac.

—Je vous laisse, dit l'abbé en sortant ; les devoirs de mon ministère m'appellent au couvent des sœurs Bénédictines.

XIII.

LES ADIEUX.

Dans cette chambre haute et froide, à laquelle l'ordre minutieux répandu partout donnait une empreinte austère, après la visite d'un prêtre et les émotions étranges que ses paroles avaient excitées dans l'âme du jeune homme, l'apparition de Gabrielle avait quelque chose de céleste.

Toute la méfiance de Georges, tout son ressentiment, toute son indifférence affectée disparurent comme un brouillard que percent les rayons du jour.

Qui n'a admiré, avec un charme mêlé de tristesse, ces vieilles peintures de jeunes femmes du temps passé, dont la beauté fraîche et radieuse se détache sur le fond bruni d'une ancienne toile tout écaillée ? L'œil est vert le sourcil trace un arc délié qui fait ressortir la blancheur mate du front, la chevelure d'or crespelée, fuit sur les tempes en boucles légèrement tordues, la bouche petite et ferme a pris la teinte du grenat, la ligne majestueuse du nez révèle une haute origine ; — il y a dans ces figures quelque chose de l'aïeule et quelque chose de l'enfant... Seulement elles sont un peu pâles.

Mademoiselle Gabrielle de Fayolle était déjà devenue telle, à force d'inquiétude et de douleur, — ou, peut-être encore, à la suite des nuits passées au bal et des impressions du monde nouveau qui s'était ouvert devant elle.

Ce n'était plus, dans tous les cas, la petite fille, à demi paysanne, courant les prés, avec Georges, qui l'accompagnait à la ferme,—si bien qu'il n'avait jamais pu songer, dans ce temps-là, à la différence de leurs conditions. La soie, le velours et les dentelles étaient aussi pour quelque chose dans cette transformation.

En voyant Gabrielle, Georges avait senti s'envoler ses dernières hésitations ; il tournait la tête vers elle, pâle, tremblant, embarrassé, n'attendant qu'un regard, qu'une parole pour demander grâce et ressusciter un amour qu'il s'était efforcé d'étouffer sous des déclamations furibondes et insensées.

Pourtant, la méfiance qu'il avait du résultat de l'entrevue officielle qu'on avait ménagée entre lui et la noble demoiselle le forçait encore au silence ; — il se représentait la honte de son expulsion du château d'Épinay, il se disait que toute avance de sa part serait une lâcheté, et qu'alors surtout Gabrielle aurait le droit de le mépriser.

Il attendait...

Marianne, tout en souriant de leur embarras, ne pouvait sans cruauté prolonger plus longtemps cette situation pénible.

— Assieds-toi, dit-elle à la jeune fille, nous avons à causer longuement. — M. Georges, ajouta-t-elle en se tournant vers le lit du malade, Gabrielle m'a confié tout ce qui s'était passé entre vous, et je l'ai priée de venir vous voir, parce que j'ai pensé qu'une dernière explication entre vous était indispensable... Il y a quelques mois, Mademoiselle de Fayolle sortait du couvent, et ne soupçonnait pas même ce qu'était le monde, elle a pu, dans un moment d'oubli...

— Impardonnable ! dit Georges avec un ton d'imperceptible ironie...

— Vous laisser deviner des sentiments...

— Dont elle rougit à cette heure... N'est-il pas vrai, Mademoiselle ?...

Gabrielle détourna la tête avec un sentiment pénible.

— Ce n'est pas précisément ce que je voulais dire, Monsieur, reprit Marianne de Renac... mais, dont elle ne soupçonnait pas toute l'imprudence.

— Hé ! mon Dieu, Mademoiselle, quelle imprudence y avait-il dans tout cela ? Des enfants qu'on laisse jouer ensemble et qui se voient grandir sans y songer, qui jouent au mariage pour imiter les grandes personnes ! cela doit-il préoccuper des gens graves, des ecclésiastiques, des parents ?... surtout quand les positions sont si différentes...

— Est-ce ma faute, à moi ! dit Gabrielle émue malgré elle en remarquant la pâleur de Georges.

— Je ne vous fais pas de reproches, Mademoiselle, vous m'avez témoigné quelque intérêt, j'y ai été trèssensible... et je vous jure que j'en suis infiniment reconnaissant. Mais, quant à vouloir prendre ce sentiment au sérieux, en faire le but de ma vie, mon rêve de bonheur, je confesse que ce serait une folie par trop ridicule... Il ferait beau voir, vraiment, que Mademoiselle Gabrielle de Fayolle eût l'air de connaître un monsieur Georges !..

Qu'est-ce que ce M. Georges, s'il vous plait ?...

Mais, je ne sais.... un pauvre diable, un enfant trouvé, élevé par charité au presbytère de Vitré. — Et c'est cela que Mademoiselle de Fayolle a honoré de ses bontés ? D'honneur ! elle avait le cœur bas placé... Oh! je l'avoue, Mademoiselle, il n'y aurait pas assez de rouge pour cacher votre honte, votre humiliation...

— Malgré l'ironie et l'exagération de quelques-unes de vos paroles, dit Mademoiselle de Renac, je suis ravie de voir, Monsieur, que vous sentiez, d'après la position de Gabrielle...

— Qu'il lui est impossible de penser à moi!... je le comprends parfaitement, Mademoiselle... Il y a plus, c'est que Mademoiselle Gabrielle, eût-elle consenti à un pareil sacrifice, je ne pourrais l'accepter...

— Le monde, Monsieur, a ses exigences, qui souvent font taire la voix du cœur.

— Permettez, Mademoiselle, le cœur n'a rien à voir dans tout ceci... Mademoiselle Gabrielle eut pendant quelque temps la fantaisie de faire des visites à la ferme de Jean le Chouan. Le hasard a fait que nous nous sommes quelquefois rencontrés... Voilà tout... Ce serait, en vérité, attacher trop d'importance à ces enfantillages que de se les rappeler seulement une heure... Et j'ai trop bonne opinion de Mademoiselle pour la soupçonner d'une pareille faiblesse.

— Ainsi donc, monsieur Georges, je puis espérer que vous ne nous haïrez pas trop? — demanda Gabrielle, involontairement blessée de cette apparente résignation?

— Moi vous haïr, Mademoiselle!... Maintenant je reconnais et j'avoue qu'il existe entre nous un abîme qui, chaque jour, se creuse davantage; vous êtes de la noblesse; moi, je suis du peuple; — et il y a entre la noblesse et le peuple un duel à mort... Le sang a déjà coulé, vous avez pu le voir, car vous étiez bien placée pour cela, et certes, ce n'est pas de ma faute si je n'ai point été tué par un des vôtres... Qui sait? par celui-là même que vous aimerez, que vous épouserez un jour et par qui vous serez heureuse!

— C'est possible, Monsieur, dit Gabrielle en s'efforçant de retenir ses larmes.

— Je le souhaite, Mademoiselle, dit Georges.

— Ce qui me fait peine en ceci, — dit Mademoiselle

de Renac, — c'est de voir parmi nos ennemis, un jeune homme que la famille de Gabrielle avait reçu avec confiance et bonté.

— Oui, — et qu'elle a ensuite chassé honteusement pour avoir eu l'insolence de l'aimer... Mais, soyez sans crainte ; ami inutile, je ne puis être un ennemi bien dangereux.

— Ennemi! — s'écria Mademoiselle de Renac, — et pourquoi donc ce mot funeste? On n'est pas ennemi de gens dont la position seule vous sépare. Allons, enfant que vous êtes, comprenez un peu que vous avez jusqu'ici mené une vie un peu sauvage. L'éducation que vous a donnée l'excellent abbé Huguet ne vous éclairait pas beaucoup sur les relations du monde. Son austérité bien reconnue, son amour de la solitude, son éloignement des choses vulgaires... Je parie que vous avez lu des mauvais livres...

Georges frémit d'impatience et se refusa à répondre.

Il sentait qu'il y avait du vrai dans ce reproche, — au point de vue du moins de la dévote; il avait lu en effet bien des livres de philosophie transcendante, dérobés la plupart à la bibliothèque du recteur. Les platoniciens l'avaient initié aux mystères du pur amour ; les poètes italiens de la Renaissance lui avaient rempli la tête de *canzones* et de sonnets langoureux ; les théosophes modernes l'avaient séduit par l'image des amours mystiques. — Mais un livre dont l'impression profonde dominait et absorbait tout cela, c'était la *Nouvelle Héloïse*.

Les souvenirs brûlants de cette lecture ranimaient en ce moment son amour pour Gabrielle; comme un courant d'air violent fait tout à coup jaillir de grandes flammes d'un brasier qui allait s'éteindre.

Sa situation présente lui remettait en mémoire l'entrevue de Saint-Preux et de Julie gravement malade, avec cette différence que la scène se trouvait renversée.

Gabrielle, sans être aussi savante, s'intéressait beaucoup), de son côté, à ce pauvre jeune homme blessé à cause d'elle, et dont le visage pâli se détachait tristement parmi les ombres de l'alcôve. Elle maudissait intérieurement la sévérité de son amie, et oubliait peu à peu les conseils prudents de son père.

— Je n'oserai jamais lui redemander ma bague, dit-elle d'une voix étouffée à l'oreille de Mademoiselle de Renac.

Celle-ci voulut profiter de l'amour-propre blessé du jeune homme, et lui dit sévèrement :

— Dans les circonstances où vous êtes placé, monsieur Georges, vous comprendrez aisément que Mademoiselle de Fayolle vous redemande l'anneau de sa mère, qu'elle vous a laissé garder après une scène d'enfantillage... C'est son père qui l'oblige à cette réclamation.

Mademoiselle de Fayolle fit un signe de tête affirmatif, sans oser essuyer une larme qui coulait le long de ses joues.

— Gabrielle! s'écria Georges, perdant tout à coup le sentiment de fierté blessée où il s'était réfugié jusque-là; Gabrielle! cet anneau, par pitié, laissez-le moi!

— Il ne m'appartient pas, Georges, répondit Gabrielle.

— C'est l'anneau de ses parents, dit Marianne de Renac; si la petite Gabrielle a eu l'imprudence de vous donner cette bague qui lui était confiée, mademoiselle de Fayolle la sollicite de votre loyauté.

Georges tira l'anneau de son doigt, et dit gravement à mademoiselle de Renac : Je ne sais si le mot de loyauté n'est pas trop noble pour un pauvre garçon de mon espèce, — il me suffit de savoir que Mademoiselle redemande cet anneau... Le lui remettre en cette circonstance n'est que de la probité.

Gabrielle tourna vers lui, avec reproche, son visage mouillé de larmes. Renonçant à son rôle de grande et noble demoiselle, elle pleurait cette fois comme un enfant.

— Vous souvenez-vous, Mademoiselle, dit Georges

tenant toujours l'anneau dans ses doigts, des circonstances dans lesquelles vous m'aviez donné ce bijou? c'était à la ferme de Jean le Chouan... Yvonne ouvrit sa grande armoire de chêne pleine de linge; je la vois encore... Elle déplia lentement et avec le plus grand soin ses vêtements de noce et ceux de son mari... Vous le rappelez-vous, Gabrielle; c'était un grand habit de beau drap rouge à boutons de métal, une culotte courte avec des boucles d'argent... Son costume de mariée, c'était une coiffe de bazin, un corsage et une jupe de cotonnade à larges raies... c'était affreux, nous trouvions cela charmant... si bien que nous eûmes l'idée de nous en revêtir; nous nous trouvions assez grands déjà pour avoir l'air de deux petits mariés.

Gabrielle sourit à travers ses larmes.

— Ce fut pour compléter notre déguisement que vous me fîtes passer au doigt cet anneau, que plus tard je ne voulus plus vous rendre... C'était bien un enfantillage, comme le disait Mademoiselle de Renac; voilà pourquoi je rends l'anneau : le voilà ; reprenez-le... Maintenant je ne connais plus mademoiselle Gabrielle de Fayolle: elle est morte pour moi... elle n'a jamais existé.

— Merci, Monsieur, dit Marianne en saisissant la bague; je n'avais jamais douté de votre délicatesse.

Gabrielle suivit Marianne sans trop savoir si elle devait se réjouir du succès de son entrevue ou bien le regretter.

XIV.

LA FERME DE JEAN LE CHOUAN.

En sortant du couvent des Bénédictines, le marquis s'en allait fort irrité contre l'abbesse et l'abbé Huguet, son directeur.

Qu'ils n'eussent pas voulu introduire un étranger dans la famille des Maurepas, il comprenait ce scrupule et même il trouvait dans cette délicatesse un motif d'estimer Huguet.

Mais vouloir lui imposer, à lui, une ligne de conduite, lui défendre d'aimer et de protéger cet enfant, et d'adoucir les malheurs de sa naissance, voilà ce qui le révoltait.

Enfin, il avait un fils, c'est tout ce qu'il avait pu comprendre des paroles entrecoupées de Huguet.

Mais, ce fils, où le trouver?

La position exceptionnelle du comte son frère, les malheurs de l'abbesse, imposaient au marquis la plus grande réserve.

Il maudissait de grand cœur les abbesses et les confesseurs, — mais, au fond du cœur, peut-être n'était-il pas trop fâché d'avoir une difficulté à vaincre, un obstacle à surmonter.

Le marquis était une de ces natures qui ont besoin de lutte pour développer toute leur énergie, toute leur puissance.

Avoir un fils ! cette idée le poursuivait depuis plusiers années au sein de sa vie aventureuse, depuis surtout que les atteintes de l'âge commençaient à blanchir ses cheveux, — et quant à se ranger désormais sous le joug du mariage, il n'y songeait même pas.

Après quarante ans, disait-il, l'homme est fini. Mais avoir à cet âge un enfant tout élevé, tout grandi, un compagnon plus jeune, dans lequel on se sent revivre... Légitime ou non, qu'importe ! Ce n'était pas au point de vue de son nom ni de sa fortune... c'est son cœur, son caractère, son esprit qu'il aurait voulu transmettre en héritage. Il comptait dans sa pensée l'âge que cet enfant pouvait avoir... Il faisait son portrait, lui donnait des passions, des vices charmants, une santé de fer, surtout une fierté sauvage, un orgueil de race qui bondit à l'intérieur...

Tous les jeunes gens qu'il rencontrait sur son chemin, il les suivait du regard, et les examinait avec une expression de tendresse infinie...

Puis, las de l'inutilité de ses recherches, il rentrait abattu et se disait avec découragement :

— Tombé entre les mains d'un prêtre et d'une abbesse ! ils en auront fait un moine !

Comment fouiller tous les cloîtres et tous les séminaires de la Bretagne ?... Et puis, sous la soutane du prêtre, sous le froc du moine, ou sous la capote du soldat, tous les hommes se ressemblent à peu près.

Pour arriver à son but, il avait donc besoin d'une première donnée...

Le comte et la comtesse disparus, il devait rester encore d'autres personnes au château.

Le marquis ne tarda pas à apprendre que Jean, le domestique du comte, et Yvonne, la femme de chambre de la comtesse, étaient devenus fermiers dans les environs de Vitré.

Un matin, la neige tombait fine et serrée ; — le marquis partit de Rennes, au pas de son cheval, pour se rendre au village de Champeaux.

Vers le milieu de la journée environ, il trouva sur sa droite un petit chemin creux, et sur le bord de la route un grand chêne sous lequel il s'était abrité pendant l'orage, un soir qu'il se rendait mystérieusement au château d'Épinay.

A tout hasard, le marquis s'engagea dans ce chemin, et un peu plus loin il aperçut la fumée d'une ferme, à travers un massif de châtaigniers.

Il mit pied à terre dans la cour, couverte d'une épaisse litière, au milieu de trois ou quatre chiens qui aboyaient.

A gauche, sous un hangar, des hommes pilaient, dans une auge en pierre, des ajoncs pour les chevaux.

Un homme d'une quarantaine d'années, en veste et culotte de gros drap brun mêlé, et coiffé d'un bonnet rouge, entrouvrit la porte de la maison, et fit signe à un garçon de ferme, qui vint prendre par la bride le cheval du voyageur.

Le marquis entra dans une grande salle blanchie à la chaux, éclairée par une petite fenêtre, défendue en dehors par des barreaux de fer. De grandes armoires en chêne, brunies par la fumée et enjolivées de ferrures de cuivre, propres et luisantes; des chaises en paille à peine dégrossies; — une grande table brillante et cirée, avec ses deux bancelles frottées; — à un bout, la batterie de cuisine en étain et en grosse faïence vernissée de couleurs éclatantes; — à l'extrémité opposée, le chanteau de pain, roulé dans une nappe de toile jaune et recouvert d'une cage à pain en osier.

Sur les murailles, des images de saints grossièrement enluminées.

Et, accroché au-dessus de la cheminée, un fusil à deux coups à pierre, ce qui, pour le temps, était une chose rare et précieuse.

Çà et là, les poules becquetaient les miettes tombées de la table et, de temps en temps, les chiens quittaient leur chenil pour se faufiler auprès de la cheminée.

Cette maison réjouissait l'œil par l'aisance et la propreté exquise qui se remarquaient jusque dans les moindres détails.

Une femme à genoux devant la cheminée faisait de la galette de blé noir.

Le paysan alla s'asseoir auprès du feu, sur un banc adossé contre un lit de chêne à couvertures et rideaux de serge verte, — et reprit tranquillement une poignée de chanvre qu'il teillait, — pendant que le marquis jetait de côté son manteau et son chapeau couverts de neige.

Le paysan breton, en général, a pour les gens des villes une haine et un dédain profond, qu'il prend rarement la peine de dissimuler, à moins pourtant qu'il n'ait l'espoir d'en profiter. — Dans ce cas, il devient d'une politesse servile : — il est souple, liant, adroit, rusé, fripon et menteur.

S'ils sont entre eux d'une probité douteuse, les

paysans bretons n'ont pas de plus grand bonheur que de voler un *villotin* (habitant des villes).

Aux yeux des gros fermiers bretons, tout fonctionnaire, tout employé du gouvernement n'est qu'un laquais, quelque galonné qu'il soit.

Un paysan du Finistère cédera son fauteuil et la meilleure place au foyer, au mendiant qui viendra lui demander un morceau de pain; mais il n'ôtera pas son bonnet devant M. le préfet.

— Il y a loin d'ici au village de Champeaux? demanda le marquis.

— Une demi-lieue à travers les champs, — quand on sait la route, — répondit le paysan.

Le marquis feignit d'être très-fatigué, prit une chaise et s'approcha du feu.

Après quelques paroles sur le mauvais temps, il engagea la conversation sur le sujet qui lui tenait au cœur.

— Avez-vous connu l'ancien propriétaire du château d'Épinay? — demanda-t-il au paysan.

— Monsieur de Maurepas?... j'étais son domestique...

Le marquis eut un mouvement de satisfaction; le hasard le servait à souhait; — il examina attentivement les traits du paysan, — il ne le reconnut pas; — le temps avait recourbé son nez crochu, aiguisé son menton pointu et creusé ses petits yeux bordés de rouge, entre un front plus bombé et des pommettes plus saillantes.

Ce type traditionnel avait fait donner à sa famille le nom de Chouan, à cause de sa ressemblance avec le chat-huant.

— Le comte a eu, m'a-t-on dit, une fin bien malheureuse, — reprit le marquis en se rapprochant du feu.

— Bien malheureuse, — répondit le paysan.

— Il y a de cela une vingtaine d'années?

— Environ...

— A-t-on appris au juste pourquoi la comtesse s'était enfermée dans un couvent?

— Pourrais-je savoir, sans être trop curieux, à qui j'ai l'honneur de parler? demanda le paysan.

— Je suis le marquis de Fayolle, mon ami.

— Ah! dit le paysan, en ôtant respectueusement son bonnet; vous êtes le frère de M. le comte... Approchez-vous donc .. Yvonne, mets du bois dans le feu... Derrière, les chiens! — M. le marquis voudra bien me faire l'honneur de boire un coup de notre cidre? il n'est pas trop mauvais.

— De grand cœur... Je viens dans ce pays, où mon frère veut se porter candidat aux élections, et pour me rendre à son château, j'ai voulu couper à la traverse... la neige s'est prise à tomber de telle force que je suis à tout hasard entré ici, sans savoir où, ni chez qui j'allais...

— Vous êtes ici chez Jean le Chouan, M. le marquis, à la ferme de la Haie, que nous a donnée madame la comtesse de Maurepas, dont vous parliez tout à l'heure, quand elle m'a marié avec Yvonne, son ancienne femme de chambre.

Le Chouan sortit après ces paroles

Yvonne fit remonter au plancher la cage à pain, fit glisser le dessus de la table, et servit très-prestement du beurre, des noix, des poires et des échaudés.

Jean rentra avec un énorme *piché*, qu'il déposa sur la table.

Les deux hommes s'assirent au bout de la table, devant un âtre où pétillait un bon feu.

— On n'a jamais su bien positivement comment le comte était mort? demanda le marquis.

— Jamais... — dit Yvonne, — on n'a eu là-dessus que des soupçons.

— C'est selon... — dit le Chouan en hochant la tête.

— Je vous ai toujours dit que vous vous trompiez, Jean...

— C'est possible, répondit Jean d'un air convaincu : je sais, ce que je sais !...

— Le comte a-t-il parlé avant de mourir ?...

— Non, dit Jean, voilà comme ça s'est passé ; après avoir soigné le cheval de M. le comte, j'étais allé me coucher dans un petit cabinet qui donnait sur les jardins. Au milieu de la nuit, v'là que je m'entends appeler...

— C'était moi qui cherchais du secours, répondit Yvonne.

— Nous descendons, reprit le Chouan, et nous trouvons madame la comtesse étendue sur le plancher du salon, qui se tordait, s'arrachait les cheveux et poussait des cris horribles.

— C'était une attaque de nerfs, dit Yvonne, et si nous n'étions pas venus, elle serait étouffée.

— Nous cherchons M. le comte partout... nous l'appelons... Personne... Enfin, je retrouvai à la cuisine ses guêtres et son manteau, que j'avais mis le soir à sécher devant le feu.

Le marquis se sentit frissonner à tous ces détails, que pourtant il accueillait avec une certaine avidité.

— Il pouvait être à ce moment-là quatre heures du matin, continua Jean le Chouan. Je courus au presbytère, et je ramenai l'abbé Huguet, — qui était avant M. Péchard recteur de Champeaux. Il s'enferma seul avec Yvonne dans la chambre de la comtesse... Une heure après, il montait plus pâle qu'un déterré. Puis, prenant la lanterne que j'avais laissée en rentrant tout allumée sur la table de la cuisine, il ouvrit la porte en me disant :
— Suis-moi... A cent pas du château, dans ce petit bois de sapins à droite en sortant, presque au bord du chemin, nous trouvons M. le comte étendu à terre, la poitrine traversée d'une balle... De peur de se compromettre, l'assassin n'avait pas osé emporter son pistolet, que nous retrouvâmes à côté du corps.

— Et qui vous prouve que le comte fut assassiné ? — demanda le marquis.

— Rien, monsieur le marquis, dit Yvonne. — M. Huguet pensa, et nous fûmes tous de son avis, — que

M. le comte avait pu se tuer par suite de chagrins domestiques et de pertes de jeu considérables.

— Chacun a ses idées là dessus, dit Jean le Chouan d'un air capable ; — j'ai toujours cru, moi, qu'il y avait dans le pays des gens qui devenaient d'un jour à l'autre riches sans travailler. — Aujourd'hui ils portent sur les épaules, dans une petite boîte en bois, du savon, de la résine, des épingles et des mouchoirs, qu'ils troquent contre des cheveux et de vieux chiffons, et six mois après ils achètent dans les foires, des chevaux, des vaches, et prêtent de l'argent à la petite semaine.

— Vous voilà encore avec vos idées sur ce pauvre père Martinet ! dit Yvonne.

— Je ne nomme personne, dit le Chouan ; mais je dis qu'il y a des fortunes bien rapides et bien singulières.

Le marquis leva les yeux au ciel et poussa un profond soupir en pensant qu'un innocent était soupçonné, et avait pu être accusé pour un malheur dont il était la cause.

— Et monsieur le comte est mort sans héritier ? demanda le marquis en regardant tour à tour Yvonne et Jean le Chouan.

— Sans cela, dit le Chouan en riant, monsieur le comte de Fayolle, votre frère, n'aurait pas hérité du château d'Epinay...

Yvonne parut légèrement se troubler, et, pour éviter les regards scrutateurs du marquis, elle se leva de table et prit une brassée de genêts qu'elle jeta dans le feu.

— Évidemment, se dit le comte, le secret est-là...

XV.

UNE SOIRÉE A LA FERME.

L'hiver de 1788, le plus rigoureux qu'ait éprouvé la France, avait causé en 1789 une disette épouvantable. Des bandes de paysans affamés parcouraient les campagnes demandant du pain et menaçant d'incendier les fermes et les châteaux.

Le parlement de Rennes venait de nommer des commissaires chargés de parcourir les différentes villes de la frontière pour empêcher les accaparements, prendre connaissance des dépôts de blé et de farine, et contraindre les marchands à venir vendre dans les marchés les quantités nécessaires à la consommation.

Au village de Champeaux, cependant, on ne souffrait pas encore de la détresse générale. Le pays même était en fête à l'époque dont nous parlons ; on venait de réparer la tour écroulée au commencement de l'hiver, et, à l'occasion de cette cérémonie, le révérend Péchard avait fait cadeau à l'église de deux statues : saint Mathurin et saint Yves, complètement neuves et peinturées de couleurs rouges et jaunes ; celles de saint Fiacre et saint Laurent n'avaient pu recevoir qu'un modeste lait de chaux.

C'était, de plus, la semaine du carnaval ; on avait tiré les pigeons dans la cour et les canards dans l'étang d'Épinay. Les paysans endimanchés couraient les fermes et les cabarets des environs.

C'est ce qui explique en partie comment la conversation du marquis et de Jean le Chouan fut interrompue par une pétarade d'une douzaine de coups de feu tirés dans la cour ; c'étaient les fermiers de M. de Fayolle qui, prévenus par le garçon de ferme de Jean le Chouan, venaient saluer son arrivée.

Le marquis n'était pas dans une situation d'esprit à se montrer fort sensible à ces honneurs ; cette ovation improvisée contrariait ses projets ; puis il réfléchit aussitôt que c'était un motif de prolonger de quelques heures son séjour à la ferme, — et il espérait, dans l'entrain de la conversation, surprendre un aveu qu'Yvonne ne lui ferait très-probablement pas s'il lui laissait le temps de la réflexion.

Une douzaine de paysans rudes et gauches dans leurs

6

vestes neuves de gros drap-bleu, avec des plumes de paon enroulées autour de leurs chapeaux, vinrent humblement saluer M. le marquis de Fayolle.

En un instant la table fut couverte d'andouilles, de *gouliers*, de pieds et d'oreilles de cochon fumés; — des pots de cidre circulèrent de main en main ; à tour de rôle, tous les paysans buvaient dans le même verre. Par privilége, M. le marquis conservait le sien.

Aujourd'hui, l'esprit voltairien, sceptique et railleur, s'est infiltré jusqu'au paysan breton. Déshérité des biens immenses qu'il possédait avant la révolution, le clergé a perdu beaucoup de son influence dans les campagnes ; il rentre dans la catégorie des fonctionnaires salariés. Le sacerdoce n'est plus guère regardé que comme une profession; et aux sermons de la chaire, on entend souvent des paysans répondre :— Le recteur fait son métier, — ou bien : il est payé pour cela.

Mais avant 89, la noblesse et le clergé avaient encore tout leur prestige, et les causeries dans les veillées ne roulaient guère que sur les malices de *Jeannotin*, espèce de diable campagnard dont les fonctions se bornaient à brouiller les crinières des chevaux, qu'il pansait du reste avec le plus grand soin, — à danser la nuit des danses capricieuses dans les carrefours, et à faire le désespoir des tailleurs et des prêteurs à la petite semaine.

Puis encore sur les apparitions des revenants, sur les bruits mystérieux entendus la nuit, — signes certains de mort ou d'accidents fâcheux.

La vie des saints de Bretagne surtout, le pays le plus fertile dans ce genre de productions, prêtait au merveilleux l'irrécusable authenticité de la religion.

De tous les paysans réunis ce jour-là à la ferme, Mathurin Jarry était, sauf Jean le Chouan, le seul qui sût lire : aussi son érudition lui donnait-elle dans le pays une assez haute considération. Aux grandes fêtes, il dînait au presbytère, à la table de l'abbé Péchard, et partageait avec Jean le Chouan l'honneur d'être trésorier et marguillier de la fabrique.

Il avait pour saint Mathurin, son patron, une adoration qui frisait presque l'intolérance. — Selon lui, saint Mathurin était le personnage le plus important du paradis. — Le bon Dieu, pendant quelque temps l'avait chargé d'administrer la Bretagne; aussi les prés ne manquaient jamais d'eau, les pommes et les blés étaient dorés par le plus beau soleil de la terre. Mais les autres saints furent jaloux, et pour ne pas faire de mécontents dans le paradis, il quitta le gouvernement de la province.

— On s'en aperçoit bien! — dit le père Haugeard, — un petit homme sec et pâle, à l'œil fixe et au sourire perfide.

— Je voudrais bien voir aussi saint Fiacre remis à neuf, dit Pierre Coureuil, — c'est le patron des cultivateurs.

Ce personnage était un homme long, pâle, maigre et osseux, avec de grands yeux ternes, de longs cheveux plats et huileux. Il passait pour le plus intrépide fumeur de la contrée. Il était froid, impassible et paresseux par-dessus tout. — Toute la journée, il suçait en grimaçant un brûle-gueule dont la fumée l'aveuglait, — occupation qui, dès cette époque, lui avait mérité le sobriquet de *Grand-Fumeur*.

— D'autant plus, dit Chesnel, — un petit homme rose et blond avec une voix d'enfant, — que saint Fiacre est, avec saint Yves, un des saints qui ont le plus contribué à ce que saint Mathurin ne fût pas chassé du paradis.

— Chassé du paradis! s'écria le marquis, pour prendre part à la conversation.

— Saint Mathurin, dit Jarry avec l'aplomb d'un homme à qui la lecture des livres saints est familière, était un joueur de biniou très-connu dans toute la Bretagne; saint Pierre fut très-étonné, un jour, en le voyant arriver au paradis avec son biniou sous le bras.

— Est-ce dans les pardons et les cabarets que vous avez fait votre salut ? lui demanda-t-il d'un ton de mauvaise humeur.

— Dans les noces et partout, répondit saint Mathurin sans se déconcerter.

— En ce cas, retournez-y, dit saint Pierre ; nous avons assez de musiciens ici.

— Au moins, dit saint Mathurin, vous me laisserez bien regarder un peu.. Ça doit être bien beau le paradis.

Choqué de ses façons familières, saint Pierre lui enlève son bonnet de dessus la tête et le jette à terre. Saint Mathurin se baisse pour le ramasser et se glisse sous le bras de saint Pierre.

— Assez de plaisanterie comme ça, dit saint Pierre qui commençait à se fâcher sérieusement. L'ami, faites-moi le plaisir de vous en aller !

— Une fois en paradis on n'en sort plus ! — répondit saint Mathurin en jouant un air de son biniou.

Attirés par le bruit de la discussion, saint Yves et saint Fiacre accoururent avec plusieurs autres bienheureux.

— Saint Yves !... cria saint Pierre. — Faites sortir ce ménétrier du Paradis.

— Par quel moyen ? demanda saint Yves.

— En adressant une requête au bon Dieu.

— Une requête ? Mais pour une requête, il faut un huissier, répondit saint Yves, et vous savez bien qu'il n'y en a pas en Paradis.

A cette objection, saint Pierre ne trouva rien à répondre. — Saint Fiacre et saint Yves prirent Saint Mathurin par le bras et le présentèrent aux autres bienheureux, qui commençaient à s'ennuyer un peu de la musique des Archanges et des Séraphins.

La compagnie poussa de grands éclats de rire aux dépens des huissiers. — Le marquis, cependant, commençait à s'impatienter.

Le jour commençait à baisser.

Le verre circulait plus rapidement entre les doigts des buveurs, et pour fêter la visite du noble seigneur, Jean le Chouan avait remplacé le piché par une bouteille d'eau-de-vie.

Au même instant, on entendit dans la cour un grand bruit de voix d'hommes et de chiens, qui criaient et aboyaient.

Un autre troupe de paysans, hommes, femmes et enfants, apportait *le père Carnaval*, que le lendemain, mercredi des cendres, on devait noyer dans l'étang d'Épinay en expiation de ses gloutonneries des jours gras.

C'était un mannequin en paille, — moitié femme et moitié homme ; depuis trois jours on le promenait dans les environs, et chaque ferme avait ajouté une pièce ou un chiffon à sa toilette. Son chapeau, dans le goût de ceux que portent les cerisiers, était enjolivé de rubans de toutes couleurs, et à son cou était passée une écharpe de bouts de saucisses, et de *houlons*. Il avait une pipe à la bouche, pour montrer qu'il n'est point de fête sans tabac.

On l'installa en grande cérémonie à la place d'honneur, comme le squelette voilé aux banquets des Égytiens — seulement l'allégorie était moins triste ; — au lieu de la mort, c'était le simulacre de la joie qui présidait au festin.

Tout le monde se pressait autour du marquis, on voulait le voir et surtout être remarqué par lui. Cela établissait tout naturellement des relations et des précédents que l'avenir peut-être permettrait de rappeler utilement...

M. de Fayolle fut d'abord assez vivement contrarié de cette attention qui rendait plus difficile encore son entretien avec Yvonne. — Puis, prenant résolument son parti, il voulut profiter de l'occasion pour se populariser dans un pays où il était encore à peu près inconnu, et, apercevant dans un coin, perdu dans l'ombre, le petit gars frais et vermeil, à la mine éveillée, qui avait pris son cheval au moment où il arrivait à la ferme, il lui commanda d'aller au château demander de sa part un panier de vin, pour célébrer le mardi-gras à la ferme de Jean le Chouan.

L'enfant partit, tout fier de l'importance que lui donnait la confiance de M. le marquis de Fayolle.

Pendant ce temps-là, on avait recommencé une seconde légende. Jean le Chouan, jaloux du succès que venait d'obtenir Mathurin Jarry, racontait l'histoire du merveilleux poisson de saint Corentin, se reproduisant miraculeusement, comme les saints poissons de l'Évangile, et servant pendant plusieurs années à défrayer la table du roi de Bretagne et des seigneurs de sa cour...

Profitant de ce qu'il n'était plus le point de mire de tous les regards et de l'attention qu'éveillait cette légende, le marquis s'approcha d'Yvonne, qui se tenait seule à l'écart, assise sur un banc au coin de la cheminée.

—Yvonne! lui dit-il, il semble que vous ne me reconnaissiez pas... et cependant le secret que vous gardez fidèlement n'en doit pas être un pour moi... Cet enfant, qu'est-il devenu ?...

— Quel enfant ?...

— Avez-vous oublié que je sais tout ?... que le jour où le comte de Maurepas revint au château, la comtesse, après bien des hésitations, avait consenti à me suivre pour cacher les suites évidentes de sa faute ? Et si plus tard, elle refusa de voir l'infortuné couvert du sang de son mari, — si moi-même je fus forcé de m'expatrier pour échapper aux soupçons, ne pensez pas que j'aie ignoré le résultat de la maladie feinte de votre maîtresse... Cet enfant, je sais qu'il existe, et je conçois qu'on ait résolu de le cacher à tous, — excepté à son père !

— A son père surtout, — répondit Yvonne d'une voix ferme, — et j'ai fait un serment !...

— Yvonne, dit le marquis d'un ton suppliant, un tel serment serait impie... Les précautions qu'on a prises, je les comprends et je n'accuse personne... On a voulu me faire expier ma jeunesse folle et dissipée; mais près de vingt ans se sont passés depuis cette époque ; j'ai lutté, j'ai souffert, je ne suis plus le même homme. Pourquoi ravir à cet orphelin mon appui ?... la fortune que je pourrais lui donner ?... C'est l'abbé Huguet qui l'a élevé, je le sais.

— Eh bien! c'est à l'abbé Huguet qu'il faut dire vos intentions, répliqua Yvonne vivement émue; quant à moi, je vous l'ai dit, j'ai juré... et sur un morceau de la vraie croix !...

Le marquis s'aperçut bien qu'il n'y avait rien à gagner sur l'obstination d'une paysanne bretonne liée par un serment de cette importance, mais l'idée même de ce serment exigé par Huguet, réunit tout à coup dans son esprit deux idées dont il n'avait pas saisi le rapport jusque là.

Il se souvint d'avoir entendu dire à Jean le Chouan, dans l'entretien qu'ils avaient eu précédemment, qu'avant Péchard, Huguet, avait été le recteur du village de Champeaux. Par conséquent, c'était lui qui avait dû recueillir l'enfant à sa naissance, — par conséquent aussi ce dernier se trouvait être le même que le Georges amoureux de sa nièce qu'il avait vu pour la première fois au café de l'Union, et dont lui avait parlé La Rouërie dans la nuit du bal qui précéda la lutte des gentilshommes et des étudiants.

Le blessé, dont la chute avait ému la sensibilité de Gabrielle, c'était donc son propre fils !

Dès-lors il n'eut plus besoin d'interroger Yvonne, — tout le secret lui était révélé; à son incertitude précédente, succéda seulement l'inquiétude du sort de Georges et le désir de le retrouver, ce à quoi il espérait dèslors arriver facilement.

Profitant du tumulte joyeux qu'excita l'arrivée du

panier de vin qu'on venait d'envoyer du château d'Épinay, le marquis alla reprendre son cheval, et à la nuit tombante, repartit pour Rennes.

XVI.

CONFIDENCES.

Voici maintenant ce qui s'était passé ce soir là même, chez les demoiselles de Renac, pendant que le marquis était à la ferme de Jean le Chouan.

Depuis quelques jours déjà, Péchard avait appris d'un de ses amis du bailliage de Vitré, que Huguet serait très-certainement nommé par le clergé à l'assemblée des états-généraux.

Huguet nommé, c'était pour Péchard l'abomination de la désolation... Il ne lui restait plus qu'à répandre le sel du temple et à se voiler la face d'un pan de sa soutane.

Huguet le traitait avec un profond dédain, et quoique humilié dans son orgueil, Péchard n'avait encore pu hausser sa haine jusqu'à lui. L'idée lui vint tout à coup qu'il avait un degré pour arriver jusqu'à son cœur; il savait l'affection toute paternelle que le recteur portait à Georges. C'était là qu'il fallait frapper pour blesser le superbe et aussi peut-être voulait-il arracher le jeune homme aux suites dangereuses d'une éducation qu'il trouvait très-mauvaise.

Une heure après, il montait à cheval, partait pour Rennes et descendait à la petite porte des demoiselles de Renac.

Péchard ne se dissimulait pas les graves précautions qu'il aurait à combattre dans l'esprit de l'étudiant: mais il ne désespérait pas de pouvoir en triompher.

Jusqu'à un certain point, Georges devait se croire sous sa dépendance à cause de l'autorité qu'il lui connaissait sur le père de Gabrielle.

Pour la centième fois depuis qu'elle était partie,

Georges se jurait à lui-même de ne plus aimer Gabrielle, de ne jamais chercher à la revoir, à l'éviter si le hasard les rapprochait, et de lui rendre enfin indifférence pour indifférence, mépris pour mépris, quand Péchard entra.

— Encore vous, l'abbé, dit Georges en se redressant.... comme vous voilà crotté...

—J'arrive de voyage, dit Péchard, et j'ai à vous parler de choses que je crois utile de vous faire connaître...

— Parlez, l'abbé, de quoi s'agit-il?

—Savez-vous au juste quel est votre âge, Georges?

— Pas bien précisément... Je crois avoir à peu près vingt ans...

— Vous avez été baptisé à Vitré?

— Je crois que oui... mais l'abbé, pourquoi ces questions que vous ne m'avez jamais faites jusqu'ici?..

— Je vous le dirai plus tard, quand je saurai la vérité.. toute la vérité...

— Sur ma naissance ?

— Sur votre naissance...

— Auriez-vous quelques indices?

— Des indices, non, pas tout-à-fait... Je n'ai encore que des soupçons ; mais en consultant les registres de la paroisse de Vitré, je saurai, moi, la date précise de votre naissance... et en la rapprochant de la mort du comte de Maurepas, qui fut assassiné la nuit à la porte de son château, peut-être pourrons-nous arriver à pénétrer le mystère qui pèse sur votre origine...

—Mais, dit Georges, quel rapport ma naissance peut-elle avoir avec l'assassinat du comte de Maurepas?

— Vous le saurez plus tard... mais j'entrevois un abîme d'iniquité... un scandale, un crime... mais ce que je ne puis comprendre, c'est que votre mère ait consenti à vous abandonner.

— Elle est donc vivante?

— Oui... vivante...

— Et... dit Georges, pâle et tremblant d'émotion... vous la connaissez?...

— Je la connais...

— Mais pourquoi, mon Dieu, ne vient-elle pas à moi, ou ne m'appelle-t-elle pas à elle ?

— Nous le saurons... Et si, comme je le suppose, votre famille est une des plus nobles et des plus riches de la Bretagne, je ne comprends pas comment votre mère a pu consentir à vous laisser dépouiller de votre fortune et de votre nom ?

— Comment a-t-elle pu vivre sans moi ? — Pourquoi donc ne m'avez-vous pas dit tout cela ce matin ?

— Ce matin encore je l'ignorais, il y a quelques heures seulement que je commence à soupçonner la vérité.

— Mais vous m'avez quitté en disant que vous alliez au couvent des Bénédictines ?

— J'en arrive... C'est là que j'ai tout découvert... c'est là qu'est votre mère.

— Ma mère dans un cloître !

— Dans un cloître ! Oh ! un grand crime pèse sur votre naissance, Georges, j'en ai la conviction bien sincère... Mais les coupables, quels sont-ils ?... J'ai peur de le deviner.

— Nommez-les !... s'écria Georges, l'œil en feu, et je saurai bien découvrir la vérité et punir les coupables.

— Enfant ! dit Péchard, le prêtre prie et pardonne, et laisse au Seigneur le soin de la vengeance. D'ailleurs votre esprit est encore aveuglé par des préventions injustes : vous ne sauriez pas encore distinguer le vrai et le faux, — reconnaître vos ennemis d'avec vos amis.

— Et qu'ai-je fait, mon Dieu ! pour avoir des ennemis ?... que suis-je pour qu'on prenne la peine de me tromper ?

— Quelque impuissante qu'elle paraisse, toute arme peut devenir terrible entre les mains des méchants.

— De qui donc voulez-vous parler ?... demanda Georges épouvanté.

— Georges, dit Péchard en lui prenant la main qu'il

étreignit avec feu, — il faut enfin que je vous confie toutes mes pensées, tous mes soupçons; et fasse le ciel que votre esprit ne soit pas frappé d'aveuglement au point de mettre en doute la sincérité de mes paroles.

— Je vous écoute, répondit Georges, au comble de l'étonnement.

—. Ne vous êtes-vous jamais demandé quel pouvait être le motif de cette grande amitié que vous a toujours témoignée Huguet?

— Je n'y ai jamais vu qu'une pitié généreuse pour un pauvre enfant abandonné.

— Eh bien! moi, — dit Péchard avec force, — j'y ai vu le calcul d'un ambitieux qui veut profiter d'un secret arraché à la faiblesse ; d'un crime dont peut-être il s'est fait le complice, pour dominer une famille puissante, — et qui, dévoré par l'orgueil, cherche un enfant crédule et ignorant pour l'infester de ses doctrines corrompues, et un apôtre pour les propager.

— Mon esprit se refuse à croire une pareille infamie! s'écria Georges en se sentant le cœur douloureusement serré.

— Et moi donc, enfant, pensez-vous que je n'aie pas longtemps combattu ces soupçons qui vous épouvantent, et fatigué mon esprit à la recherche de la vérité, avant de venir arracher le voile qui couvre vos yeux et obscurcit votre intelligence? Croyez-vous qu'il ne m'ait pas fallu des preuves certaines pour venir accuser de fraude et de perfidie un ministre des autels.

Georges secouait la tête d'un air de doute. — Il connaissait trop Huguet pour ne pas repousser comme une calomnie toute insinuation contre la noblesse et la loyauté de son beau caractère.

— Réfléchissez un instant, — dit Péchard, décidé à porter un grand coup, — et jugez-nous tous deux avec sévérité, mais aussi avec impartialité. Il connaît votre famille, et il vous la cache avec soin. Pourquoi? Dans quel but? — Il refuse de vous le dire. — Moi, je ne perds pas un jour, pas une heure pour vous faire retrouver votre nom et votre fortune, et vous rendre à vos parents peut-être aussi malheureux, aussi désolés que vous. Il vous élève comme l'enfant d'un pauvre,— et moi je veux vous rendre tous les avantages d'une haute naissance et d'une grande fortune... Voyez... lequel de nous deux est votre ami?

Malgré lui, Georges se trouva un instant ébranlé par l'air d'autorité de Péchard et par son accent convaincu. Ce qu'il disait de Huguet, qu'il aimait comme son père, lui paraissait absurde et révoltant. Cependant après tout, Huguet lui cachait le secret de sa naissance, et Péchard lui promettait de lui faire connaître sa mère. Il était ébranlé, irrésolu; toutes ses idées se brouillèrent dans sa tête encore faible. Il avait besoin de se recueillir et de penser.

En ce moment la porte s'ouvrit, Huguet entra.

Les deux prêtres se regardèrent fixement.

Péchard baissa les yeux et se sentit dominé par un sentiment plus fort que sa volonté.

Huguet s'arrêta un instant, promenant ses regards dans la chambre, pendant que Péchard, surpris et intimidé, cherchait en lui-même le moyen de conjurer cette redoutable apparition.

— Je suis bien reconnaissant, dit Huguet à Mademoiselle de Renac, des soins qui ont été donnés à Georges dans cette maison. — Eh bien! mon ami, ajouta-t-il en se tournant vers ce dernier, grâce à l'humanité de Mademoiselle, je te vois assez bien remis pour que tu puisses m'accompagner.

— Il ne serait pas prudent de le faire sortir encore, dit Péchard.

Huguet, sans répondre, prit le bras de Georges en se dirigeant vers la porte.

— Le malade sent bien qu'il n'aura pas la force de quitter cette maison, observa Péchard en lançant au jeune homme un regard d'intelligence.

Georges, hésitant, retira son bras, laissant Huguet au comble de l'étonnement.

— Ce pauvre jeune homme, dit Péchard, a fait d'amères réflexions sur la carrière dangereuse qui s'était ouverte devant lui. Je doute que le séjour de l'université de Rennes et le contact des impies lui soient agréables désormais. De nouvelles lumières ont brillé devant ses yeux. Il faut qu'il choisisse entre la vérité et le mensonge.

— Il le faut en effet! s'écria Huguet, qui pénétra l'intention de son adversaire. Le droit que j'ai de préparer l'avenir de Georges n'admet pas de discussion pour le moment; c'est à lui de voir s'il veut me suivre.

— De quelle nature sont ces droits? dit Péchard, qui, se voyant deviné, n'avait plus de ménagements à garder.

— C'est à d'autres que j'en dois compte, répondit Huguet avec dédain.

— Songez à ce que je vous ai révélé, dit Péchard à l'oreille de Georges... Si vous suivez cet homme, vous perdez l'avenir que je vous ai promis!

Mais l'accent résolu, la figure vénérée de Huguet exerçaient aussi leur influence sur le jeune homme:

— Mon bienfaiteur! s'écria-t-il en saisissant la main du prêtre. Non, je ne puis croire que vous me cachiez volontairement le secret de mon origine... Vous connaissez ma mère! Oh! dites-moi seulement que vous la connaissez.

— Je n'ai rien à te répondre, dit Huguet.

— Mais c'est m'apprendre, du moins, que je suis autre chose qu'un enfant trouvé dans la rue... car il serait si simple de me répondre cela...

Huguet vit avec désespoir le progrès que les insinuations de Péchard avaient fait dans l'esprit de Georges et comprit aussi qu'il devait soupçonner une partie de la vérité.

— Georges, dit-il, d'une voix grave et vivement émue, il y a des instants dans la vie où l'on se trouve en face de deux routes, où l'on hésite entre deux principes, entre deux sympathies, — tout l'avenir se trouve résumé dans cet instant. C'est le bien ou le mal, c'est le bonheur ou l'infortune, c'est l'honneur ou la honte. On prétend ici, tout te révéler... moi, je n'ai rien à te dire. Une dernière fois — choisis ! Veux-tu rester ici, veux-tu me suivre ?

— Partons..! mon père ! s'écria Georges, se jetant tout en pleurs au cou de l'abbé Huguet. — Puis sans se retourner du côté de Péchard, il accompagna le recteur jusqu'à la rue, où une voiture les attendait.

— Imbécile ! s'écria Péchard, les dents serrées par la colère.

XVII.

La neige avait cessé de tomber ; le ciel commençait à se parer d'étoiles et, à travers les branches dépouillées des arbres, on voyait à l'horizon une large zône teinte d'un rouge éclatant.

Au bout de quelque temps, le marquis mit son cheval au pas et, se rappelant les évènements de la journée, il fut tout surpris de voir avec quelle facilité il avait découvert un mystère que l'on paraissait vouloir lui cacher avec le plus grand soin.

Rien ne délie les ailes de l'imagination comme une promenade à cheval, faite à la tombée de la nuit, dans un endroit isolé.

Le rêve prend son vol, monte au ciel, plane dans l'espace et se perd dans des lointains infinis.

— Maintenant, se disait le marquis, je défie bien toutes les abbesses et tous les curés du monde de m'empêcher de retrouver mon fils, et de me faire connaître à lui quand je jugerai le moment favorable...

car, ne nous dissimulons pas que les personnes qui se sont chargées de son éducation, ont dû lui donner sur mon compte des préventions fâcheuses que j'aurai à combattre...

Puis, comme le matin, à la suite d'un rêve qui nous a vivement impressionnés, il cherchait à se rappeler les traits, la physionomie et l'expression de ce jeune homme à la taille élancée que, sans le connaître, il avait vu au café de l'Union.

Il s'étonnait alors que la qualification de bâtard, infligée par Volney, ne l'eût pas mis sur les traces de la vérité ; mais il était si loin, dans ce moment là, de songer aux conséquences déplorables de sa liaison avec la comtesse de Maurepas, et à la comtesse elle-même !

En se rappelant les bonnes fortunes de sa jeunesse, le marquis souriait avec orgueil, en pensant que son fils, un bâtard, avait osé lever les yeux sur sa nièce et s'en faire aimer. Le pauvre diable, comme il avait dû souffrir de la morgue aristocratique du noble comte !...

Comme la main glacée du mépris avait dû briser ce cœur tendre, aimant et s'entr'ouvrant à peine aux premières aspirations de la vie ! Après tout, pensait-il, qui sait si cela n'est pas heureux pour lui ?... on appécie mieux un bonheur dont on a longtemps souffert la privation... c'est dans la jeunesse surtout, qu'il faut commencer par apprendre à lutter contre les obstacles et à se vaincre soi-même.

Sans une volonté, tenace, énergique, opiniâtre, on n'arrive jamais à rien dans quelque chose que l'on entreprenne... Le bonheur énerve l'âme et lui ôte toute son énergie, toute sa virilité...

Et puis, n'a-t-il pas devant lui, l'avenir à vingt ans? mes conseils pour le diriger, et mon bras pour le défendre ?

Je ne suis plus embarrassé pour le trouver... Rennes est une petite ville, je connais ses amis, les lieux qu'il fréquente : et puis, malgré ses petits airs dédaigneux, ma charmante nièce ne refuserait pas, je l'espère, de me donner quelques renseignements sur son compte...

Je suis curieux de voir de quel air elle apprendra la nouvelle position que je réserve à ce pauvre garçon, qu'à cette heure elle rougit d'avoir aimé... Après tout, c'est moins la faute de son cœur, que des impressions du nouveau monde dans lequel elle vient d'entrer...

En entrant dans la rue assez étroite du faubourg de Paris, le marquis fut obligé de serrer son cheval contre le mur d'une maison, pour laisser passer une voiture emportée au grand trot de deux vigoureux chevaux de poste :

C'était Huguet qui emmenait Georges à Paris pour le soustraire aux recherches de son père.

XVIII.

En rentrant à l'hôtel, le marquis aperçut de la lumière dans la chambre de Gabrielle ; il fit demander par une femme de chambre si sa nièce pouvait le recevoir.

Un instant après, la jeune fille entrait dans le salon où son oncle l'attendait.

— Voyons, dit le marquis en la baisant au front, raconte-moi un peu l'emploi de ta journée.

— Mais, mon oncle, en quoi cela peut-il vous intéresser?

— Réponds-moi toujours, j'ai mes raisons pour t'interroger.

— Ce matin j'ai été chez les demoiselles de Renac.

— Ah! Et qu'allais-tu faire chez les demoiselles de Renac?

— Est-ce que mon père ne vous l'a pas dit?

— Je ne le crois pas. Au reste, c'est de toi que je veux le savoir.

— Eh bien! mon oncle, il faut que je vous avoue que j'avais commis une grande étourderie, une faute impardonnable... Mais aujourd'hui le mal est réparé, il n'y faut plus penser.

— Et quelle faute si grande avais-tu donc à te reprocher?

— C'est que... dit la jeune fille en devenant pourpre, je n'ose...

— Voyons, parle... ne crains rien... Mon Dieu, j'ai été jeune aussi... il y a longtemps.

— M. Huguet...

— Je le connais.

— Venait quelquefois au château.

— Et il ne venait pas seul?

— Non... Le plus souvent il amenait avec lui un pauvre enfant abandonné, qu'il avait recueilli et élevé par charité.

— C'est M. Georges, n'est-ce pas?

— Vous le connaissez, mon oncle?

— Continue...

— Nous étions à peu près du même âge, et nous allions souvent par les champs, jouer et courir ensemble... si bien que... sans le savoir...

— Tu en devins amoureuse?

— Oh! moi, non; mais lui...

— Ah! Et toi, tu ne l'aimais pas?

— Non. C'étaient des enfantillages.

— Ne m'a-t-on pas parlé d'un anneau échangé?

— C'est-à-dire qu'un jour je le lui avais prêté; il oublia de me le rendre et moi de le lui redemander... voilà tout. Et c'est ce malheureux anneau que j'ai été chercher ce matin, et qu'il m'a rendu.

— De sorte que vous n'avez plus aucun prétexte de vous revoir jamais?

— Absolument aucun.

— Et tu en es contente?

— Oh! mon oncle, enchantée!

— Maintenant, ma chère enfant, il faut que je te dise pourquoi je t'ai fait toutes ces questions-là. Aujourd'hui j'ai rencontré le père de Georges.

— Son père!...

— C'est un de mes amis... mon meilleur ami.

— Ah!

— Aujourd'hui, ce malheureux père se reproche amèrement tout ce qu'il a fait souffrir à son enfant, et il veut lui rendre dans le monde la position qui lui appartient.

— Il est noble?

— Il est noble.

— Mais alors pourquoi l'avoir abandonné?

— Ah! pourquoi...

— Ce père est bien coupable!

— Oh! oui, bien coupable... Mais, par bonheur, le mal peut encore se réparer... du moins en partie... Et, comme ce père rêve un parti brillant pour son fils, j'ai voulu m'assurer que tu ne pensais plus à lui, et que son mariage ne pourrait te faire aucun chagrin.

— Aucun! balbutia Gabrielle.

Elle comprenait qu'après avoir repoussé Georges quand il était pauvre et dédaigné par tout le monde, elle ne pouvait pas revenir à lui au moment où un brillant avenir s'ouvrait devant lui.

— Puisque tu lui as parlé ce matin, reprit le marquis, tu vas pouvoir me dire où je pourrai trouver notre jeune homme et lui annoncer cette bonne nouvelle.

— Je l'ai vu chez les demoiselles de Renac, où on l'avait porté blessé.

— Blessé...

— Oui, très-légèrement... une égratignure, m'a-t-on dit.

— C'est égal, je veux le voir. J'y cours.

XIX.

— Vous arriverez trop tard, Monsieur le marquis, dit Péchard entrant brusquement. Tout à l'heure M. Huguet l'a fait monter en voiture, et je viens d'apprendre au bureau des passeports qu'ils se rendaient à Paris.

— A Paris! dit Gabrielle qui se sentit chanceler.

Pour ne pas laisser voir son émotion, elle rentra dans sa chambre.

— J'ai déjà eu l'avantage de voir monsieur le marquis ce matin, dit Péchard.

— Ah! Où cela?

— A la mi-forêt, au couvent des Bénédictines.

— Je ne vous ai pas remarqué.

— Non; Monsieur le marquis paraissait trop préoccupé pour cela. Je connais beaucoup le jeune homme dont vous parliez quand je suis entré.

— Ah! M. Georges?

— Pauvre jeune homme! j'ai bien combattu pour lui. J'ai tout fait pour l'arracher aux mains perfides qui l'entraînent dans une voie de perdition; mais inutilement, hélas! Le génie du mal l'emporte sur moi... En examinant vos traits avec quelque attention, je ne suis pas surpris de l'intérêt que vous lui portez.

— Comment cela?

— Il me semble que vous avez tous deux un certain air de famille...

— Ah! vraiment!... vous êtes physionomiste, monsieur l'abbé.

— Ho! il n'y a pas grand mérite à cela...

— Ce cafard se douterait-il de quelque chose? pensa le marquis en l'observant à la dérobée.

— Vous êtes l'ami de M. de la Rouërie? dit Péchard.

— Pourquoi me faites-vous cette question, monsieur?

— Ah ! c'est que moi aussi j'ai l'honneur d'être particulièrement connu et estimé de M. le marquis de la Rouërie... il m'a même prié de venir l'attendre ici, ce soir ; voilà pourquoi, monsieur, je me suis permis d'entrer à cette heure et de me mêler familièrement à une conversation qui nous intéresse tous à des points de vue différents...

— En ce cas, monsieur, veuillez donc, je vous prie, prendre la peine de vous asseoir.

— J'accepte, dit Péchard ; — car il s'agit, je crois, d'une communication importante qui ne souffre aucun retard...

— M. de la Rouërie pourra vous dire, reprit Péchard après une pose de quelques instants, — que je suis un homme prudent, discret par profession et par caractère, et capable de rendre quelques services à l'occasion.

— Quant à moi, monsieur, je n'ai besoin des services de personne...

— L'occasion peut se présenter, monsieur le marquis, et je vous prie de vouloir bien penser à moi.

— Merci... Je m'en souviendrai.

La Rouërie entra enveloppé d'un long manteau brun à petit rabat.

— Tu ne t'assieds pas? demanda le marquis en échangeant une poignée de main.

— Non... merci, le temps de dire deux mots à l'abbé... — Vous connaissez une personne sûre, m'avez-vous dit ?

— Sûre... peut-être, mais au moins très-habile et très-rusée, répondit Péchard.

— Discrète ?

— Oui, pourvu qu'elle y trouve son intérêt.

— Cela me suffit ; au reste, pour plus de précautions, je ne veux pas connaître cette personne et surtout qu'elle me connaisse... Voilà les papiers qu'il s'agit de remettre à M. de Calonne, les instructions sur la marche à suivre sont contenues dans ce billet... Il serait bon, je crois, d'éviter jusqu'à un certain point, l'apparence du mystère, pour que notre homme ne soupçonne pas l'importance de la mission qui lui est confiée.

— Mais s'il te faut une personne qui soit sûre à ce point, dit le marquis, confie-moi ces pièces, je pars pour Paris demain matin, et je les remettrai moi-même à la personne que tu m'auras désignée.

— Merci, j'y avais songé, mais cela n'est pas prudent... On sait que nous sommes amis, et ce serait nous compromettre inutilement tous les deux... Au reste, je prépare en ce moment une grande pièce, dans laquelle je te garde le principal rôle.

— Tu peux compter sur moi. De quoi s'agit-il?

— Plus tard... quand le moment sera venu, je te le dirai... Adieu...

La Rouërie sortit comme il était entré, par une petite porte donnant sur l'escalier de service, en paraissant craindre d'être aperçu par les gens de l'hôtel.

— Puisque vous partez pour Paris, monsieur le marquis, auriez-vous la bonté de donner à notre ambassadeur une place sur le siége de votre chaise de poste, à côté de votre cocher? Ce serait du temps de gagné et des frais économisés.

— Je ne vois aucun inconvénient à cela.

— D'autant plus que notre homme pourrait peut-être vous être utile dans le cas où vous auriez des recherches que vous ne voudriez pas faire vous-même... Et, d'ailleurs, dit Péchard avec intention, le père Martinet connaît MM. Huguet et Georges...

— Le père Martinet?... N'est-ce pas un usurier?

— Usurier, marchand de vaches et de rouenneries, il fait un peu de tous les métiers.

— C'est assez singulier, dit le marquis, mon frère m'a appris sa visite pour ce soir même, et je l'attends.

Un moment après, le père Martinet entrait dans le salon du marquis, toujours suivi de son barbet crotté.

L'entrée de Sans-Gêne, dans le salon de M. le marquis de Fayolle dépassait peut-être les bornes de la familiarité, mais on est toujours si indulgent pour l'homme qui prête de l'argent !

XX.

PARIS.

A peine arrivé à Paris avec Huguet, Georges s'installa dans un modeste hôtel de la rue Mazarine dans l'intention de suivre les cours de la faculté de médecine. Mais le souvenir de Gabrielle le poursuivait toujours, l'affront était trop récent et la douleur trop vive encore pour qu'il pût maîtriser son attention et se livrer tout entier aux études scientifiques.

Les premiers jours de son arrivée furent consacrés à courir les rues de Paris, accompagné par l'abbé Huguet quelquefois ; le plus souvent seul.

Il était abasourdi, émerveillé du bruit des voitures, de la foule qui se pressait en courant sur les places, sur les trottoirs et le long des rues étroites...

Quel contraste avec les rues verdoyantes de sa bonne ville de Rennes où l'on s'arrête à regarder une voiture qui passe, un chien qui aboie, où le moindre fait prend les proportions d'un événement de haute importance.

La révolution, commencée quelques jours auparavant sur la place des Cordeliers de Rennes, fermentait à Paris : le peuple se portait en foule aux élections des états-généraux ; des groupes nombreux péroraient et gesticulaient avec feu sur les places, aux portes des églises et des municipalités.

Dans le jardin du Palais-Royal, dix mille hommes parlaient à la fois ; le soir, les fenêtres étaient éclairées, on tirait des pétards, on lançait des fusées, et l'on dansait des rondes autour des feux de joie allumés dans les carrefours... C'était un jour de grande victoire pour le peuple... et ces fêtes là se renouvelaient presque tous les soirs.

Un jour qu'il était venu voir le cortége des députés se rendant à l'assemblée, Georges reconnut Volney, sortit du groupe, et lui tendit cordialement la main... le grand homme futur releva la tête, cligna des yeux, toucha sa main avec distraction et passa outre...

— Encore un affront? se dit Georges en étouffant un soupir... j'oublie toujours ce que je suis, ou plutôt ce que je ne suis pas...

Triste et humilié, Georges, le cœur gros, regagna le cabinet de lecture dans lequel il était allé passer chaque jour quelques heures pour ne pas désobliger Huguet.

Seul, assis à côté de lui, un sergent des gardes françaises, à peu près de son âge, penché sur ses livres, prenait des notes et paraissait complètement absorbé par son travail.

Ce jeune homme qui fréquentait habituellement le même cabinet de lecture, se nommait Hoche, et devait s'immortaliser quelques années plus tard par la pacification de la Bretagne et de la Vendée.

— Quel est donc ce travail qui vous passionne tant? demanda Georges en se rapprochant de lui.

— Je lisais l'Esprit des lois, dit Hoche en rougissant comme s'il eût commis une mauvaise action.

— Hier, c'était la littérature, aujourd'hui, la philosophie et demain la politique ou l'histoire... Est-ce que vous comptez devenir officier général? dit Georges en riant.

— Je suis et je serai sergent toute ma vie... si je reste militaire...

— Comment! à vingt-un ans vous êtes sergent et vous n'irez pas plus loin! c'est impossible.

— C'est non seulement possible, mais encore certain, inévitable... je ne suis pas noble, je suis donc indigne de porter les épaulettes d'or de l'officier.

— Quelle injustice!

— Si vous étiez de la noblesse, vous ne diriez pas cela...

— C'est possible, mais l'injustice n'en serait ni moins criante ni moins stupide.

— Que voulez-vous? c'est la loi, il faut bien s'y soumettre, ou renoncer à la carrière... aussi, il me tarde d'avoir fini mon temps et de donner ma démission de sergent comme mes deux camarades, Marceau et Augereau.

— C'est dommage! votre uniforme est joli, et j'ai souvent envie de m'engager pour le porter.

— Pauvre garçon! gardez-vous bien de faire une pareille sottise! si vous saviez combien notre organisation militaire est déplorable... cela fait vraiment pitié!... je ne parle pas de l'usage ridicule de mettre à la tête d'un régiment, un marquis au maillot, ou un vicomte à la mamelle; ils ont des titres, des parchemins, des privilèges; pétris d'une pâte particulière, ils sont venus au monde pour commander; nous, pour les servir; c'est la loi de la monarchie, et puisque nous ne sommes pas venus au monde du temps des républiques de Rome, de Sparte ou d'Athènes, il faut bien s'y soumettre : mais ce qui m'indigne, et ce que probablement vous ignorez, c'est que sur les quatre-vingt-dix millions qui figurent au budget de la guerre, Messieurs les officiers en touchent quarante-quatre; les quarante-six millions qui restent, servent à la solde, à la nourriture, à l'entretien d'environ cent mille hommes; c'est-à-dire qu'un officier mange tous les jours les rations de cent soldats... et encore, notre paie est-elle souvent absorbée par des retenues que messieurs les officiers gaspillent entre eux... la seule dépense que je puisse me permettre est une séance de dix centimes au cabinet de lecture.

Mais Hoche ne disait pas que, pour acheter des livres il brodait la nuit des gilets d'officiers qu'il vendait dans un café.

XXI.

Un jour, au moment de sortir, Huguet rencontra le marquis de Fayolle qui montait son escalier.

— Ah! je vous trouve donc enfin, et ce n'est pas malheureux... Voyons, monsieur l'abbé, voulez-vous sortir, voulez-vous rentrer? j'arrive de Rennes exprès pour vous parler et je vous parlerai...

— Sortons, dit Huguet.

Le marquis le suivit :

— Me ferez-vous l'honneur de me dire, M. Huguet, pour quel motif vous cherchez à m'empêcher de retrouver mon fils, de le voir, de le connaître, de veiller sur lui ?...

— De grâce, M. de Fayolle, ne me forcez point à vous répéter des choses pénibles pour moi... désagréables pour vous.

— Ah! parce que j'ai gaspillé follement les belles années de ma jeunesse, parce que dans l'ivresse de la passion j'ai commis une faute grave... un crime si vous voulez, vous croyez que tout sentiment est mort en moi, et qu'il n'y a plus rien là, dit le marquis en se frappant la poitrine; détrompez-vous. Tenez, il en est parfois des hommes comme de certains vins, qui ont besoin de vieillir et de se dépouiller pour avoir toute leur saveur, toutes leurs qualités. Eh bien! j'ai dépouillé le vieil homme, et la vue de ce pauvre enfant m'a révélé une passion que j'ignorais et que j'ai souvent raillée chez les autres : l'amour des enfants. — Je vous estime et je vous aime, Monsieur Huguet, pour tous les soins, pour l'amour que vous avez donné à notre enfant. Aujourd'hui votre tâche est finie; souffrez que la mienne commence. Nous serons deux à l'aimer et à veiller sur lui.

— J'ai longtemps réfléchi à tout cela, dit Huguet ébranlé; peut-être serait-ce le plus sage parti dans les circonstances où nous sommes, et s'il ne s'agissait que d'une faute trop commune, hélas! mais excusable jusqu'à un certain point, peut-être pourrais-je consentir à ce que vous me demandez. Mais sa mère, Monsieur, sa mère! La malheureuse n'a-t-elle donc pas encore assez souffert?

— Rassurez-vous, Monsieur, si je pouvais offrir une réparation, je l'offrirais complète; mais Georges ignorera toujours les liens qui m'attachent à lui; je ne serai que son ami, puisque je ne puis être son père. Voyons, l'abbé, — dit le marquis en prenant le bras de Huguet, — parlez-moi de lui, de ses projets d'avenir, de son ambition... Il doit en avoir. J'ai appris qu'il étudiait la médecine; croyez-vous que cette carrière réponde bien à tous ses goûts?

— Je l'avais espéré, dit Huguet; c'était selon moi la seule porte par laquelle il pût entrer dans la société... Un médecin est l'égal de tout le monde, et pourvu qu'il soit habile et savant, on ne lui demande pas sa généalogie. Mais depuis que nous sommes à Paris, il s'est lié avec un jeune sergent des gardes françaises, et il parle de se faire soldat.

— Ah! par amour pour l'uniforme?

— Non, les motifs qu'il m'a donnés sont sérieux et touchants. Je cherchai à le dissuader en lui représentant tous les dangers et l'ingratitude de la carrière militaire. — Que voulez-vous, me disait-il, je m'ennuie de vivre seul, toujours seul!... Un régiment est presque une famille, et puisque je n'ai pas de parents, je tâcherai du moins de me faire des amis.

— Laissons-le faire, dit le marquis; nous le ferons entrer dans mon ancien régiment de Forèz, en garnison à Saint-Servan. Je connais tous les officiers. Le colonel, M. de Narbonne, est un de mes meilleurs amis; je le lui recommanderai. Et si, plus tard, comme on en parle, nous avons la guerre avec la Prusse, eh bien! je reprendrai du service, et il servira sous mes ordres.

XXII.

Pendant ce temps-là, que faisait le père Martinet?

Le lendemain de son arrivée à Paris, M. Martinet, toujours coiffé de son chapeau garni de toile cirée, enveloppé d'un manteau de gros drap bleu, et suivi de son compagnon et ami Sans-Gêne, se mit en route pour s'acquitter consciencieusement de la mission qui lui était confiée.

Cela se passait le 2 ou le 3 février de l'année 1789, vers huit heures du soir.

L'hiver fut très-dur cette année-là; le froid descendit jusqu'à quatorze degrés au-dessous de zéro.

Arrivé auprès de Saint-Sulpice, il se promena pendant quelque temps dans la rue du Vieux-Colombier.

Ne trouvant pas la personne qui devait venir lui demander le paquet de papiers dont il était chargé, et qu'il devait remettre en échange d'un mot et d'un signe convenus, il entra un instant, pour se réchauffer, chez un marchand de vins dont la boutique formait l'angle de l'ancienne prison de l'abbaye.

Debout devant le comptoir, ou assises à des tables rangées autour d'un grand poêle en fonte, plusieurs personnes parlaient de l'arrestation du marquis de Favras.

Un relieur nommé Morel, dont la boutique était à côté, racontait tout haut et à qui voulait l'entendre que, quelques jours auparavant, le marquis lui avait parlé à lui-même d'un projet de rassembler des troupes à Montargis, sous prétexte d'approvisionner Paris : de marcher sur Versailles, dissoudre l'Assemblée nationale, emmener à Paris les députés les mains liées derrière le dos, s'emparer de Lafayette et de Bailly; se porter ensuite au château des Tuileries, enlever le roi, la reine et le garde des sceaux et les conduire à Péronne.

Cette conspiration, disait-on, avait des ramifications nombreuses dans les provinces et embrassait toute la France. Ce qui donnait une grande autorité aux dires de Morel, c'est qu'ils étaient consignés tout au long dans le Journal de Paris du 25 janvier.

Indignation, colère et imprécations de toutes les personnes du café qui, avec des figures et des gestes peu rassurants, menaçaient d'accrocher à la lanterne, sans autre forme de procès, le premier conspirateur qui leur tomberait sous la main.

Martinet paya son verre de vin et sortit sans rien dire, mais en tournant le dos à la rue du Vieux-Colombier, et en faisant des réflexions qui ne manquaient pas d'un certain bon sens.

— Après tout, se disait-il, pourquoi M. Péchard m'a-t-il donné cette commission-là plutôt qu'à son bedeau et à son sonneur de cloches, qui sont meilleurs catholiques que moi? Ne serait-il point de la conspiration dont on parlait tout-à-l'heure? Et ces papiers si soigneusement cachetés, que disent-ils? Si ces gens-là avaient eu la curiosité de me fouiller, je passerais peut-être en ce moment, un vilain quart-d'heure... Et se faire pendre sans savoir pourquoi, pour quelques méchants louis... ça serait bête. Dans tous les cas, la nuit porte conseil, attendons à demain.

Le lendemain, Martinet, qui pour une foule d'excellentes raisons, se souciait médiocrement d'avoir des démêlés avec la justice, eut la bonne inspiration de porter lui-même le paquet de papiers chez M. le préfet de police :

— Si ce sont, comme on me l'a dit, des pièces de procédure pour une grande succession, on me les rendra; si au contraire il y a du louche, M. Péchard s'arrangera comme il pourra, ça le regarde; quant à moi, je ne veux point me fourrer dans des affaires que je ne connais point.

Le commis de la préfecture prit le paquet des mains de Martinet, inscrivit son nom et son adresse sur un grand livre et le congédia avec beaucoup de politesse.

Au milieu de la nuit, quatre hommes à figures sinistres entrèrent dans la chambre de Martinet, l'arrachèrent de son lit, et après l'avoir forcé à s'habiller, le portèrent dans un fiacre arrêté devant la porte de sa maison.

Martinet tremblait de tous ses membres et commençait à craindre de s'être jeté dans une méchante affaire par excès de précaution.

Après l'avoir laissé quelque temps seul dans un cabinet sans lumière, on le fit entrer par une petite porte dans une grande pièce éclairée et richement décorée. Assis devant un bureau couvert de papiers et de cartons, un homme d'un certain âge fixa quelque temps sur Martinet un regard perçant, et après avoir parcouru des pieds à la tête l'ensemble de sa personne, il lui fit, de la main signe de s'approcher.

— Dites-moi qui vous a remis ces papiers, demanda le personnage d'un ton sec, et n'essayez pas de me tromper.

Alors, Martinet raconta naïvement et de la meilleure foi du monde, son entrevue avec Péchard à l'hôtel du comte de Fayolle, son voyage, la conversation qu'il avait entendue chez le marchand de vin, ses scrupules et sa crainte de se trouver compromis pour une affaire dans laquelle il n'avait aucun intérêt.

— C'est bien, dit le personnage, vous avez agi avec prudence ; reprenez ces papiers, ils n'ont aucune importance politique et vous pouvez les remettre sans rien craindre à la personne qui doit venir les prendre... Seulement, il est inutile de parler de l'entrevue que nous avons eue ensemble... et même, dit-il, en articulant lentement sur chaque parole, — votre indiscrétion pourrait avoir des suites fâcheuses pour vous... Au reste, je dois vous savoir gré du motif qui vous a fait agir, et vous dédommager pour le déplacement que je vous ai occasionné... tenez... prenez...

Et la main tendue laissa pendre une petite bourse de soie verte, à travers les mailles de laquelle les yeux ébahis de Martinet, virent briller des pièces d'or.

— Comptez-vous rester quelque temps à Paris? demanda le personnage.

— A ces conditions là, dit Martinet, j'y resterai tant qu'on voudra.

— C'est bien... Alors vous fréquenterez, les cafés, les spectacles, les lieux publics, vous vous mêlerez aux groupes, vous questionnerez au besoin... et rentré chez vous, le soir, vous écrirez tout ce que vous aurez vu ou entendu pendant la journée... allez...

Martinet sortit enchanté de l'entrevue: à peine dans la rue, il vida sa bourse dans le creux de sa main, et à la lueur d'un réverbère il compta cent beaux louis d'or.

— Péchard m'en a donné autant... Allons, je vois que je n'aurai pas perdu mon temps, et que j'aurai de quoi payer notre voyage, à moi et à Sans-Gêne.

Ce n'est pas bien difficile, ce qu'il me demande là, ce monsieur, ni peut-être bien honnête, non plus... mais après tout, je ne connais point tout ces gens-là, moi, leurs affaires ne me regardent pas... et pourvu qu'on me paie... bien... je n'ai rien à dire... dans tous les cas, ce métier là, vaut bien celui que je faisais, et c'est moins fatigant que de courir sur une mauvaise haridelle, les fermes, les foires et les marchés, la nuit, par tous les temps; vivre ici, ou en Bretagne, pourvu que je fasse une petite fortune, ça m'est bien égal.

FIN DE LA PREMIÈRE PARTIE.

DEUXIÈME PARTIE

I.

FUSION.

Trois années s'étaient passées depuis les événements que nous venons de rapporter; nous sommes au premier jour du mois de janvier 1792.

Déjà sur plusieurs points de la Bretagne on commençait à voir çà et là, se réaliser les projets annoncés par la Rouërie; on pillait les diligences, on assassinait sur les routes les voyageurs isolés; on s'essayait à la guerre civile dans les campagnes, et l'impunité augmentait chaque jour l'audace des malfaiteurs; les paysans groupés par bandes, la figure barbouillée de suie, fusillaient les maires, et brûlaient les drapeaux, les écharpes aux couleurs nationales, les registres des paroisses, les titres de propriété, et les fermes des citoyens soupçonnés de patriotisme.

La municipalité de Rennes demanda au ministre de la guerre dix mille hommes pour rétablir l'ordre et la tranquillité.

Le ministre de la guerre envoya le régiment du dix-huitième dragons, dans lequel Georges s'était engagé depuis plus de deux ans déjà, et dont le marquis de Fayolle venait d'être nommé général.

Des détachements de quarante et de cinquante hommes furent disséminés sur les points les plus menacés, à Vitré, Redon, Fougères, La Guerche et dans les communes environnantes.

Mais dans les villes, à Rennes surtout, la noblesse parut se rallier franchement aux grands principes proclamés par l'assemblée nationale.

Était-ce par crainte du ridicule, par frayeur de l'isolement, pour se donner les apparences de sentiments patriotiques et généreux, était-ce conviction ?

Je ne sais ; mais M. Begasson de la Lardais accompagné de MM. du Sel, Le Vicomte aîné et Provost de la Voltais, lut au nom de quatre-vingts « ci-devant privilégiés » la déclaration suivante, devant l'assemblée municipale réunie en corps dans la grande salle de l'hôtel-de-ville.

« Messieurs,

» Convaincus que tous les membres d'un état n'ont de droits que par la constitution et la loi, que la Nation est toujours libre de changer et de modifier ; que le premier titre de l'homme en société est celui de citoyen ; considérant encore que, dans un instant où une nouvelle administration va s'établir, l'intérêt public exige que tous les Membres du Corps politique fassent connaître leurs dispositions : nous déclarons nous soumettre à la Constitution et aux Lois établies par l'Assemblée Nationale, et sanctionnées par le Roi ; »

Dans un discours plein de dignité et de fermeté, le Maire répondit :

« Messieurs,

» Dans ce moment trop attendu sans doute, où, rappelés avec vos concitoyens sous l'empire de la raison, de la justice et de l'humanité, vous recevez et donnez tout à la fois un éclatant témoignage des sentiments de paix et d'union qui n'auraient jamais dû s'altérer entre nous, je ne me permettrai que l'expression d'un vœu qui devient aujourd'hui le vôtre, et auquel vous ne serez pas moins disposés que nous à faire toute espèce de sacrifices, excepté celui du grand intérêt devant lequel tout autre doit s'anéantir : l'intérêt de la Patrie.

» Puissent à votre exemple, tous les ci-devant privilégiés de la Province, ralliés au plus tôt sous l'honorable drapeau de l'égalité civile, abjurer loyalement et sans restriction, des préjugés pernicieux et d'injustes prérogatives ! Puissent-ils, renonçant comme vous à des prétentions sans fondement, et à ces titres usurpés que l'équité réprouve, se bien convaincre que la vraie constitution d'un peuple, la seule qu'il ne faille pas abandonner, est celle qui, respectant l'humanité et consacrant ses droits, accorde, autant qu'il est possible, et les intérêts et les sentiments, rapproche entre eux et concilie tous les hommes !

» Puissent-ils en un mot, applaudissant du fond du cœur à l'abrogation si juste de toute distinction non méritée, n'ouvrir désormais leur âme qu'à l'ambition d'être utiles, ne plus chercher de bonheur que dans le bonheur public, et de gloire et d'illustration personnelle que dans la gloire et la prospérité de l'État ?

» C'est alors, Messieurs, que sur les débris de nos antiques et trop funestes abus, nous verrons avec une égale satisfaction s'élever et s'affermir l'heureux édifice de la concorde et de la liberté. »

Et, sur ce qu'il a été représenté que les citoyens qui viennent de prêter serment se proposent de prendre la cocarde nationale,

L'Assemblée a arrêté d'en envoyer une à chacun. A MM. Begasson de la Lardais, du Sel, Le Vicomte aîné et le Provost de la Voltais.

Et cette déclaration que nous avons reproduite parce qu'elle nous a paru peindre les idées et les passions politiques de cette époque, était signée de tous les principaux noms de la noblesse de Bretagne : Huchet de

Cintré, de Lauzanne, le Président de Talhouet, Rosnivinien, de Piré, Tuffin du Breil, de la Monneraye, de Kermarec, de Blossac, de Tredern, de Geslin, de Tremargat, du Halgouet, du Dezerseul, le comte de Fayolles, etc.

Pour sceller la réconciliation et donner un témoignage éclatant de ses sentiments d'union et de fraternité, M. Provost de la Voltais donna un grand bal auquel il invita le général de Fayolle, les officiers supérieurs de son régiment arrivé de la veille, les membres du corps municipal, et les principales familles nobles de Rennes et des environs.

Une foule nombreuse emplissait les salons, mais malgré l'animation de la fête, et la séduction irrésistible du plaisir, il était facile de voir, à l'air froid, contenu et méfiant de la bourgeoisie, aux grands airs hautains et protecteurs de Messieurs les gentilshommes, aux mines dédaigneuses des dames de la noblesse, — que l'égalité et la fraternité proclamées par l'Assemblée nationale, étaient bien loin encore d'avoir pénétré dans les mœurs de la société.

— Il faut être poli avec les petites gens, disait M. de Cintré.

— Puisque l'intérêt de la patrie l'exige, répondait M. de Talhouet, sacrifions-nous.

— Comment pourrait-on gouverner le pays sans nous? ajoutait M. du Halgouet.

— Laissons-les faire, — disait M. de la Houssaye, ils seront trop heureux de revenir à nous...

— Et puis, observait M. de Boisguy, cela écarte les soupçons... En mettant une cocarde tricolore à son chapeau, M. de la Rouërie pourra courir la Bretagne et se concerter avec les principaux chefs de l'association bretonne.

Au même instant, on put voir M. le marquis Armand Tuffin de la Rouërie, glisser comme un météore au milieu de cette réunion brillante, chamarée de broderies et constellée de décorations et de pierreries ; — donner une poignée de main à celui-ci, un sourire à celui-là, dire quelques mots à l'oreille de M. de Mongaudry, s'entretenir quelque temps à voix basse avec M. de Tinteniac dans l'embrasure d'une croisée, et disparaître avant que sa présence eût pu être remarquée ou commentée.

Au reste, tous les regards se portaient sur le général de Fayolle en grand uniforme, qui entrait escorté par tous les officiers de son régiment.

Malgré les projets de fusion de M. Provost de la Voltais, la noblesse et la bourgeoisie se tenaient comme nous l'avons dit au commencement de ce chapitre, cantonnés aux deux extrémités du salon. Georges remarqua Gabrielle causant dans un groupe avec la vieille baronne de Tinteniac, M. de Tinteniac et quelques dames de la noblesse.

La jeune fille leva un instant les yeux sur lui et tourna la tête sans paraître remarquer les épaulettes de capitaine gagnées depuis quelques mois, et dont il était si fier.

— Est-ce que vous l'aimez toujours, capitaine? demanda le général bas à l'oreille de Georges.

— On n'oublie jamais tout-à-fait, général, que l'on a été jeune.

— C'est bien... dit M. de Fayolle, suivez-moi.

Et, le prenant par la main, le général vint le présenter au comte de Fayolle, son frère, à Gabrielle, et à plusieurs membres de sa famille. Tous les regards se portaient de Georges sur le général, et semblaient lui demander l'explication de cette plaisanterie.

Quelle fantaisie vous pousse, M. le Marquis, de venir nous présenter le premier venu? Puis, il se fait autour d'eux un silence glacial :

Au premier regard qui se posa sur le sien, le malheureux capitaine comprit que les portes de ce monde lui étaient pour toujours fermées... Honteux, confus, humilié, il sentait une sueur froide perler sur son front, un frisson courir par tous ses membres ; – il se demandait comment sortir de la situation ridicule où venait de le placer la tendresse irréfléchie du marquis.

Le général offrit son bras à Gabrielle, et la tirant à l'écart :

— Tu n'as pas l'air de voir mon jeune capitaine?... Je crois me rappeler cependant que vous vous êtes connus...

— Autrefois... je crois que oui... mais il y a de cela si longtemps...

— Et l'on vieillit si vite, à ton âge...

— Mais, d'ailleurs, je n'ai point oublié M. Georges... je me souviens même qu'un soir, avant de partir pour Paris, vous me parlâtes de son père que vous connaissiez.

— Aussi, depuis, son père n'a pas cessé de veiller sur lui..

— Ah! et comment se nomme-t-il?

— Ceci, ma chère enfant, est encore un secret.

— Un secret, qui ne lui permet pas de donner son nom à son fils... je ne comprends pas... mais en ce cas, mon oncle, pourquoi nous l'avoir présenté?

M. de Fayolle fronça le sourcil et s'éloigna sans répondre.

La jeune fille avait, en souriant, posé le petit bout de son ongle rose sur la blessure qui saignait encore au fond du cœur du marquis. Elle venait de lui rappeler que, quoi qu'il pût faire, son fils ne serait jamais qu'un paria, un déshérité, un bâtard condamné à vivre seul Une femme, une compagne qui lui ouvrît les portes du monde, c'était la seule chose qu'il désirait et qu'il ne pouvait lui donner...

Le soir, perdu dans l'ombre, Georges attendit la fin du bal pour voir Gabrielle monter dans sa voiture, et un instant après, il suivait du regard la gracieuse silhouette de son corps, découpée par la lumière, sur les vitres de l'hôtel...

C'est une lâcheté que je fais là, se disait-il ; mais personne ne m'a vu, personne ne la saura.

Le lendemain, fier de ses épaulettes, Georges voulut revoir la petite chambre qu'il avait occupée rue du Four-du-Chapitre ; ses anciens amis du café de l'Union, Jouault et Belin venaient d'être nommés capitaines de la garde nationale ; ils parlèrent ensemble des succès de Chassebœuf à l'Assemblée nationale, de Bernadotte et de Moreau qu'il avait revus à l'armée...

On lui apprit le mariage de mademoiselle Gabrielle de Fayolle avec M. de Tinteniac ; les préparatifs de la noce, la corbeille venue de Paris, et tous ces mille petits détails de la vie intime qui aliment les conversations des petites villes... Les époux, aussitôt après la noce, devaient faire un voyage en Italie, puis revenir à Rennes habiter l'hôtel Fayolle. Le comte occuperait une aile du bâtiment, et le corps du milieu serait réservé aux grandes réunions de la famille... La baronne de Tinteniac faisait pour cette fête recrépir et réparer le château qu'elle possédait sur la route de Rennes à Vitré.

Au même instant, ils sortirent devant la porte du café pour voir passer Gabrielle à cheval, escortée de son père et du baron de Tinteniac ; les danois et les lévriers ouvraient la marche en gambadant, et les laquais, en grande livrée, fermaient la marche du cortége.

Une heure après, Georges montait à cheval, galopait jusqu'à Vieux-Viel, embrassait son vieux père Huguet, et revenait le lendemain à Rennes, où, seul avec le général, il demeurait chargé du commandement du détachement formant la garnison.

II.

LE CLUB DE RENNES.

Déjà la Révolution, comme un torrent, tombait des hauteurs de la Montagne, menaçant d'entraîner tous les débris de la vieille société.

Quoiqu'en apparence, indifférent et résigné, le clergé n'avait pas perdu sans un profond chagrin ses grands biens et ses priviléges.

Il jeta un long cri d'alarme et se leva en masse, quand parut la nouvelle constitution civile du clergé.

Alors, il répandit avec une profusion étonnante des mandements incendiaires, des bulles, des ordonnances; fulmina l'anathême et la damnation éternelle, et accusa de schisme, d'hérésie, d'intrusion, d'apostasie, de sacrilége, de simonie, — les prêtres qui juraient fidélité à la Constitution.

De ce moment, les campagnes se soulèvent; des paysans armés commettent des crimes isolés, mais se rattachant tous à une même pensée, convergeant tous vers un même but.

Disséminés sur les points les plus importants de la Bretagne et de la Vendée, les prêtres fouillent adroitement le terrain, flattent les intérêts blessés, les croyances froissées, et préparent de longue main ce brigandage si fameux sous le nom de CHOUANNERIE.

Cette guerre fut-elle ainsi nommée, à cause des quatre frères Chouan dont le nom est assez commun dans cette partie de la Bretagne, et qui, les premiers, acquirent une triste célébrité? ou à cause du chathuant, *du chouan*, dont le cri leur servait de signal?...

C'est ce que les vieux *chouans* eux-mêmes n'ont pu nous dire.

Mais le clergé ne pouvait, comme au temps de Jules II, descendre dans l'arène, le casque en tête et l'épée au poing; il lui fallait un moyen d'action sur les paysans simples et crédules qu'il avait soulevés.

Cet auxiliaire était trouvé : la noblesse, en général, était peu enthousiaste des bienfaits de la Révolution; et si quelques-uns étaient venus, avec M. Le Provost de la Voltais, réclamer devant la municipalité de Rennes le titre de citoyen ; et se soumettre aux lois établies par l'Assemblée nationale, la plus grande partie n'avait vu s'évanouir qu'avec rage ses prérogatives et ses priviléges, et cherchait tous les moyens de les reconquérir.

Les circonstances politiques étaient on ne peut plus favorables à l'accomplissement de leurs projets; le pouvoir n'était nulle part; l'ennemi partout.

Dans cette cour, qui entretenait des correspondances avec l'Europe coalisée contre nous ;

Dans les pétitions des Girondins ;

Dans l'émigration, qui fomentait la résistance intérieure, payait la trahison, et laissait nos places fortes sans garnison, quand les Prussiens étaient à nos frontières.

Alors, blessée au cœur, la France avait rugi d'indignation, et des points les plus opposés était parti ce cri sublime :

LA PATRIE EST EN DANGER !

La patrie est en danger, et les navires anglais croisent en vue de nos côtes laissées sans défense.

En Bretagne, les Chouans étaient fiers et arrogants; et malgré les protestations de MM. Begasson de la Lardais, du Sel, Provost de la Voltais et ses amis, chaque jour, de nouveaux crimes, de nouvelles tentatives d'insurrection étaient dénoncées à la municipalité de Rennes par les districts environnants.

On saisissait chez le maire de Moisdon des cocardes blanches, un drapeau blanc, des armes et des munitions... A Mordelles, aux portes de Rennes, les paysans se soulevaient. A Redon, Saint-Brice, Louvigné, des rassemblements considérables parcouraient les campagnes, égorgaient les patriotes aux cris de : Vive le roi! vivent les aristocrates!

Pas un bourg, pas un village, pas un hameau qui ne soit le foyer d'une insurrection partielle où il ne se commette des horreurs, et toujours à la tête des insurgés, ce sont des prêtres réfractaires qui poussent au meurtre et au pillage le pauvre paysan égaré.

Ces excès expliquent et justifient les précautions que dut prendre la municipalité de Rennes et la surveillance active qu'elle dut exercer.

Les églises des paroisses soulevées et les chapelles des religieux furent fermées « afin, dit le rapport du conseil municipal de Rennes, qu'elles cessent d'être plus longtemps le rendez-vous scandaleux des ennemis de la nation. »

Si le danger était pressant, la surveillance était active et la résistance opiniâtre.

Depuis la fuite du roi, des clubs s'étaient organisés dans toutes les villes.

Là se rassemblait cette fraction généreuse et intelligente du peuple qui avait formulé ses plaintes aux États-Généraux.

Affiliées au club des Jacobins de Paris et aux clubistes de Londres, les sociétés populaires d'Angers, Brest, Fougères, Rennes, Carhaix, Montfort, Lorient, Morlaix, Nantes, Pontivy, Quimper, Saint-Malo, Saint-Brieuc, Vannes, entretenaient une correspondance active, où l'on discutait tous les intérêts particuliers et généraux. Dévoûments obscurs et ignorés de patriotes qui, chargés par leurs concitoyens de veiller à l'indépendance du pays, exposent hardiment leurs vies et leurs fortunes, et envoient sur tous les points menacés, des armes, des gardes nationaux et des cartouches!

Le club des amis de la Constitution tenait sa séance à Rennes, dans la salle des Cordeliers.

C'était une grande pièce froide et nue, blanchie à la chaux.

A un bout, dans un grand cadre de bois noir, la déclaration des Droits de l'Homme et du Citoyen. En face, un grand poêle de fonte servait plus à orner qu'à chauffer la salle.

Autour d'une grande table ronde, couverte d'un tapis de serge verte, sur lesquels étaient jetés çà et là des encriers de faïence, des canifs, du papier et les derniers décrets de l'Assemblée nationale, vinrent s'asseoir, sur des maigres chaises de paille, les citoyens Nouaïl, Denoual, Joulain, Bouaissier, Montillon, percepteur à Fougères; Martinet l'ardent, le fougueux Martinet, dont le patriotisme donnait la chair de poule aux modérés...

Il vous était permis de nier le soleil; à la rigueur, cela ne pourrait pas avoir grand inconvénient; mais si par malheur vous aviez eu l'air de soupçonner sa *pureté* et son *incorruptibilité,* ou si vous l'aviez flétri de l'épithète de *modéré,* il vous aurait infailliblement passé son grand sabre au travers du corps.

C'était un de ces hommes que Robespierre lui-même appelait *ultra-révolutionnaires,* « un de ces hommes perfides que la tyrannie soudoie pour compromettre par des applications fausses ou funestes, les principes sacrés de nos Constitutions. »

Martinet, par sa naissance et ses antécédents, pouvait satisfaire les exigences les plus démocratiques; mais il avait à se faire pardonner les deux dernières années de sa vie, passées à Paris, dont l'emploi n'était pas suffisamment justifié, et qui même, nous devons le dire, était diversement motivé.

Or, dans ce temps-là, les actions les plus innocentes pouvaient être soupçonnées et envenimées; mais qu'était-il allé faire à Paris, le brocanteur campagnard, le marchand forain, l'usurier anonyme, enfin le petit marchand de vaches?

— Soumissionner des fournitures pour le gouvernement, se débarrasser de ses vieux préjugés et s'éclairer au flambeau révolutionnaire, — répondait Martinet.

— Espionner pour le compte des nobles, négocier des bons de la caisse de Calonne, confiés par Armand Tuffin de la Rouërie, — assuraient les révolutionnaires ombrageux.

Au reste, s'il avait décrassé son esprit, sa transformation physique n'était pas moins étonnante.

Ce n'était plus le paysan en blouse, marchant le menton sur la poitrine, la tête enfoncée dans son chapeau de toile cirée, et précédé de son barbet Sans-Gêne.

Son costume était propre, sinon élégant.

Une petite queue poudrée s'échappait de son grand chapeau à la française et frétillait sur le collet d'une longue redingotte grenat à taille courte et à boutons d'acier taillés à facettes. Un gilet de piqué blanc et une culotte de satin noir, attachée aux genoux par de petites boucles d'argent, et des bottes à retroussis jaunes, complétaient un accoutrement qui pouvait, au besoin le faire prendre pour un émigré ou pour un officier municipal.

Parmi les citoyens qui se pressaient dans le club, un paysan de haute taille, couvert d'une peau de bique, se tenait debout, adossé à l'angle de la porte d'entrée, les deux mains appuyées sur son bâton. Il avait l'air somnolent et ennuyé, et ses petits yeux gris ne s'entr'ouvraient que pour se fixer sur Martinet avec une expression indéfinissable.

Le président Bouaissier ouvrit la séance.

— Le citoyen Martinet, dit-il, a la parole pour donner au club, communication d'une dépêche du comité de salut public.

— Citoyens, — dit Martinet au milieu du plus grand silence, — le comité de salut public rend justice à notre patriotisme, mais votre aveuglement lui paraît étrange. Comme l'araignée immonde, un homme a ourdi la trame d'une vaste conspiration, nous a enlacés dans ses filets, — et nous n'avons pas encore brisé dans la coque l'œuf impur de la contre-révolution !... Dans toutes les villes, des chefs se concertent entre eux et nous ne les avons pas fait arrêter !... Des prêtres parcourent les campagnes et soufflent le feu de l'insurrection, et nous les laissons faire !... Le ci-devant marquis Tuffin de la Rouërie est l'âme de ce complot, comment n'est-il pas à notre barre ? comment la loi n'en a-t-elle pas fait justice ?... Le comité n'accuse personne, citoyens, mais il me prie de lui rendre compte de notre inaction.

— Citoyen, répondit Bouaissier en se levant, tu arrives de Paris, mais tu sais ce que c'est que la Bretagne... Ici le patriotisme est ardent, sublime de dévoûment, mais aussi le peuple des campagnes est aveugle, crédule et fanatique; la liberté lui brûle les yeux; il les ferme pour ne pas la voir... Quant à la Rouërie, tout le monde sait comme toi qu'il conspire, mais peut-être n'est-il pas aussi facile de l'arrêter que tu parais le supposer.. Tu ne connais pas Tuffin de la Rouërie : — marcheur infatigable et toujours armé jusqu'aux dents, il s'en va de forêts en forêts, s'abrite sous la hutte du sabotier, passe les nuits dans les champs de genêts, dans les creux d'un chêne, sans prendre jamais deux fois le même gîte, sans suivre deux fois le même sentier. Demande des renseignements aux paysans, ils te tromperont et riront de toi. — La conspiration, nous le savons, étend ses ramifications par toute la Bretagne : mais dis-nous comment l'étouffer ?

Dans presque toutes les localités, les administrations sont suspectes, mais leurs membres sont trop influents, trop nombreux, pour qu'on puisse les faire arrêter tous à la fois; nous manquons de troupes, et les gardes nationales refuseront certainement d'arrêter leurs parents, leurs amis, ou leur faciliteront les moyens d'évasion. Voilà les difficultés de l'entreprise, citoyen ; c'est à ton patriotisme éclairé à nous donner les moyens de les surmonter.

— Citoyen, — dit Martinet, — je pense comme toi; l'entreprise offre les plus grands obstacles, mais il faut les vaincre... il le faut!... le salut public en dépend... et, si personne ne peut s'emparer de la Rouërie, moi je m'en charge!

Des applaudissements frénétiques répondirent à cette chaleureuse allocution.

La séance fut levée.

Martinet sortit, entouré des félicitations de ses nombreux amis, sans remarquer le paysan aux petits yeux, à la peau de chèvre et au nez crochu, qui épiait tous ses mouvements et le suivait à distance respectueuse.

III.

LE CHATEAU DE LA ROUËRIE.

Le château de la Rouërie est situé dans la commune de Saint-Ouen-la-Rouërie, à une lieue d'Antrain, sur un mamelon assez élevé, d'où l'on découvre le pays de Sougeal, — Vieux-Viel, — La Fontenelle, berceau de la chouannerie, — les hauteurs de Saint-Georges, qui ouvrent une communication avec toute la côte, depuis Roz jusqu'à Saint-Malo, et de là jusqu'à l'Angleterre.

Le château est tout moderne, comme son histoire.

Au milieu, sur le fronton triangulaire, s'étalent sur deux écus oblongs les armes de la Rouërie, — d'argent à une bande de sable, chargée de trois croissants d'or, — les ailes du bâtiment, symétriquement dentelées de granit bleu, se détachent fort bourgeoisement sur un affreux enduit jaune.

C'est une sorte de transition maçonnée entre le château et la maison de campagne, entre la noblesse et la bourgeoisie.

A droite en entrant, au milieu d'un bouquet de lilas, de sorbiers et d'acacias, une petite chapelle élève sa campanille qui se perd dans les branches d'un ormeau;

tout près, sont d'immenses écuries en briques, à grandes portes cintrées.

Devant le château s'étendent de beaux tapis de gazons où vient aboutir une avenue de vieux chênes aux branches tordues et noueuses, formant une longue voûte de verdure jusqu'à la route qui mène d'Autrain à Saint-James.

Le château est au milieu d'un jardin dans le goût anglais, de proportions assez mesquines, défendu par un fossé sans eau, de quatre pieds de profondeur environ, dont les terres sont supportées par un petit mur qui vient mourir à fleur de terre, — comme dans les fortifications modernes. — Des sentinelles échelonnées dans ce fossé préservaient le château de toute surprise.

Le 3 janvier de l'année 1792, à neuf heures du soir, — quatre hommes assis devant la cheminée de la grande salle du château de la Rouërie, causaient, les jambes croisées ou les pieds sur les chenets.

Les portes étaient soigneusement fermées, et les volets calfeutrés ne laissaient filtrer à l'extérieur aucun rayon lumineux.

Sur la table, encore couverte de sa nappe de fine toile blanche de Quintin, plusieurs bouteilles d'âges et de physionomies différentes attestaient que le souper avait été copieux et les libations nombreuses. Ces quatre hommes étaient :

Le marquis de Fayolle, — son ami Armand Tuffin de la Rouërie, Tinteniac et l'abbé Péchard.

— Messieurs, dit la Rouërie en repoussant la table, — il est temps, je crois, de nous occuper du motif pour lequel nous sommes réunis. La révolution brise et renverse tout sur son passage... Je veux l'arrêter... Le trône croule ; je veux appuyer mon épaule pour le soutenir. — Je veux, dit-il en portant la main à son front, que la contre-révolution sorte de là, toute armée comme Minerve du cerveau de Jupiter.

— Ce n'est pas une petite besogne que tu entreprends là, marquis, dit M. de Fayolle.

— Je me sens de force à l'accomplir, répondit la Rouërie.

— Cela me semble difficile, reprit le marquis; enfin continue.

— Vous savez si vous pouvez compter sur moi, dit Tinteniac en se levant respectueusement.

— Je serai fier et heureux de pouvoir vous être utile à quelque chose, Monsieur le marquis, dit Péchard.

— Il y a deux ans, Messieurs, — quand je soumis à M. de Calonne les plans de mon association bretonne, — l'entreprise, j'en conviens, offrait des obstacles sérieux, des difficultés à peu près insurmontables. On me conseilla d'attendre; j'attendis. Mais en suivant la révolution pas à pas, jour par jour, en tirant de ses fautes un avantage au profit de notre cause... je courais la Bretagne, j'étudiais le terrain... je plantais de loin en loin des jalons, des signes de ralliement autour desquels viendraient, à un moment donné, se grouper les défenseurs du trône et de l'autel. Il fallait réunir tous les mécontents, flatter tous les intérêts, toutes les passions, les grouper en un seul faisceau, les enlacer dans une vaste conspiration... C'est ce que j'ai fait... Sur ma tête, je réponds du succès ! Toutes ces passions, toutes ces haines concentrées en un seul foyer s'enflammeront.. Puis, peu à peu, l'incendie gagnera toute la France.

Les yeux noirs de la Rouërie jetaient des éclairs, et, dans ce moment, il était admirable de fanatisme et de passion.

— L'idée est grande et belle, Messieurs, dit Tinteniac avec enthousiasme.

— Elle est sublime ! s'écria Péchard.

— Malheureux ! dit M. de Fayolle, c'est la guerre civile que tu prépares !

— Qui veut la fin, veut les moyens, monsieur le marquis, dit Péchard.

— Et tous les moyens sont bons pour se défendre et combattre la révolution... dit la Rouërie... La révolution est puissante, armée et terrible, je le sais, mais elle a deux ennemis implacables, — la noblesse et le clergé ; ils seront pour nous, deux alliés d'une force incalculable : l'un pour soulever les masses, l'autre pour les diriger... Le clergé crée une armée, la noblesse la commande...

— Et le bras de Dieu sera avec nous ! — dit l'abbé ; tant qu'on n'a fait que nous dépouiller des biens terrestres, nous avons courbé la tête avec résignation, et les yeux levés au ciel, nous avons dit : « *Deus dedit... Deus abstulit sit nomen domini benedictum...* » Mais non contents de nous dépouiller, vous venez nous dire avec insolence... « Vous jurerez d'être fidèles à la loi et au roi... et de maintenir de tout votre pouvoir la constitution du royaume !... » —Raca !... soyez maudits !... Victimes innocentes, nous mourrons sur le parvis du temple avant que vos pieds aient profané le sanctuaire !..

— Les maladroits !... — s'écria la Ronërie, — s'attaquer au clergé !... Mais ces gens-là n'ont donc pas la plus légère idée de sa puissance !

— Ils ne savent pas, — reprit l'abbé, que par la confession, nous gouvernons le monde... Il n'est point de famille dont nous ne connaissions les secrets les plus cachés, car il n'est point de famille dont un membre au moins ne comparaisse devant le tribunal sacré de la pénitence...

— La Bretagne, j'en conviens, n'entend pas grand'-chose à la politique, — dit M. de Fayolle, mais elle est religieuse avant tout, et avec le clergé vous pouvez faire couler bien du sang...

— Eh ! qu'importe, s'écria Péchard : le sang des impies est un holocauste agréable au Seigneur... Dieu combattra pour nous, et la Bretagne versera jusqu'à la dernière goutte de son sang pour défendre ses prêtres ;

car, Messieurs, c'est en Bretagne surtout, que le prêtre a conservé toute son influence; avoir un prêtre dans sa famille, est la plus grande ambition du fermier breton. Pour envoyer son fils aux écoles, il se résigne et condamne sa famille aux plus dures privations... Et quand son fils revient du séminaire, la famille toute entière l'entoure du plus grand respect; pour lui on achète du pain blanc, la mère ou la sœur aînée lui apprête ses repas qu'il prend seul, sans que personne le jalouse.

— Maintenant, Messieurs, dit la Rouërie, permettez-moi de vous dire ce que j'ai fait : J'arrive de Coblentz. — J'ai soumis aux princes le plan de mon association bretonne, — ils l'ont approuvée, m'ont accordé tous les pouvoirs qui m'étaient nécessaires, et que je vous transmettrai en leur nom, Messieurs... Et alors on nous obéira sous peine de félonie et de trahison... Nous avons d'abord dressé une liste générale des mécontents en Bretagne; puis les noms de tous ceux dont les intérêts, les croyances et les sympathies ont été blessées par la révolution... Parmi ceux-là, nous avons choisi ceux dont les noms offrent de plus grandes garanties; ceux qui par leur position, leur entourage, peuvent exercer une plus grande influence : ce seront là les chefs de l'entreprise, qui seuls se connaîtront entre eux. Dans chaque localité, ils choisiront un sous-chef, avec lequel ils se concerteront pour soulever le plus de monde possible, distribuer des armes et des provisions de guerre, puis ils se réuniront en comité dans chaque ville.. Voici, jusqu'à présent, les jalons que nous avons placés, et autour desquels on devra se concerter... Maintenant, marquis, tu connais mon projet, dis-moi, si tu l'approuves...

— Je t'ai laissé parler jusqu'à la fin, répondit le marquis de Fayolle en se levant; car, avant de m'engager par une parole sacrée, il était de mon devoir de chercher à connaître le fond de ta pensée... Eh bien, mon ami, je te le dis avec un regret profond... pour l'entreprise que tu tentes, il ne faut pas compter sur moi...

— Qu'est-ce à dire? s'écria Tinteniac en se levant, voudriez-vous nous trahir?

— Je ne vous répondrai pas, Monsieur, dit M. de Fayolle avec dédain; quoi qu'il arrive, mon ami Tuffin n'aura jamais de moi, j'en suis sûr, une pareille opinion... Il a dit toute sa pensée, je vais vous dire la mienne.

— Parle, marquis, nous t'écoutons, et si nou avons tort, nous sommes prêts à en convenir...

— J'arrive de Paris, j'y suis resté deux ans; là j'ai vu de près, et j'ai étudié avec soin cette cour que tu veux défendre, cette vieille société que tu prétends restaurer... Malheureux! tu tentes l'impossible, on ne ressuscite pas un cadavre... Comment, Tuffin, toi qui comme moi as jeté aux vents priviléges, fortune et noblesse pour suivre Lafayette et aller combattre comme simple soldat dans les rangs du peuple américain, tu veux te faire aujourd'hui le champion de grands seigneurs corrompus! tu veux te mêler à cette tourbe infâme de courtisans, de commis, de laquais, de traitants, de prélats, d'abbés et de courtisanes, qui tendent la main pour un bout de ruban ou pour un bénéfice, et scandalisent les honnêtes gens par leurs vices, leurs brigandages et leur insolence!

Mais tu ne vois donc pas le mouvement immense qui, sur tous les points, s'accomplit autour de nous! L'impulsion est donnée et reçue; la monarchie, comme un bloc de granit détaché de sa base, roule sur le penchant d'une montagne escarpée...

— Je l'arrêterai!... dit Tuffin avec un mouvement d'orgueil sublime.

— Il est trop tard... Il est passé, le temps où l'on pouvait espérer encore d'échapper à une destruction épouvantable... aujourd'hui une réforme profonde, politique et sociale; une régénération complète, radicale est nécessaire... Laissons-la s'accomplir...

— Les lâches seuls se mettent à l'abri à l'heure du

danger!... dit Tinteniac en défiant le marquis d'un regard insolent.

— Monsieur de Tinteniac, dit froidement M. de Fayolle, vous cherchez un coup d'épée; mais le moment est trop solennel pour passer le temps à des bagatelles... Puis, se tournant vers M. de la Rouërie : Marquis, ton projet est non-seulement une folie, mais un crime... Crois-tu donc que la nation, qui seule en ce moment défie l'Europe coalisée, ne saura pas triompher d'une poignée de paysans sans armes, sans chefs et sans expérience ?

— C'est ce qui te trompe, dit la Rouërie; nous avons des armes, des provisions, des sommes considérables, des chefs déterminés à tout, et derrière nous l'Europe tout entière.

— Et vous voulez appeler l'étranger en France?

— Pourquoi pas? dit Péchard avec assurance; cela s'est toujours fait chez nous... Quand un seigneur breton croyait avoir à se plaindre de son suzerain, il ne se faisait pas faute d'appeler à son aide les Anglais, les Espagnols ou les Français.

— Misérable! s'écria le général avec indignation; arrière!...

Puis, le bras tendu vers la Rouërie :

— Tu étais mon ami... maintenant je ne te connais plus.

IV.

Le marquis sorti, les trois personnages restèrent un moment stupéfaits.

— L'ingrat! s'écria La Rouërie, avec lui seul j'aurais consenti à partager la gloire de mon entreprise... Il n'était pas digne de me comprendre. Quant à vous, Messieurs, puis-je toujours compter sur vous?

— Ma vie vous appartient, marquis, répondit Tinteniac, disposez-en comme il vous plaira.

— Quant à moi, dit Péchard, j'ai fait à Dieu le sacrifice de ma vie ; quand il voudra m'appeler à lui, je suis prêt.

— Voici donc, Messieurs, ce qui me reste à vous communiquer, dit la Rouërie. — D'après les conventions arrêtées à Coblentz entre les princes et moi, je recevrai seul et directement les ordres des princes et les secours du cabinet anglais. Je vous les communiquerai ensuite, et vous aurez soin de trouver les moyens les plus prompts et les plus sûrs de les faire parvenir à tous nos généraux ; vous trouverez sur cette carte leurs noms et les circonscriptions qui leur sont attribuées.

Ce sont, dans la Mayenne, le prince de Talmont ; pour Avranches, Granville, Saint-James et Pontorson, le marquis de Saint-Gilles. Lahaye-Saint-Hilaire soulèvera le pays entre Rennes et Dol, Hédé, Combourg et les paroisses environnantes. MM. de Labourdonnaye et de Siltz armeront le Morbihan ; les Dubernard et les Caradeuc, postés à Redon, communiqueront facilement avec les Palierne et Labérillerois, chargés du pays Nantais. Dubeauberil-Dumoland est chargé de l'arrondissement de Montfort ; le baron Dampherné, du Finistère, et Charles Bois-Hardy des Côtes-du-Nord. Mon neveu Tuffin et vous, Tinteniac, vous verrez tous ces messieurs en personne ; vous les tiendrez au courant des nouvelles qui nous parviendront, et vous leur ferez part des résolutions que nous aurons concertées tous les trois.

Bertin et Prigent nous faciliteront les relations avec Saint-Malo, et de là avec Jersey et l'Angleterre. Que dites-vous de mon plan, Messieurs ?

— Il est d'une conception gigantesque, d'une admirable simplicité.

— De sorte qu'il obtient votre approbation ?

— De tout point, marquis.

— Et vous êtes prêt à le seconder ?

— De tous mes efforts.

— Quant à vous, l'abbé, votre rôle est tout tracé, vous représenterez l'Église, et l'Église militante; vous ferez imprimer secrètement des petits livres religieux, des catéchismes, des oraisons, que nos prédicateurs répandront à millions dans les campagnes : — Puis, pour la classe intelligente de la société, des proclamations dans lesquelles nous ferons connaître les intentions des princes; comme les prêtres non assermentés sont forcés de résider à Rennes, vous choisirez parmi ces messieurs ceux qui vous paraîtront les plus intelligents et les plus dévoués.

L'abbé donna son approbation par un signe de tête.

— Nous aurons ici une réunion générale, le 6 janvier, jour des rois, à minuit. — J'ai fait convoquer les principaux membres de l'association bretonne, à qui je communiquerai les plans que je viens de vous confier, — et les pouvoirs qui m'ont été conférés par nos princes légitimes.

— Le 6 janvier, à minuit.., nous y serons, — dirent Tinteniac et Péchard.

— J'oubliais une chose importante, dit la Rouërie : Voici le signe qui vous fera reconnaître de ces Messieurs, et auquel vous les reconnaîtrez.

Il remit à chacun un anneau d'or sur lequel étaient gravés ces mots : *Dum spiro, spero.*

— Aux gars des environs de Vitré et de Fougères, vous ferez voir cet emblème que vous pourrez faire fabriquer et distribuer à profusion.

Et il leur remit un morceau d'étoffe violette, au milieu duquel était brodé un cœur en écarlate surmonté d'une croix cramoisie, traversé d'une flèche rose et entouré d'une couronne de soie blanche.

— Puis, quand vous voyagerez la nuit, je vous engage, de peur de surprise, à vous annoncer du cri de la chouette que vous apprendrez facilement à imiter.. Les différentes modulations vous serviront d'avertissement et de signaux... — Ainsi, le 6 janvier à minuit...

— Le 6 janvier à minuit, marquis!

V.

LE CABARET.

Le 6 janvier 1792, — quelques jours après la fameuse séance du club dans laquelle Martinet avait dénoncé avec tant d'éloquence les menées contre-révolutionnaires de la Rouërie, à l'autorité municipale, — qui les connaissait aussi bien que lui, — la générale battait à la fois dans les villes de Rennes, de Vitré et de Fougères.

Les gardes nationales chargeaient leurs fusils, endossaient leurs uniformes, et se mettaient en marche pour Saint-Ouen-la-Rouërie.

La garde nationale de Rennes, comptait seule près de deux mille hommes, et traînait après elle une pièce de canon pour enfoncer les portes du château.

Pendant ce temps-là, Martinet; le nez caché dans son manteau, sortait de la petite maison qu'il habitait rue Derval.

Arrivé auprès de l'église de Saint-Germain, il aperçut un mendiant qui grelottait au coin de la porte...

Il lui fit signe de le suivre.

Tous deux entrèrent dans l'allée étroite et sombre d'une mauvaise maison en terre, qui fait le coin de la rue du Griffon

Martinet tira de dessous son manteau une assez grosse canne en bambou :

— Veux-tu porter cette canne à M. le marquis de la Rouërie ?

— Où est-il ? demanda le mendiant en prenant la canne.

— A son château, dans la commune de Saint-Ouen, à Antrain, on t'enseignera la route.

— Mais d'ici Antrain, Monsieur, il y a douze bonnes lieues... dit le mendiant en montrant ses pieds nuds; je n'ai rien aux pieds ni dans le ventre.

— Tu arriveras comme tu pourras, — dit Martinet, en lui mettant généreusement dans la main une pièce de trente sous, — voilà de quoi t'acheter une paire de sabots et bien déjeuner : tu souperas et tu coucheras au château.

Le mendiant prit la canne et la pièce, et partit évidemment séduit par cette brillante perspective.

— Maintenant, se dit Martinet en se drapant dans son manteau, — il arrivera ce qui pourra, il est prévenu...

Une heure après, une mauvaise cariole jaune, traînée par un cheval blanc assez vigoureux, sortait de la rue Verdiais et se dirigeait sur la route d'Antrain.

Un collier de grelots de différentes grosseurs était attaché au cou du cheval, et dissimulait autant que possible, le bruit que faisaient les membrures disjointes du véhicule, et les cris que poussaient les malheureux voyageurs renfermés dans son sein mal rembourré.

Quand la machine se mit en branle sur les pavés si accidentés de la ville de Rennes, les voyageurs se cramponnèrent aux planches qui leur servaient de siéges, aux parois de la charrette, l'un à l'autre, partout où ils pouvaient trouver prise, et alors commencèrent des soubresauts convulsifs et désespérés.

Enfin, quand ils eurent laissé derrière eux les dernières maisons du faubourg, les voyageurs purent reprendre une position un peu moins tourmentée, et ils s'examinèrent réciproquement avec une attention méfiante.

Il y avait trois hommes dans la voiture : sur le devant était Martinet, à côté de lui, le citoyen Nouaïl, membre du conseil municipal, l'orateur le plus influent du club des Cordeliers, — enveloppé d'un manteau bleu à petit rabat.

Derrière eux, les deux mains appuyées sur un bâton de chêne, et le menton dessus, — le paysan que nous avons vu au club des Cordeliers pendant le discours de Martinet.

C'était un homme de quarante-cinq ans environ,

d'une taille colossale, à la tête longue, maigre et ridée. Ses petits yeux gris et inquiets roulaient avec vivacité sous ses sourcils épais.

Il portait comme les paysans des environs de Rennes, une peau de chèvre, tannée aux coudes par l'usage ; par dessous, un grand gilet d'étoffe brune mêlée, à petits boutons de métal étoilé. Des guêtres, ou gamaches, serrant une jambe sèche et nerveuse, s'arrêtaient au-dessous du genou, laissé à moitié nu par une large culotte de tiretaine grise.

— Jarry ? — demanda l'homme au manteau bleu, à quelle heure arriverons-nous à Antrain ?

— Entre huit et neuf heures, peut-être, M. Nouaïl.

— Comment ça, peut-être ?

— Ah ! dit Jarry, se ravisant, les chemins ne sont pas bons.

— Et pas trop sûrs, n'est-ce pas ?

— Oh ! les gars ne sont pas mauvais.

— Pas mauvais... pas mauvais, — grommela Nouaïl...

— Est-ce que vous rencontrez souvent les Chouans ? demanda Martinet.

— Quelquefois... pas souvent... dit Jarry.

— Et ils ne vous ont pas fait de mal ?

— A moi ? jamais, au grand jamais.

— Décidément, dit Nouaïl à l'oreille de Martinet, je crois que nous aurions mieux fait d'attendre le détachement.

— Alors, ce n'était pas la peine de se déranger, répondit Martinet. La municipalité d'Antrain est entièrement composée des amis de la Rouërie, et si nous ne sommes pas là pour surveiller les ordres, il est certain qu'on le fera avertir.

— Comme on a toujours fait jusqu'ici, chaque fois que nous sommes venus pour l'arrêter.

— Tandis qu'en plaçant à l'entrée de la nuit des sentinelles tout autour du château, nous aurons le temps d'attendre l'arrivée de tous nos détachements.

— Je ne dis pas... mais si les chouans nous tenaient...

— Oh ! il n'y a pas de danger avec moi. J'ai couru ce pays-là pendant vingt ans... et j'y suis connu.

— On ne peut pas attendre grand'chose de voleurs de grands chemins.

— Je vois que vous les jugez mal, dit Martinet en remarquant le paysan qui s'était penché pour écouter la conversation. Il y a de bons enfants parmi eux.

— C'est possible, dit Nouaïl; mais je ne souhaite qu'une chose, c'est de ne jamais les rencontrer sur mon chemin.

La carriole avait à peine gravi la côte de Romasi, et la nuit était déjà venue : une lieue plus loin, le cri de la chouette, modulé d'une façon étrange, se fit entendre à quelques pas derrière eux.

A droite, un autre cri répondit.

— Diable! dit Nouaïl, je n'aime pas le cri de ces oiseaux-là.

— Jarry, sommes-nous loin de Tremblay ?

— A un petit quart de lieue, Monsieur Nouaïl.

— Bon, arrêtez, je préfère me rendre à pied, ça m'échauffera, — et, se penchant à l'oreille de Martinet, — c'est plus sûr, croyez-moi, nous sommes au milieu des Chouans, la carriole va être fouillée ; tandis qu'en nous faufilant le long des haies...

Le cri de la chouette l'interrompit :

Au même instant, une douzaine de bêtes fauves, aux longs poils, montrèrent leurs faces noircies au milieu des broussailles, sautèrent sur la route, et entraînèrent la voiture.

— Qu'as-tu là-dedans, Jarry? demanda l'un deux en allongeant la tête dans la carriole.

— Deux messieurs qui comptent aller à Antrain, — répondit Jarry d'un air narquois.

— Bonsoir, les gars, — dit le paysan en allongeant sa tête entre les épaules des deux voyageurs placés sur le devant.

— Ah !... c'est toi, Chaudeboire? répondit un des chouans en sautant dans la voiture ; fouette, Jarry, pour qu'on voie leurs frimousses... A la Bonne Foi!... criat-il aux chouans arrêtés sur le chemin.

La voiture se remit en route.

Un quart d'heure après elle s'arrêtait à la porte d'un cabaret situé à l'entrée du bourg.

Une douzaine de chouans se tenaient déjà sur le seuil.

—Ah ça! messieurs, vous boirez bien un coup de cidre avec les amis ? — demanda le nouveau venu.

— Ça n'est pas de refus, — dit Chaudeboire en s'apprêtant à descendre.

— Merci, dit Nouaïl en se renfonçant dans l'ombre, je n'ai pas soif.

Martinet sauta lestement à terre, passa avec assurance devant les gars qui se tenaient à la porte ; et entra résolument dans le cabaret.

— Allons ! dit Chaudeboire, ne vous faites pas prier ; si vous n'avez pas soif, vous ne refuserez pas de vous chauffer les pieds.

L'assemblée rit d'un rire bête et féroce, à cette affreuse plaisanterie qui fit frissonner le malheureux conseiller municipal.

Enfin, il se décida à descendre lentement, avec des précautions infinies, et, pour éloigner les soupçons autant que possible, il prit un air d'indifférence, ne parut pas remarquer les hideuses figures qui l'entouraient, serra son manteau autour de son corps, et entra dans le cabaret.

Au milieu d'un nuage épais de fumée de tabac et de cuisine combinés, il aperçut une vingtaine de paysans en peau de bique et en sarraux de toile jaune, accoudés sur une longue table chargée de *houlons*.

Cinq ou six étaient assis, les pieds pendants, sur un banc, espèce de canapé en bois, placé près du lit qui lui servait de dossier.

D'autres groupes, sous le manteau de la cheminée,

fumaient, les coudes sur les genoux et le houlon entre les jambes.

Un feu de genêts éclairait capricieusement la salle que traversait une énorme poutre noircie par la fumée.

A l'entrée des voyageurs, toutes les têtes se tournèrent de leur côté :

—Ah! ça, les gars, dit le Grand-Fumeur aux chouans campés devant le feu,—faites donc place à ces messieurs.

Celui qui venait de parler était un homme long, pâle et osseux, que nous avons déjà vu à la ferme de Jean le Chouan.

— Vous avez des passeports? — demanda le Grand-Fumeur d'un ton d'autorité.

Martinet lui montra une bague sur laquelle étaient gravés deux mots que le chouan reconnut, et lui remit un petit carré de drap sur lequel étaient brodés deux cœurs enlacés et surmontés d'une croix.

— Comme vous êtes changé, monsieur Martinet... Je ne vous reconnaissais pas... Vous avez quasiment l'air d'un monsieur... dit Jean le Chouan d'un ton goguenard : — Monsieur n'a besoin de rien. — Puis se tournant vers les chouans : — Je le connais et j'en réponds...

Martinet lui tendit la main.

—Je savais bien que nous finirions par nous rencontrer, dit Jean en la secouant avec force... Vous allez à Antrain?

— Je voudrais voir M. le marquis de la Rouërie, pour une communication importante, — répondit Martinet à l'oreille du chouan.

— Ah! ah! dit le chouan avec un ricanement étrange : — Vous le verrez... c'est moi qui vous le promets...

Pendant ce temps-là, le malheureux Nouaïl avait été entouré d'une douzaine de chouans.

— Et vous, avez-vous des papiers ! demanda le Grand-Fumeur.

— Je n'ai pas de papiers, répondit Nouaïl qui ne jugea pas prudent d'exhiber sa carte de civisme : — je demeure à Rennes, et je suis connu dans les environs...

— Ah! vous êtes de Rennes? Et comment vous appelez-vous?

— Désiré Nouaïl.

— Nous avons ici quelqu'un qui doit vous connaître... Chaudeboire!... — cria le Grand-Fumeur en se tournant du côté de la cheminée... approche ici... dévisage-moi un brin cette frimousse-là, et dis-moi qui ça peut être?...

— Ça, dit Chaudeboire, c'est monsieur Nouaïl.

— Et qu'est-ce que M. Nouaïl!...

— Un pataud... (un patriote).

Un frémissement d'indignation courut dans l'assemblée, et vingt bras s'allongèrent pour le saisir.

— Qu'est-ce qu'il fait?... continua le Grand-Fumeur.

— Il vend du vin où il met plus de la moitié d'eau, à de pauvres diables de débitants, qui le prennent à crédit, et le paient le double de ce qu'ils paieraient ailleurs... C'est comme ça qu'il s'est enrichi, en ruinant les autres.

— Ah! mon Dieu! s'écria Nouaïl, livide de peur, — peut-on parler ainsi! Demandez à mes pratiques, pas une ne se plaint.

— Il est du conseil municipal, je parie?

— Et du club des Cordeliers, où je l'ai entendu parler comme un livre.

Martinet baissa les yeux et se sentit frissonner à son tour... Plusieurs fois déjà il avait cru surprendre, fixés sur lui, des regards ironiques...

— Ça suffit!... dit le Grand-Fumeur, qui trouva sa religion suffisamment éclairée. — Nouaïl! tu sais qu'on ne peut pas entrer dans le paradis, si on n'a pas restitué le bien mal acquis...

— Prenez, mes amis, dit Nouaïl en vidant la monnaie de ses poches... Tout ce que j'ai vous appartient.

— Voyons! dit le Grand-Fumeur, mets-toi à cette table et écris ce que je vas te dire... Dérangez-vous, vous autres...

Nouaïl fit un mouvement pour se reculer.

— Tu as peut-être froid aux doigts... de pied? demanda le Grand-Fumeur en lui montrant la cheminée.

Nouaïl s'empressa de s'asseoir et prit la plume qu'on lui offrait.

— Écris : « Ma chère femme,

» Je suis prisonnier des chasseurs du roi, qui me
» menacent de me tuer, si je ne consens à leur payer,
» pour les frais de la guerre qu'ils font pour le roi, —
» une somme de... »

— Chaudeboire, est-il riche, le pataud? demanda le Grand-Fumeur en portant son menton sur l'épaule droite.

— Il est riche, pour sûr.

— *Ben* riche? ben riche?...

— Cousu d'or.

— Ah ! mes amis ! — s'écria Nouaïl d'une voix suppliante, je suis un homme ruiné.

— Écris... « Une somme de dix mille livres. »

— Ah ! mon Dieu ! cria Nouaïl avec un soupir déchirant.

« Que tu feras remettre, au reçu de la présente, à
» l'abbé Péchard, prêtre en surveillance à Rennes. »

— Bien... signe... c'est cela... L'adresse à présent...

Le malheureux Nouaïl, hébété par la peur, le front ruisselant d'une sueur glacée, remit la lettre au Grand-Fumeur, qui la parcourut pour s'assurer qu'il n'y manquait rien.

— A présent, — dit-il, lève-toi et suis-nous...

— Ah ! mes amis ! — dit Nouaïl en se jetant à genoux et les mains jointes... — Vous n'allez pas me tuer!... Tout ce que j'ai, je vous le donnerai.

Le Grand-Fumeur le fit rouler à terre d'un coup de pied.

— Si Monsieur veut le permettre, — dit-il en regardant Martinet, nous allons lui montrer comment les chouans traitent les patauds.

Martinet fit un mouvement d'épaules que ces messieurs prirent pour un consentement.

Chaudeboire le saisit au collet.

— Grâce! grâce! — criait Nouaïl en reculant.

— Veux-tu ben te taire, poltron!

Jean le Chouan s'était assis devant le feu et bourrait tranquillement sa pipe, indifférent à ce qui se passait autour de lui... Seulement, de temps en temps il jetait en dessous un regard sur Martinet qui, malgré son sangfroid, — commençait à regretter de s'être embarqué dans cette aventure.

Cinq ou six chouans prirent leurs fusils et se dirigèrent vers la porte :

— Non, mes gars, dit le Grand-Fumeur, faut ménager la poudre et les balles, ça ne vaut pas un coup de fusil.

— C'est juste!... répondit Chaudeboire en couchant le malheureux sur le banc.

— Cœurderoi, tire-lui sa cravate...

Passe-Partout et Fleur-de-Rose vinrent, par complaisance, maintenir les pieds et les mains, pendant que Chaudeboire, pour l'empêcher de crier, lui étreignait la gorge de son poignet d'acier.

Chaudeboire atteignit un large couteau pendu à sa boutonnière par une chaînette, et faisant glisser la lame sur la paume de sa main caleuse, à la façon des barbiers qui préparent leurs rasoirs :

— Jeanne, apporte un bassin, là, sous sa tête. N'aie pas peur, mon mignon, — tu ne vas pas souffrir longtemps.

Le couteau s'enfonça dans le cou jusqu'au manche; le sang jaillit de tous côtés; la victime poussa deux ou trois cris rauques et étouffés.

Le corps frissonna dans une dernière convulsion.

— Là, c'est fini, il est saigné! dit Chaudeboire.

Puis, les chouans le dépouillèrent et se partagèrent ses habits.

— Portez ça plus loin, mes gars, dit le Grand-Fumeur en désignant le corps qui gisait au pied du lit.

Martinet avait suivi tous les détails de cette scène, sans qu'aucun muscle eût tressailli en lui, sans qu'aucun signe annonçât la moindre émotion.

— Comment vous appelez-vous, Monsieur? demanda le Grand-Fumeur en lui mettant familièrement la main sur l'épaule.

Martinet tressaillit et regarda le chouan sans répondre.

— C'est votre nom de guerre que je vous demande, l'autre ne me regarde pas.

— Je n'en ai pas encore, dit Martinet; c'est aujourd'hui ma première expédition, et je me rends à Antrain pour parler à M. le marquis de la Rouërie.

— Nous y serons cette nuit; pas vrai, Jean?

— Faut l'espérer, dit le chouan en regardant Martinet avec une expression dont ce dernier commençait à s'inquiéter sérieusement.

— Puisque vous n'avez pas de nom, reprit le Grand-Fumeur, je vas vous en donner un, moi, et un crâne...

— Lequel? demanda Martinet.

Le Grand-Fumeur prit à terre le bassin qui avait reçu le sang de Nouaïl, et le mettant sur la table :

— Faites comme nous avons tous fait... trempez votre main dans ce sang et jurez : Mort aux bleus! et aux patauds!

Involontairement les yeux de Martinet se portèrent sur le chouan qui ne perdait pas un de ses mouvements, puis il plongea la main dans le bassin.

— Vous avez nom Pâte-Saignante... dit le Grand-Fumeur d'un ton sacramentel... A c't' heure, voulez-vous nous faire l'honneur de trinquer? N'y a pas d'affront... J' sommes de bons gars!

Martinet parut enchanté de la proposition, et s'attabla avec les chouans qui, tous, voulurent avoir l'honneur de boire à sa santé.

— Ah ça! mes gars, dit Jean le Chouan en secouant sur la paume de sa main la cendre de sa pipe, nous avons autre chose à faire qu'à fricoter toute la nuit... Jarry, donne-nous une chambre.

Jarry prit une chandelle de résine et se dirigea vers l'escalier.

— Suivez-moi, dit Jean le Chouan à Martinet, d'un ton plus impérieux que poli.

Ils entrèrent bientôt dans la même chambre; Chaudeboire les y suivit.

Les deux chouans, après avoir essuyé la batterie de leurs fusils, se mirent sur le banc au pied du lit et s'agenouillèrent. Martinet, peu rassuré, feignit de dire aussi sa prière

Des deux côtés de la cheminée, étaient deux grands lits à colonnes avec leurs rideaux et leurs courtines de coton bleu et blanc. Le Grand-Fumeur se jeta bientôt sur un de ces lits, tout habillé, et, deux secondes après, il ronflait à briser les vitres.

— Quand vous aurez fini vos prières, dit Jean le Chouan à l'oreille de Martinet, nous irons nous coucher.

Martinet leva la tête; il lui sembla que le chouan avait accentué le mot prières d'une manière ironique.

— Ensemble? dit-il en regardant le chouan qui, par politesse, avait ôté ses gamaches et ses souliers.

— Dam!... dit le chouan, aimez-vous mieux le lit de Chaudeboire?

— Non!... dit Martinet, qui songea à la mort de Nouaïl.

— Passez dans la ruelle, dit le chouan; j'ai l'habitude de coucher sur le bord.

Martinet s'allongea tout habillé aux côtés du chouan.

VI.

UN MAUVAIS COUCHEUR.

Il pouvait être environ huit heures du soir, Chaudeboire ronflait toujours avec le calme d'une conscience tranquille.

Quelques minutes se passèrent.

Malgré l'immobilité dans laquelle il se tenait, Martinet ne se sentait aucune envie de dormir. Rassuré peu à peu par le silence qui se faisait autour de lui, il leva timidement la tête comme la tortue hors de sa carapace.

La lune, brillant dans le ciel sans nuage, éclairait capricieusement la chambre à travers une fenêtre sans rideaux. Le fusil de Jean le Chouan, le grand couteau de Chaudeboire brillaient sur une table en face du lit...

Un instant il eut la pensée de se laisser glisser dans la ruelle et de s'évader à travers les champs; la fenêtre donnait sur le jardin, elle ne pouvait être bien élevée.

— Vous ne dormez donc pas?... demanda Jean le Chouan.

— Au contraire, dit Martinet en se renfonçant sous les draps.

— Ah ça!... vous connaissez donc M. le marquis de la Rouërie?

— Beaucoup.

— C'est lui qui vous a donné le scapulaire que vous portez?

— Oui.

— Comment donc disiez-vous dans le club qu'il fallait l'arrêter?

A cette interpellation si directe, Martinet comprit qu'il devait quelques explications.

— J'ai dit au club qu'il fallait l'arrêter, parce que je savais qu'on avait l'intention de le faire... et si je ne m'en étais pas chargé, on en aurait nommé un autre.

— Ah!... Et M. Nouaïl, avec qui vous étiez?...

— Justement! c'était un municipal qu'on avait désigné pour m'accompagner, pour me surveiller au besoin.

— De sorte que vous êtes content d'en être débarrassé?

— Très-content... Je ne crains plus qu'il parle contre moi.

— Pour ça, dit le chouan, il n'y a plus de danger.

— Eh bien! dormons.

— Dormons... dit Martinet tranquillisé.

Il se fit de nouveau un silence profond, qu'interrompaient seuls les ronflements consciencieux de Chaudeboire.

— Est-ce que tu dors, Chaudeboire? demanda Jean le-Chouan en élevant la voix.

— Quoi? dit Chaudeboire.

— Ne m'as-tu pas dit que le tambour battait à Rennes, et que la garde nationale s'assemblait quand vous êtes partis?

— Oui, les rues en étaient pleines.

— Tu as vu du canon?

— Oui, une pièce

— Et où allaient-ils?

— Mais, à Saint-Ouen... dit Chaudeboire à moitié endormi.

Il se fit un silence.

— Est-ce que vous dormez, monsieur Martinet? demanda Jean le Chouan en poussant du coude son camarade de lit.

— Hein?... répondit Martinet comme réveillé en sursaut.

— Et où alliez-vous donc comme çà en voiture?

— A Antrain... vous le savez bien.

— Et qu'est-ce que vous alliez faire à Antrain?

— Je vous l'ai déjà dit, j'étais envoyé par le club.

— Pour faire arrêter M. le marquis?

— M. de la Rouërie n'avait rien à craindre; il était averti.

— Ah! et par qui?

— Par moi, donc. Ce matin je lui ai envoyé un exprès pour l'avertir de l'arrivée des gardes nationaux.

— Hé bien! — dit le chouan, nous n'avons plus qu'à dormir.

— Oui, dit Martinet, dormons.

Un instant après Jean le Chouan reprit :

— Mais, une fois à Antrain, qu'est-ce que vous comptiez donc faire?

— Assembler le conseil municipal et faire attendre l'arrivée des détachements de Rennes et de Fougères.

— Ah! oui. Et après?

— Je me serais mis à leur tête, et nous aurions été tous ensemble au château.

— Mais puisque vous aviez fait prévenir M. le marquis?

— C'est justement pour ça. Je voulais être sûr de ne pas l'y trouver.

— C'est malin tout de même, dit le chouan... Ah ça! vous avez donc quitté le pays, qu'on ne vous voyait plus jamais par ici?

— Oui, j'ai voyagé.

— Dans quel pays? sans être trop curieux.

— A Paris.

— M. le comte y avait été aussi, lui, à Paris... Le comte de Maurepas... vous savez bien... qui fut assassiné dans un petit bois, à la porte de son château...

— Oui, j'ai entendu parler de cela... il y a longtemps.

— Plus de vingt ans.

— Bonsoir... dit Martinet, j'ai envie de dormir.

— Et moi aussi... Puis après quelques minutes : — Quel métier que vous faisiez donc là, à Paris?

— Je me promenais.

— Joli état... Mais on dit que vous êtes riche, vous, monsieur Martinet?

— Moi! Jésus! je suis gueux comme Job.

— Ha! que ça n'est point vrai... et que je voudrais bien avoir le fond de la valise que vous avez trouvée pas bien loin de chez nous.

— Quelle valise?

— Ah! quant à ça, je ne l'ai pas vue. Mais y en a qui disent qu'elle ressemblait beaucoup à celle de M. le comte... de M. le comte de Maurepas.

— Bonsoir, dit Martinet.

— Vous avez raison, monsieur Martinet, faut dormir... quand on a la conscience tranquille. Faudra se lever matin; nous avons encore près de quatre lieues d'ici à Saint-Ouen. Il est temps de se reposer.

— Oui... il en est temps!

Martinet venait enfin de s'endormir, quand il sentit une main large et lourde se poser sur sa poitrine.

Il sauta à terre, et regardant le chouan d'un air égaré :

— Que voulez-vous?

— Le coq chante, dit le chouan en se jetant en bas du lit et saisissant son fusil... Il est temps de se mettre en route! Et toi, Chaudeboire, allons, debout.

Chaudeboire fit entendre quelques grognements, se frotta les yeux de ses poings fermés, et les ouvrit enfin.

En un instant, les trois hommes furent prêts à partir, et, suivis des autres, prirent à travers les champs pour se rendre à Saint-Ouen, qui allait devenir le théâtre de grands événements.

VII.

LE JOUR DES ROIS.

Le 6 janvier à huit heures du soir, les principaux chefs de la conspiration arrivèrent de tous côtés au château de la Rouërie.

Une table immense et richement servie occupait dans toute sa longueur, la grande salle du château. A l'une des extrémités, en face de la porte d'entrée, on avait placé, sur une colonne entourée de guirlandes, le buste de Louis XVI, pavoisé de drapeaux blancs fleurdelisés.

En face, au milieu de deux bannières en velours grenat à crépines d'or, était un grand crucifix sauvé du pillage de quelque église.

Autour de la table vinrent s'asseoir, MM. de Boisguy, de Bondeville, Labourdonnaye, Caradeuc, Boishardy, Lamotte, Dampherné, qui avait à sa droite le prince de Talmont; Desilles, Picot-Limoelan, Tinteniac; puis encore l'abbé Péchard et une vingtaine de prêtres, non conformistes. La Rouërie se plaça au dessous du buste de Louis XVI.

La table était servie avec une profusion campagnarde, les vins les plus variés circulaient en abondance; les têtes s'échauffaient, chacun annonçait hautement et fièrement ses projets, ses espérances, ses prétentions.

Au dessert, la Rouërie se leva et demanda à expliquer à l'assemblée ses projets et les moyens qu'il comptait employer. Tous applaudirent avec enthousiasme.

— Messieurs, — dit la Rouërie, je dois avant tout vous donner communication de mes pouvoirs. Je prie mon ami Loysel de vouloir bien en faire lecture.

Loysel déroula un parchemin scellé aux armes de France; il lut :

COMMISSION DONNÉE AU MARQUIS DE LA ROUERIE PAR LES PRINCES FRÈRES DE LOUIS XVI.

« Les princes, frères du roi, considérant que le bien de la province de Bretagne et le service de sa majesté, exigent que le chef de l'association bretonne ait en même temps le pouvoir nécessaire pour diriger les troupes de ligne, des maréchaussées et autres militaires et gens armés de cette province, leurs altesses royales ont conféré et confèrent au marquis de la Rouërie, colonel au service de France depuis le 10 mars 1777, et ancien officier-général au service des États-Unis d'Amérique, la commission et le pouvoir de donner en leurs noms, les ordres que les circonstances lui paraîtront exiger; tant aux maréchaussées qu'aux troupes de ligne quelconques et gens armés de cette province ; ordonnons à tous les fidèles sujets qui y sont demeurés, de quelque état et condition qu'ils puissent être, de le reconnaître comme muni desdits pouvoirs et d'obéir aux ordres qu'il leur donnera en cette qualité, soit avant, soit pendant le cours de la contre-révolution. Le tout, sous le bon plaisir du roi et jusqu'à ce que les princes, frères de sa majesté, jugent à propos de révoquer et d'annuler la présente commission.

» Leurs altesses royales, persuadées de la nécessité de ramener au même but, et de faire concourir avec un effort salutaire les efforts de tous ceux qui seront employés dans la bonne cause, voulant d'ailleurs écarter et détruire les soupçons que l'arrivée des troupes étrangères en Bretagne paraît y inspirer, désirant et jugeant à propos que dans le cas de l'arrivée de ces troupes ou de toutes autres, leurs chefs entrent en relations avec celui de l'association bretonne, pour que ces chefs se conduisent en tous points de concert avec lui, relativement au bien des affaires du roi, au rétablissement du pouvoir légitime et à la conservation de ses propriétés, etc.

« A COBLENTZ.

» Signé : LOUIS-STANISLAS-XAVIER;
CHARLES-PHILIPPE.

» Contresigné : COURVOISIER. »

— Voici en outre, messieurs, plusieurs brevets en blanc, contresignés de leurs altesses, qui autorisent M. le marquis de la Rouërie à nommer à tous les grades et à conférer toutes les dignités dans les armées catholiques.

La Rouërie se leva, et, désignant de sa main le buste de Louis XVI :

Messieurs,

Le projet pour lequel je demande l'appui de votre courage et de votre intelligence, est le rétablissement de notre malheureux roi sur le trône de ses ancêtres... la conquête de tous nos droits et de nos prérogatives, et la défense de notre sainte religion.

L'assemblée accueillit cet exorde par des acclamations frénétiques.

—Que la France, poursuivit-il, courbe son front sous le joug d'athées, d'impies, de brigands, d'assassins, qui se disent patriotes, c'est une honte ineffaçable. Mais la Bretagne tout entière se soulèvera contre une pareille lâcheté, et chassera les misérables qui la déchirent et s'engraissent de ses dépouilles.

— Bravo! bravo! Mort aux patauds!... Vive le roi!...

— Oui, malheur à vous! reprit Tuffin, électrisé par les applaudissements. — Malheur à vous, scélérats, qui trahissez notre pays, renversez les autels, pillez les temples et les châteaux, volez les biens des nobles et du clergé!... Malheur à vous qui bannissez, persécutez, égorgez les vertueux ministres d'une sainte religion ; à vous qui osez porter une main sacrilége sur la plus ancienne monarchie de l'univers, insultez, outragez, calomniez le plus juste des rois, le plus ami de son peuple, le plus honnête homme du royaume!... Malheur à vous qui brisez tout, et dont l'aveugle rage se noie dans le sang des plus honnêtes citoyens, à qui vous faites horreur!...

Les bravos les plus enthousiastes accueillirent cette peinture peu flattée des bienfaits de la révolution.

— C'est à vous, Messieurs, qu'est réservé l'honneur de mettre fin à un pareil brigandage. Voici le plan que j'ai tracé, et que leurs altesses ont approuvé.

Tous les regards se portèrent sur lui.

—Jeter un pont sur la Loire, réunir nos efforts à

ceux des Vendéens, associer toutes les haines que la révolution a suscitées... des Sables d'Olonne aux rochers du Calvados, réunir dans un même effort, tous les efforts des cœurs généreux, fondre dans une même volonté, et diriger vers le même but, tout l'Occident de la France, la population la plus riche et la plus guerrière... la Normandie et la Bretagne... Pousser jusqu'à Paris le flot de ses populations irritées, pendant que les armées de l'Europe coalisée entoureront nos frontières !

Certes, Messieurs, si Dieu protége une noble entreprise, nous devons compter sur le succès, nous qui défendons ce qu'il y a de plus sacré au monde : — le trône et l'autel. Les circonstances politiques sont on ne peut plus favorables à l'accomplissement de nos projets. Le roi a juré la constitution, mais des lettres confidentielles aux cabinets de Vienne, de Berlin et de Coblentz, ont rassuré les puissances sur ses véritables intentions... Le traité de Pavie a réglé les bases de la coalition contre la France ; le 25 août dernier, l'empereur Léopold, le roi de Prusse et l'électeur de Saxe ont eu à Pilnitz une entrevue à laquelle le comte d'Artois a assisté.

L'Angleterre, notre fidèle alliée, nous ouvre les bras, et met à notre disposition, ses trésors, ses arsenaux, son armée et sa marine. L'Europe est pour nous, mais c'est du centre, Messieurs, que doivent partir tous nos efforts, c'est au cœur qu'il faut frapper l'hydre révolutionnaire !

Comme les nobles de la Bretagne, les gentilshommes de l'Anjou et du Poitou, tous alliés, tous parents, se tiennent enfermés dans leurs châteaux, et forment un faisceau contre lequel viendra se briser la rage démocratique.

Voilà mon but, Messieurs, voilà le moyen que je compte employer ; si vous approuvez le choix des princes, si vous me croyez digne de vous commander : jurez avec moi :

« Fidélité au roi ! »

Toutes les mains droites se levèrent : et toutes les bouches jurèrent :

Fidélité au roi !.. Haine aux démocrates... Soumission aux ordres des princes, et dévoûment à l'association bretonne !..

En ce moment on heurta fortement à la porte.

Tous les conjurés restèrent la main levée, l'œil rond de surprise et la bouche béante.

La Rouërie alla ouvrir, passa la tête par la porte entrebaillée, et échangea quelques mots avec un paysan couvert d'une peau de chèvre.

— Messieurs, dit-il, en rentrant, on m'amène un espion envoyé par la municipalité de Rennes.

— Un espion !.. où est-il ?

— Ici... C'est Jean le Chouan qui l'a conduit. Il demande à me voir. N'êtes-vous pas d'avis de l'entendre avant de le faire pendre, Messieurs ?

— Oui... faites entrer l'espion.

La Rouërie retourna à la porte.

— Jean !.. cria-t-il au chouan, faites entrer.

Martinet parut; tous les yeux se fixèrent sur lui. Sans se déconcerter, il promena sur l'assemblée un regard calme et tranquille.

— Que demandez-vous, monsieur ? dit la Rouërie.

— Je désirerais parler à monsieur le marquis de la Rouërie, répondit Martinet.

— C'est moi.

Martinet adressa au marquis des signes d'intelligence.

— Que veulent dire ces signes, Monsieur ? demanda la Rouërie d'un ton dédaigneux.

Martinet eut l'air étonné de n'être pas compris.

— Vous pouvez parler hardiment: ces Messieurs que vous voyez sont tous mes amis, et je n'ai de secret pour aucun d'eux... Qui êtes-vous ?

— Pas grand chose, monsieur le Marquis, pas grand chose, dit Martinet d'un air gracieux, mais si petit que je sois, il y a bien parmi ces Messieurs quelqu'un qui doit me connaître... quand ça ne serait par exemple que le digne monsieur Péchard que j'aperçois là-bas, au bout de la table... demandez lui qui je suis... Il y a bien vingt ans que nous nous connaissons.

— Comment vous nommez-vous? reprit le marquis d'un ton bref.

— Je me nomme Martinet, monsieur le marquis, le père Martinet... pour vous servir, si j'en étais capable.

— Ah! vous vous nommez Martinet... dit le marquis en accentuant chacune de ces paroles et regardant fixement Martinet. — Je vous connais.

Martinet tressaillit sans que sa figure trahît la plus légère émotion.

— Vous arrivez de Paris et vous êtes envoyé en Bretagne par la Convention...

— C'est possible, Monsieur.

— Et vous osez l'avouer devant moi! s'écria la Rouërie avec un geste de mépris.

— Monsieur le marquis a sans doute oublié que je venais pour une confidence importante, et non pour parler devant une assemblée.

— Vous pouvez parler, je n'ai rien de commun avec un homme de votre espèce.

— Eh bien! Monsieur, reprit Martinet en faisant un effort, — je vais tout vous dire : Mais rappelez-vous, monsieur le marquis, que c'est vous qui me forcez à dire devant cette noble assemblée des choses que je n'avais voulu confier qu'à vous seul.

— Encore une fois, Monsieur, finissons!... dit la Rouërie avec un geste d'impatience.

— Eh bien! Monsieur, puisque vous l'exigez absolument, je vous dirai donc que votre conspiration est découverte!...

Tous les yeux se clouèrent sur les yeux de Martinet, toutes les oreilles burent ses paroles.

Martinet continua sans paraître le remarquer :

— Comment cela s'est-il fait?... Je ne sais; mais le comité de sûreté générale tient tous les fils de votre association bretonne. Quand votre ami Latouche voulut négocier les derniers bons de caisse de Calonne, que vous lui aviez adressés par votre neveu Tuffin, — Danton l'avertit de ne point s'immiscer dans cette affaire, sous peine d'être regardé comme suspect et arrêté comme tel. Le ministre de la justice me fit proposer de me rendre en Bretagne pour déjouer votre conspiration. Je refusai pour des raisons à moi connues, et qui vous sont étrangères. Alors Latouche accourut chez moi les larmes aux yeux, me pria et me supplia d'accepter cette mission.

« La Rouërie est mon ami d'enfance, me disait-il; comme c'est peut-être par mon imprudence que ses projets sont découverts, il m'accusera de l'avoir dénoncé, me méprisera, et je me reprocherai toute ma vie d'avoir causé sa perte... Courez le prévenir : il est grand temps; sauvez sa vie et celle de ses amis. »

Malgré cela, je refusai, monsieur, quand il ajouta :

« Mais vous seul pouvez le sauver; si vous refusez, la mission va être immédiatement confiée à un autre, et alors il est perdu!... »

Voilà, monsieur le marquis, pourquoi j'ai accepté cette mission en Bretagne, ce que j'allais avoir l'honneur de vous dire si je vous avais trouvé seul, et ce que je ne pouvais vous dire sans divulguer un secret qui n'était pas le mien.

— Grand merci de l'intention, monsieur, — dit la Rouërie avec un sourire ironique. — Si ces messieurs le permettent, je vais vous en témoigner ma reconnaissance bien sincère... Un des droits de la guerre, c'est de faire pendre réciproquement les espions... Que voulez-vous qu'on fasse de ce drôle, Messieurs?...

— Ce qu'il vous plaira, marquis...

— Qu'on le pende.

— Haut et court...

— A mort le pataud !...

Toutes ces opinions émises à la fois ne purent arracher Martinet au sangfroid qui ne l'avait pas abandonné un seul instant.

VIII.

LA SURPRISE.

Pourtant, malgré son impassibilité apparente, Martinet sentit son cœur remuer légèrement dans sa poitrine, — un nuage passa sur ses yeux, et il sentit une sueur froide sur son front.

Qui donc avait pu, au fond de cette campagne, informer la Rouërie d'un secret qu'il croyait ignoré de tous?

La position devenait inquiétante; s'il était repoussé par les chouans comme entaché de républicanisme, que diraient les républicains s'ils apprenaient que plusieurs fois déjà il les avait trahis?...

Aucun bruit ne venait du dehors; le détachement des gardes nationaux qu'il avait laissé au moment où ils partaient de Rennes, pouvait tarder de quelques heures encore; et d'ici là... La mort de son ami Nouaïl et la conversation de Jean le Chouan, son camarade de lit, ne lui permettaient pas d'espérer de bien vifs témoignages de sympathie de ce côté... Évidemment, la Rouërie le sacrifiait à la crainte de paraître, aux yeux de ses amis, avoir des intelligences parmi les républicains.

Toutes ces idées passèrent dans le cerveau de Martinet au milieu des cris de l'assemblée, rapides et lumineuses comme l'éclair au milieu du bruit de la foudre.

La foule s'était éloignée de lui comme d'un pestiféré.

Martinet fit de la main signe qu'il désirait parler.

L'assemblée entière se tut; on ne pouvait refuser quelques minutes d'attention à ce malheureux qui allait mourir.

— Plusieurs fois déjà, dit Martinet, les municipalités des communes environnantes, Bazouges, Dol, Pontorson, Fougères et Vitré, ont voulu vous faire arrêter dans votre château?

— Vous devez le savoir mieux que personne, répondit la Rouërie.

— Et chaque fois, reprit Martinet, n'avez-vous pas reçu, par un mendiant, une lettre dans une canne creuse?

— D'où savez-vous?...

— Ces lettres, d'une écriture qui vous était inconnue, n'étaient-elles pas toutes signées : — Un ami?...

— D'où tenez-vous ces détails, monsieur? demanda la Rouërie.

— A qui les avez-vous confiés, Monsieur le Marquis ? A personne, je le jure!...

— Il est probable que de son côté cet ami avait un égal intérêt à garder ce secret.

— Vous le connaissez?...

— Intimement... cet ami, — c'est moi!...

Tous les yeux passèrent de la figure de Martinet sur celle de la Rouërie pour voir quelle impression produirait cette révélation imprévue.

— Cela prouve une chose, dit la Rouërie, — c'est que la police de la Convention est un peu moins mal faite que je ne l'avais cru. Combien vous ont coûté ces renseignements ?

— Ce que vous avez donné ce soir à l'homme qui vous a donné une lettre de moi.

— Ce soir ?...

— Ce soir.

—Cette fois, cher Monsieur, vos sbires sont en défaut... je n'ai rien reçu...

— Rien reçu !... s'écria Martinet...

A cette brusque révélation, ses traits se décomposèrent, son regard devint vitreux et ses lèvres blanchirent... il voulut parler, sa langue se refusait à articuler ses paroles... Il ne put que bégayer quelques mots sans suite, interrompus par les éclats de rire de la noble assemblée.

La Rouërie fit un signe : le cercle s'élargit autour de Martinet.

Chaudeboire parut...

Martinet frissonna de tous ses membres.

Il n'y avait plus d'espoir : c'était la mort, et la mort au bout d'une corde à moins qu'il ne fut saigné comme son ami Nouaïl.

Cette brusque et terrible apparition le galvanisa pour ainsi dire. Et par un effort de volonté suprême, il rappela à lui toute son énergie, toute son intelligence :

— Monsieur le marquis, dit-il d'une voix légèrement émue, je vous demanderai la permission d'ajouter quelques mots.

— Parlez! dit la Rouërie en lui tournant le dos.

— Permettez-moi de vous dire, monsieur le marquis, que vous n'êtes pas ici à la hauteur de votre rôle. Un chef de parti ne s'amuse pas à des bagatelles. Qu'est-ce après tout que la mort d'un homme quand il s'agit du succès d'une entreprise telle que la vôtre? Après moi, la Convention va dépêcher un autre agent que vous ne connaîtrez pas. Maintenant que vous savez qui je suis, que je vous ai fait connaître le but de ma mission, vous n'avez plus rien à craindre de ma part, et je ne pourrais vous nuire quand même j'en aurais l'intention. Enfermez-moi... faites-moi épier, et au premier soupçon, tuez-moi; vous aurez toujours le temps... Mais d'ici là, certain de n'être pas surveillé, vous pourrez pousser plus vigoureusement vos projets.

— Nous ne revenons jamais sur une parole donnée, monsieur, dit la Rouërie en se tournant à demi et laissant tomber un regard de mépris par-dessus son épaule, On a dit que vous seriez pendu, vous serez pendu.

— Comme vous voudrez, monsieur, dit Martinet avec une apparente résignation. Je suis en votre pouvoir et vous êtes maître de ma vie. Mais vous perdez une occasion que vous regretterez toujours. Veuillez prendre la peine de m'écouter. En vertu des pouvoirs qui m'ont été confiés, je puis requérir à volonté la force armée et les autorités civiles et judiciaires. Comprenez-vous?... Voulez-vous tenter un coup-de-main ou opérer un débarquement sur un point désigné?... Je laisse se morfondre les autorités, et je dirige sur un point diamétralement opposé les troupes que l'on me confie.

— Ainsi donc, vous trahiriez la Convention qui vous paie?

— Qu'importe? si je vous sers.

La Rouërie tira le cordon d'une sonnette.

Un laquais entra et remit à la Rouërie une grosse canne en bambou.

— Ma canne! s'écria Martinet, je suis sauvé!... Brisez cette canne, Monsieur le marquis, et voyez ce qu'elle contient.

— Voyons, dit le marquis; la justice avant tout... Je ne veux point punir un homme qui nous aura servis.

Le marquis prit le billet, et après l'avoir lu :

— C'est bien toi qui as écrit ce billet?

— Oui, Monsieur le marquis, c'est moi, dit Martinet d'une voix tremblante et mal remis de sa frayeur.

— Il est facile de s'en assurer... Voyons, assieds-toi à cette table et écris les mêmes mots que contient ce billet. Nous verrons bien si l'écriture est la même.

Martinet s'assit sur le bord d'un fauteuil, prit la plume qu'on lui offrait et essaya de tracer quelques mots; mais la plume picotait le papier et sautillait entre ses doigts crispés par la frayeur qui le tenaillait depuis un quart d'heure.

— Maintenant, dit le marquis, signe.

Martinet mit sa signature au bas des lignes qu'il venait de tracer.

— Voyons, dit la Rouërie, en comparant attentivement les deux écritures... Voyez, Messieurs et jugez, dit-il en les remettant aux personnes assises à ses côtés.

Les caractères étaient horriblement contrefaits, et il était impossible de trouver la moindre analogie entre ces mots tremblés et l'écriture simple et déliée du billet.

— Maître coquin, s'écria la Rouërie, ce n'est pas la même main qui a écrit ces deux billets... Ah ! tu voulais encore nous tromper...

— Monsieur le marquis, sur ma part du paradis, je vous jure...

— Tais-toi... Qu'on me débarrasse de ce fripon. — Fais entrer Jean le Chouan et ses deux amis, dit la Rouërie.

Jean le Chouan entra suivi de Chaudeboire et du Grand-Fumeur.

— Emmenez-moi ce drôle et qu'on n'en entende plus parler, dit la Rouërie en montrant Martinet.

Les chouans le prirent au collet et l'entraînèrent hors la salle.

— Songez bien, monsieur le marquis... dit Martinet en essayant de se retourner...

La porte violemment poussée interrompit ses observations.

Sous prétexte de comparer scrupuleusement les pièces du procès, Péchard prit les deux billets de Martinet et les serra précieusement.

— Qui sait? dit-il, ces autographes pourront peut-être nous servir un jour.

En sortant, Martinet se rappelait la manière prompte et expéditive dont les chouans se faisaient justice, et toute la confiance qu'il avait montrée dans le salon l'abandonna quand il se vit aux mains de bêtes brutes qui ne savaient qu'exécuter sans comprendre les ordres qu'on leur donnait... Il devint livide de peur et sentit ses jambes se dérober sous lui.

Jean le Chouan prit une corde, y fit un nœud coulant, la jeta au cou de Martinet, et l'attirant fortement à lui :

— Allons, mon bon ami, il faut nous suivre s'il vous plaît.

— Mes amis, dit Martinet, je suis un chrétien comme vous, et je demande à me confesser.

— Sa raison me paraît juste, dit le Grand-Fumeur, qui eut l'air de réfléchir.

— Bah! dit le chouan, quand le pataud ferait quelques années de purgatoire, il les mérite bien.

— Vère, m'est avis! dit Chaudeboire.

— Mais je suis en état de péché mortel, mes bons amis; c'est l'enfer qui m'attend... je vous demande en grâce de me donner un confesseur.

— Te repens-tu de tes péchés?

— Oh! oui, soupira Martinet.

— En ce cas, fais ton acte de contrition, tu as le temps d'ici jusqu'au jardin.

Martinet les suivait le plus lentement possible; ses yeux fouillaient les ténèbres et interrogeaient tous les sons pour y chercher un reste d'espérance... Rien!...

Un jeune chêne s'élevait seul sur un fossé, au milieu d'un massif de broussailles.

— Ce n'est pas la peine d'aller plus loin, dit Jean le Chouan, en désignant l'arbre. Voilà qui fera bien notre affaire.

— Ah! mes amis, mes bons amis, criait Martinet d'une voix lamentable... mais je suis un chouan, moi; un brave chouan comme vous autres... Nous avons trinqué ensemble et vous m'avez baptisé... J'ai nom Patte-Saignante... On ne pend pas un camarade.

— Eh bien! dit Jean le Chouan, tu as encore peut-être un moyen d'en réchapper.

— Lequel, mon ami? parlez, je vous en prie... tout ce que vous me direz, je le ferai.

— Avoue que c'est toi qui as assassiné mon maître, M. le comte de Maurepas, pour le voler.

— Ah! monsieur le Chouan, s'écria Martinet, sur mon salut éternel, je vous jure que ce n'est pas moi.

— Puisque tu veux mourir sans demander pardon à Dieu, dit le Chouan, ça te regarde... Chaudeboire, baisse une branche.

Et pendant que Chaudeboire grimpait sur le fossé :

— Veux-tu avouer, oui ou non?... c'est le seul moyen de faire ton salut en ce monde.

— Oui, c'est moi qui l'ai tué, dit Martinet qui s'accusait d'un crime imaginaire, dans l'espoir d'apaiser la colère du chouan ou de gagner du temps en faisant sa confession.

— Alors faut espérer que le bon Dieu te pardonnera, dit Jean le Chouan en jetant un bout de sa corde à Chaudeboire.

Le malheureux Martinet, perdant tout espoir, poussait des cris horribles; il s'élança sur Jean le Chouan et l'étreignit de toutes ses forces.

Chaudeboire tira par un bout la corde qu'il portait au cou, et le força de lâcher prise.

— Le cher ami s'ennuie, dit Jean le Chouan; mes gars, dépêchons-nous!

Le Grand-Fumeur grimpa en haut d'un jeune chêne flexible et élancé comme un jonc, et, se suspendant à la cime par les deux mains, lui fit décrire un quart de cercle.

Jean le Chouan saisit une des branches, et leurs poids réunis firent fléchir l'arbre à une hauteur convenable.

Martinet les regardait faire d'un œil consterné.

Chaudeboire noua sa corde à l'une des branches les plus élevées.

Les Chouans se jetèrent de côté.

L'arbre reprit sa position verticale, emportant Martinet, dont les deux mains crispées s'attachaient à la corde et l'y tenaient suspendu par un effort désespéré.

— Au revoir! s'écria Chaudeboire.

Jean le Chouan et le Grand-Fumeur s'éloignèrent en riant.

IX.

ENFIN!

Tout à coup des coups de fusil partent du jardin, de l'avenue et des champs voisins; les balles sifflent dans les branches... Les paysans se sauvent en laissant l'infortuné Martinet dans son horrible position.

C'étaient les gardes nationaux partis de Rennes qui arrivaient enfin après s'être fait si longtemps attendre.

Martinet se cramponna à la corde qui l'étranglait, et s'y tint suspendu à la force de ses poignets.

Il poussait des hurlements inarticulés.

En levant la tête, les gardes nationaux virent une masse noire se balancer au haut d'un arbre.

Ils ne s'arrêtèrent pas pour si peu.

Mais quelqu'un eut plus de pitié, et resta obstinément au pied de l'arbre.

Un seul être dans la nature réclamait contre le jugement des hommes, en faveur de l'infortuné Martinet.

Et il en appelait à la justice... de qui?... nous n'oserions dire — de Dieu.

Cependant cette humble créature regardait par instant la lune...

O mystère! l'animal, comme le sauvage, voit peut-être un Dieu dans tout ce qui brille.

Cet être aboyait et hurlait alternativement, — seul moyen qu'il eût de gémir.

C'était Sans-Gêne, — le chien de Martinet, la seule créature que ce dernier aimât au monde.

Aussi, avant de partir pour une expédition qu'il jugeait dangereuse, avait-il enfermé Sans-Gêne, dans la chambre qu'il occupait momentanément à Rennes... Mais le chien s'était échappé, et soit intelligence, soit hasard, il avait suivi les gardes nationaux et les soldats dans leur expédition au château de la Rouërie.

A force de l'entendre hurler, quelques hommes revinrent sur leurs pas.

L'un d'eux grimpa sur l'arbre et coupa la corde avec son sabre.

Martinet tomba au milieu d'un fourré qui amortit sa chute.

— Il était temps! dit-il en arrachant de son cou la fatale cravate de chanvre.

Puis reconnaissant Georges à ses épaulettes de capitaine.

— Cernez le château... ils sont tous là!... nous les tenons!...

— C'est fait! dit Georges, tout notre monde entoure le château, il est impossible qu'il en échappe un seul.

— Ha, ha!.., à mon tour! dit Martinet en se frottant joyeusement les mains.

Les gardes nationaux se répandirent en foule dans le château, fouillèrent tous les appartements depuis la cave jusqu'aux combles, sondèrent les murailles, les jointures des dalles, sans rien découvrir.

— C'est incroyable! dit Martinet en portant sa main à son cou, pour s'assurer qu'il n'était pas le jouet d'une affreuse fantasmagorie. Je suis pourtant bien sûr de n'avoir pas rêvé...

X.

ARRESTATION.

Nous croyons devoir expliquer en quelques mots, la disparition de la Rouërie et de ses complices.

A peine Jean le Chouan et Chaudeboire étaient-ils sortis avec Martinet, qu'un chouan, placé en sentinelle, vint avertir la Rouërie, qu'un détachement de bleus et de gardes nationaux marchait sur le château.

Aussitôt vous eussiez vu tous ces preux, ces Tranche-Montagnes qui, tout-à-l'heure, devaient bouleverser la

France, et, d'un coup d'épaule, renverser la Constitution... décrocher lestement leurs épées et s'envelopper à la hâte de leurs manteaux.

— Ouvrez les portes !.. cria la Rouërie indigné ; — ceux qui veulent partir sont libres...; mais je jure Dieu que les brigands qui viennent ici piller et incendier, vont trouver à qui répondre.

Honteux d'un premier mouvement de surprise, les conjurés demandèrent des armes.

On monta des fusils cachés dans les souterrains, on distribua des sabres, des cartouches, — des charrettes renversées devant les écuries, servirent à improviser une barricade; derrière les arbres, dans les fossés qui entourent les jardins, se cachèrent des chouans armés : —et dans chaque embrâsure des fenêtres deux conjurés se tenaient prêts à faire feu.

Cependant, deux hommes, envoyés en reconnaissance, vinrent dire qu'il ne s'agissait plus de repousser une poignée de gens mal armés et sans discipline; que les gardes nationaux étaient au moins cinq cents, ils avaient reconnu un fort détachement de dragons suivi de quatre pièces de canon.

Résister, c'était se perdre infailliblement, donner l'éveil aux autorités, exciter leurs soupçons et activer la surveillance.

Aussitôt on fait disparaître du château tout ce qui s'y trouvait de compromettant, et les conjurés s'esquivèrent par les souterrains qui avaient une issue assez loin dans la campagne.

Les gardes nationaux, les bleus et les dragons ne pouvaient revenir de leur surprise.

— C'est une mystification? s'écria l'un d'eux. Depuis huit jours ils font bombance dans ce château ; toutes les provisions, tout le gibier, toute la volaille des marchés est accaparée pour le château de la Rouërie...

— Ils y sont encore, dit un autre.

— S'ils étaient sortis, on les aurait vus !...

— Il y a des trappes et des cachettes...

— Brûlons-les comme des rats...

— Enfermons-les comme des renards dans leurs terriers!...

— Du feu! crièrent les plus exaltés!...

On apporta de la paille et des genêts secs au milieu de la grande salle du château.

Martinet prit une chandelle sur la cheminée, la flamme aussitôt monta jusqu'au plafond et noircissait déjà les arabesques dorées.

— Citoyens! s'écria Georges en écartant le cercle des gardes nationaux; vous trahissez la révolution... Tous les nobles vont crier au brigandage : les paysans vont se soulever, se joindre aux chouans, et brûler à leur tour les propriétés des patriotes!...

L'argument était irrésistible, l'élément propriétaire dominait parmi ces braves défenseurs de la constitution.

On éteignit le feu; Georges, avec une douzaine de gardes nationaux, sortit du château pour continuer ses recherches, et entra dans l'écurie.

Deux beaux chevaux anglais étaient restés attachés au ratelier.

En soulevant des bottes de paille, ils trouvèrent les selles et les brides qu'on y avait cachées.

Évidemment, la Rouërie ne pouvait être loin.

— Au fond, cachée dans l'obscurité, et habilement dissimulée dans l'épaisseur de la muraille, Georges aperçut une petite porte basse et étroite.

Il essaya de l'ouvrir. La porte résista...

— Ils sont là!... dit Georges à voix basse; veillez en dehors!

Quelques gardes nationaux se détachèrent du groupe et sortirent.

En effet, pour ne pas livrer aux autorités tous les plans de l'association, les noms des conjurés, les pièces émanant des princes et du cabinet anglais, la Rouërie et Tintêniac s'étaient enfermés dans une chambre écartée, avaient brûlé tous les papiers et n'avaient voulu s'éloigner qu'après s'être bien assurés qu'il ne restait aucune trace, aucun vestige accusateur. En voulant gagner le souterrain par où s'étaient échappés les conjurés, Tinteniac et la Rouërie le trouvèrent occupé par les dragons, rebroussèrent chemin et n'eurent que le temps de se jeter précipitamment dans cette pièce qui servait à serrer les selles et les harnais.

— Nous sommes pris dit la Rouërie.

— Pas encore! dit Tinteniac. Ils ne nous auront que morts...

— Le moment n'est pas venu, dit la Rouërie... Ils n'ont plus de preuves contre nous, nous serons mis en jugement, et pendant qu'on instruira notre procès, nos amis pourront peut-être nous délivrer.

En ce moment, on frappait violemment de l'extérieur, à la petite fenêtre.

La porte fut enfoncée à coups de crosses de fusils; Georges passa son bras et arracha violemment les planches crevassées.

La Rouërie était debout, les bras croisés, calme et impassible.

— Que j'aie du moins la consolation d'en tuer quelques-uns, s'écria Tinteniac en se jetant la tête baissée au milieu des assaillants.

Il fut aussitôt couché à terre et désarmé.

Georges s'élança dans la cachette.

— Voilà mon épée, Monsieur, dit la Rouërie, sans laisser voir la moindre émotion.

Au bruit de la lutte, les gardes nationaux qui gardaient le château étaient accourus... Tous poussaient des cris de triomphe, en reconnaissant la capture importante qu'ils venaient de faire.

— Chacun son tour... monsieur le marquis, dit Martinet en ricanant à la face de la Rouërie.

Georges plaça la Rouërie et Tinteniac au milieu d'un peloton de grenadiers, de gardes nationaux et de dragons et rentra avec Martinet au château pour se concerter avec les chefs de l'expédition sur les mesures à prendre pour conduire les prisonniers jusqu'à Rennes.

Pendant ce temps-là les discussions étaient vives et animées dans le salon du château. Les uns, parmi lesquels étaient Martinet, voulaient qu'on fusillât, à l'instant même, Tinteniac et la Rouërie dans la cour du château : c'était, disaient-ils, le plus prudent et le seul moyen peut-être de rendre toute évasion impossible.

— Il y a quinze lieues d'ici à Rennes, disait Martinet, et il est impossible que nous ne soyons pas attaqués ce matin aux environs d'Antrain ou cette nuit en arrivant à Rennes.

— Si l'on veut, dit le lieutenant de gendarmerie Cadenne, je réponds sur ma tête que je conduirai Messieurs de Tinteniac et la Rouërie à la Tour-le-Bat avant la nuit close...

— Combien faut-il d'hommes?

— Un homme de cœur et moi.

— Comment?... crièrent une douzaine de voix en chœur...

— Permettez!... dit Cadenne, ceci est mon secret; je ne doute du patriotisme de personne; seulement Messieurs, je vous dirai que dix fois déjà j'aurais arrêté la Rouërie si quelqu'un de nous ne l'eût averti...

— Le misérable! cria-t-on.

— Nommez-le!... disaient les autres.

— C'est ma conviction, dit Cadenne, — des preuves, je n'en ai pas... Mais nous avons autre chose à faire ici que de chercher les traîtres...

— Oui! oui! dit-on de toutes parts...

— Veut-on me confier, dit Cadenne, MM. de Tinteniac et la Rouërie? — Je réponds de leurs personnes sur ma vie...

Une acclamation universelle lui conféra les pouvoirs les plus étendus.

Il fit signe à Jouault et au sergent Vatar, qui rédigeait alors le Journal de Rennes, et qui s'était fait remarquer parmi les ennemis les plus violents de la noblesse et du clergé.

Tous les trois sortirent ensemble.

Un instant après, Jouault et un autre garde national, galopaient vers Antrain, montés sur les chevaux trouvés dans l'écurie du château, pendant que Cadenne et Vatar ouvraient les lignes serrées du peloton, au milieu duquel Tinteniac et la Rouërie étaient emprisonnés.

Après s'être assurés que les prisonniers n'avaient pas d'armes cachées :

— Messieurs, leur dit Cadenne, le sergent Vatar et moi, nous allons vous conduire à Rennes...

— Seuls ? demanda la Rouërie.

— Seuls, tous deux, — répondit Cadenne. — Seulement, je dois vous prévenir, qu'à la première tentative d'évasion, à la moindre résistance, — nous vous faisons sauter la cervelle... Marchez devant, Messieurs, et surtout n'oubliez pas une chose...

— Laquelle ?...

— Ne vous trompez pas de chemin...

Tinteniac prit le bras de la Rouërie, et ils se mirent en marche.

Derrière eux, Cadenne et Vatar suivaient le pistolet au poing.

Un quart-d'heure après, une petite voiture couverte, enlevée par deux vigoureux chevaux de main, partait d'Antrain et arrivait à Rennes au milieu de la nuit.

X.

L'HÔTEL D'ARTOIS.

Les chouans commençaient à inspirer des craintes sérieuses :

Huit mille Vendéens venaient de s'emparer de Bressuire; la commune de Saint-Malo avait acquis la certitude que les émigrés, réunis à Jersey, entretenaient des intelligences sur les côtes.

On voyait, la nuit, des feux allumés, sillonnant comme une ligne télégraphique les hauteurs de Cancale à Roz, Moidrey, jusqu'à Granville.

On parlait vaguement d'une descente vers la pointe de Cancale.

Les principaux rassemblements étaient dans la forêt du Pertre, dans celle de Fougères, dans les bois du Prince près de Vitré.

Les chouans campaient sous des huttes faites de branches fichées en terre, dont les extrémités, enlacées au sommet, étaient recouvertes de gazon.

Mais la difficulté était d'approvisionner tous ces gens-là. Forcés par la nécessité, tous les moyens étaient bons.

On mettait à contribution les fermiers des environs : — à celui-ci on prenait sa plus belle vache ; — à cet autre, un cheval qu'on allait vendre à une foire voisine ; — celui-là fournissait tant de boisseaux de blé.

Une autre bande passant le lendemain, renouvelait la réquisition de la veille, puis quand la faim les chassait du bois, ils allaient par compagnies sous le nom de – Chasseurs du roi, — faire leurs excursions un peu plus loin.

Les plus hardis s'approchaient des villes et faisaient remettre par des mendiants, aux riches propriétaires, des invitations de déposer une somme de... à un endroit désigné.

Si la somme ne se trouvait pas au jour dit, le malheureux était signalé à la vengeance des chouans, qui ne se refusaient pas entre eux ces sortes de services. Les métairies étaient incendiées, à moins que le fermier ne payât pour son maître, et alors on lui donnait une quittance « pour valoir ce que de raison. »

Depuis quelque temps déjà, l'administration municipale de Rennes était informée de menées contre-révolutionnaires tentées sur les agents de l'autorité.

Des recrues avaient été faites à l'hôpital militaire ; —

on avait vu la nuit, les royalistes faire l'exercice dans les jardins de l'hôtel d'Artois ; — de l'argent avait été distribué chez M. de Farcy-Cuillé, etc., etc.

De nombreuses arrestations venaient d'être faites dans la ville.

C'étaient Charles Elliot, Réné Malcuvre, Catherine Bahuno, femme Farcy, et quinze autres, prévenus « d'embauchage contre-révolutionnaire et coalition conspiratoire, formée contre les patriotes, et principalement contre la ville de Rennes, contre l'ordre et la sûreté de l'état... »

La nuit même de l'arrestation de la Rouërie, vers quatre heures du matin, plusieurs chefs de chouans étaient réunis dans une des salles de l'hôtel d'Artois.

Au milieu d'une grande pièce, dont les volets étaient soigneusement calfeutrés, on voyait ouvertes, des caisses de sabres, de fusils, de pistolets anglais, des balles, des cartouches, des coffres béants dont les guinées ruisselaient sur le parquet...

Et accrochés aux lambris ou empilés dans un coin du salon, des uniformes vieux et neufs de grenadiers, de gardes nationaux ou de dragons que les chouans endossaient à l'occasion, pour rejeter sur les patriotes tout l'odieux de leurs expéditions, ou se mêler dans leurs rangs pour connaître leurs projets et les dénoncer aux chefs de l'association bretonne.

Deux prêtres, non conformistes, assis à une grande table couverte de papiers, de scapulaires, d'agnus Dei, étiquetaient et adressaient à leurs correspondants de Bretagne, des ballots de pamphlets catholiques.

C'étaient :

Des prières pour se préparer au martyre.

« Une lettre envoyée miraculeusement par notre Seigneur Jésus-Christ, écrite de sa propre main, et trouvée depuis Arles jusqu'en Languedoc, avec le signe de la croix, — qui avait été expliquée par un enfant de sept ans, lequel auparavant n'avait jamais parlé. »

Plusieurs proclamations des princes.

Des catéchismes.

Des croix bénites et des médailles reçues du Saint-Père, sur lesquelles venaient infailliblement s'amortir les balles des bleus, ou qui, en cas d'accident, servaient de passeport auprès des bienheureux saint Pierre et saint Mathurin.

Çà et là, causaient MM. de Caradeuc, de Bondeville, de Lamotte et autres, sortis des premiers de l'échauffourée du château de la Rouërie.

Monsieur Aimé du Boisguy, ce jour-là, en verve de belle humeur, racontait à l'auditoire émerveillé les petites facéties que ses gars faisaient aux patauds des environs.

L'histoire des percepteurs, auxquels on chauffait les pieds, après avoir pris l'argent de leurs caisses ; les diligences pillées, les maires pendus avec leur écharpe tricolore à l'arbre de la liberté ; les questions données sur un trépied rougi au feu ; les oreilles coupées ; les joyeuses nuits passées dans les fermes nationales, que l'on brûlait en partant ; les têtes clouées aux arbres ; les patriotes enterrés vivants ou marqués au front d'un fer rouge, en forme de fleur de lys.

C'était un agréable conteur que ce monsieur Aimé de Boisguy, et l'assemblée entière paraissait prendre un plaisir à la narration de ces joyeusetés royalistes.

Tout-à-coup on heurta à la porte d'une manière convenue, il y eut un moment d'inquiétude, puis on réfléchit que ce devait être un fidèle ; — la porte s'ouvrit...

L'abbé Péchard entra pâle, effaré, — sa soutane tachée de boue : il arrivait au galop du château de la Rouërie, et venait de faire quinze lieues à franc étrier.

On pressentit un grand malheur et tous les regards se portèrent vers lui avec anxiété...

— Messieurs... — dit Péchard, d'une voix haletante, la conspiration est découverte, la Rouërie et Tinteniac viennent d'être arrêtés et conduits à la Tour-le-Bat.

— Il faut les sauver ! s'écria M. de Boisguy.

— Comment? s'écrièrent à la fois MM. de Caradeuc et de Bondeville.

— Je crois avoir trouvé un moyen, dit Péchard en s'asseyant, et c'est pour vous demander votre assistance que je suis venu vous trouver.

— Parlez, l'abbé, dit monsieur de Caradeuc, que faut-il faire?

— Il faut, je crois, dit Péchard, d'un ton sententieux — opérer une puissante diversion... agiter les communes environnantes.

— C'est facile, dit Bondeville.

— Nécessairement, ajouta Péchard, les troupes, cantonnées à Rennes, iront se porter en masse sur les points menacés...

— C'est évident...

— Quand il n'y aura plus à garder la Tour-le-Bat que des gardes nationaux... nous nous rendrons facilement maîtres de la place, en glissant, parmi eux, de nos amis qui faciliteront l'évasion des prisonniers.

— C'est tout simple, dit Caradeuc...

— Le succès ne me paraît pas douteux.

— Je l'espère, reprit Péchard — seulement il faut se dépêcher, il n'y a pas une heure à perdre, la justice révolutionnaire est expéditive, il faut la devancer: écoutez-moi bien... c'est demain dimanche; le père Huguet...

— Un intrus...

— Un apostat...

— Un révolutionnaire, c'est tout dire... doit prêcher à la grand'messe de Vieux-Viel...

— Il faut l'en empêcher...

— Les troupes, envoyées à Saint-Ouen, sont fatiguées et vont passer la nuit au château de la Rouërie; elles ne sont guère à plus de deux lieues de la paroisse de Vieux-Viel; il faut les empêcher de revenir à Rennes, et les attirer au secours de l'intrus...

— C'est bien... mais comment les avertir ?...

— Vous allez monter à cheval, monsieur de Bondeville et le premier paysan que vous trouverez dans les environs du château se chargera de la commission...

— Soit, je ne demande pas mieux... mais on enverra un détachement de cinquante hommes au secours de Huguet et cela suffira pour en imposer aux paysans...

— Voilà précisément ce qu'il faut empêcher, dit Péchard... Vous trouverez à Vieux-Viel, Chaudeboire, le Grand-Fumeur, Fleur-de-Rose et une douzaine de gars que j'ai envoyés devant... Ils sonneront le tocsin à Sougeal, brûleront quelques fermes de loin en loin et tireront des coups de fusil pour attirer les bleus de ce côté-là...

— Je comprends... dit Bondeville.

— Mais ce n'est pas tout encore, continua Péchard : — Si je suis bien renseigné, une partie du détachement commandé par le capitaine Georges doit, en rentrant à Rennes, faire évacuer le couvent des Bénédictines, au milieu de la forêt... Il faudrait aussi occuper les bleus de ce côté-là...

— Je m'en chargerai volontiers, dit Caradeuc.

— J'avais compté sur vous, Monsieur... Dans un petit cabaret, qui est à l'entrée du village de Fouillard, vous trouverez Jean le Chouan avec quelques-uns de ses gars, les autres seront éparpillés dans les champs voisins...

— C'est convenu, l'abbé, je me charge de diriger l'attaque.

— Moi, messieurs, je serai au couvent où m'appellent les devoirs de mon ministère... Nous tâcherons de traîner les formalités en longueur jusqu'à la tombée de la nuit... et alors...

— Alors, ajouta monsieur de Bondeville, nous tâcherons qu'il en rentre à Rennes le moins possible... votre projet me semble habilement combiné, l'abbé !... Mais cependant, s'il faut vous parler franchement, je crains qu'il ne soit d'une exécution difficile ou même impossible.

— Comment cela?

— Le général Fayolle est à Rennes ..

— Je le sais...

— En l'absence de ses officiers, il restera seul chargé du service...

— Sans doute.

— C'est un homme actif, intelligent...

— Après...

— Il connaît, il apprécie toute l'importance de l'arrestation de la Rouërie... Il a fait longtemps la guerre, il connaît toutes les ruses du métier...

— Eh bien?

— Eh bien, il me semble impossible qu'il ne prenne pas toutes les précautions nécessaires pour déjouer les tentatives qu'on pourrait faire pour la délivrance de son prisonnier...

— J'ai prévu tout cela, dit Péchard d'un air mystérieux.

— Mais j'y pense, dit monsieur de Caradeuc : Fayolle et la Rouërie ont été amis pendant longtemps.

— Très grands amis; ils ont fait ensemble la campagne d'Amérique, et ne se sont presque jamais quittés.

— Ne pourrait-on pas, dans la circonstance où nous sommes, tirer parti de cette grande intimité? Un ami des frères Fayolle, vous par exemple, l'abbé, ne pourriez-vous pas voir le marquis, vous adresser à son cœur, à sa raison, et lui représenter chaleureusement toute la cruauté qu'il y aurait à laisser monter sur l'échafaud son meilleur ami, quand sa vie ne dépend que de lui?

— D'abord, dit Péchard, cette tentative me rendrait suspect aux yeux du marquis, et puis, je suis d'ailleurs convaincu qu'elle serait sans succès... J'ai un moyen plus puissant, un moyen plus infaillible d'agir sur le général...

— Quel est ce moyen?

— Vous me permettrez, messieurs, de ne vous le confier qu'après le succès... En attendant, faites ce que nous avons arrêté...

— A cheval! messieurs, dit Bondeville en se levant.

— A cheval! répétèrent Caradeuc et Lamotte.

XI.

L'INTRUS.

Le lendemain, la grand'messe sonnait à l'église de Vieux-Viel, quand Jean le Chouan, Chaudeboire, Fleur-de-Rose, Cœur-de-Roi et le Grand-Fumeur, échappés la nuit précédente du château de la Rouërie, y arrivèrent après une marche de plusieurs heures.

Ce jour-là, le bourg offrait un coup-d'œil étrangement animé.

Les maisons étaient pleines, et par toutes les portes sortaient des paysans endimanchés, avec des branches de laurier à leurs larges chapeaux enjolivés de chenilles de toutes couleurs.

Hommes et femmes allaient, venaient, se croisaient, se heurtaient, s'abordaient d'un air à la fois niais et mystérieux. La plupart étaient armés de fourches et de bâtons; les uns chargeaient leurs fusils rouillés, d'autres portaient des faulx emmanchées à rebours.

Les cabarets étaient trop petits pour contenir les buveurs; on s'attablait sous les hangars, dans les celliers, dans les granges, en dépit des glaçons qui pendaient aux toits de chaume, en dépit du manteau de neige que la nuit venait d'étendre.

Un grand évènement devait, ce jour-là, se passer dans le bourg de Vieux-Viel.

Huguet, curé constitutionnel de Vitré, avait été envoyé par M. le Coz, évêque de Rennes, pour combattre dans l'esprit des paysans les doctrines de Péchard, qui avait refusé le serment exigé par la Constitution.

Plusieurs fois déjà, la messe avait été interrompue par des cris et par des injures. Tout le monde quittait l'église quand Huguet montait en chaire ; puis, voyant qu'ils demeuraient impunis, les paysans s'enhardirent peu à peu : on complota d'arracher l'intrus au moment où il irait de l'autel à sa chaire.

Suivant les plans tracés par la Rouërie, Péchard courait les campagnes, excitait les haines de ses anciens paroissiens, les menaçait de l'enfer, s'ils souffraient plus longtemps parmi eux un intrus, un apostat.

Pour achever de les décider, il avait promis de dire la messe ce jour-là... non plus la nuit en cachette, sur un mauvais autel fait de planches jetées sur deux barriques modestement recouvertes d'un drap de lit, à la lueur de deux maigres chandelles et avec de la résine pour encens... mais une belle grand'messe avec l'étole et la chasuble dorée des grandes fêtes, — sur le bel autel peinturé, devant saint Joseph et sainte Anne, qui ressemblaient si bien à des personnes naturelles !

Il voulait se faire encenser à la barbe de Huguet, chanter un Te Deum à la fin de la messe, et enfin l'écraser par une bénédiction.

Péchard avait, en outre, des projets beaucoup plus sérieux, dont nous venons de parler dans le chapitre précédent.

Huguet dit sa messe, que l'on n'osa pas interrompre ; seulement, on affectait de rire et de tenir contre l'intrus des propos grossiers et injurieux.

Il descendit de l'autel, l'air doux, le front calme, et monta en chaire.

Alors les curieux qui, par scrupule, s'étaient tenus dans le cimetière pour ne pas écouter la messe, — tous les gars des paroisses voisines, appelés au son du tocsin, qui s'étaient donné rendez-vous à Vieux-Viel, entrèrent en foule dans l'église, qui se trouva bientôt pleine.

Huguet se leva dans sa chaire.

Sa noble figure pâle, ses cheveux longs, blancs, cet

air calme et tranquille de l'homme qui a passé la plus grande partie de sa vie à penser et à prier pour ses semblables, rappelaient ces belles têtes pleines de dignité, que les peintres prêtent aux apôtres du Christ.

— « Mes frères, dit-il d'une voix calme et pleine d'onction, je ne suis point venu au milieu de vous prêcher la haine et la guerre; je vous apporte, au contraire, les paroles de paix et de consolation que notre Sauveur répétait sans cesse à ses disciples : — Aimez-vous les uns les autres? — La religion, mes frères, bénit et pardonne; — le fanatisme jure, maudit et cherche à armer le frère contre son frère. Quand la piété craintive, quand les âmes faibles ou abusées, quand des ambitieux vous disent que la foi est menacée, ne les croyez point, mes frères; ce n'est pas à la crainte qui exagère, à la faiblesse qui s'abandonne aux opinions d'autrui, ni aux passions irritées, qu'il faut vous en rapporter.

» Vous avez entre les mains les divines Écritures, les symboles que l'Église a rédigés pour servir de règle de croyance à tous les chrétiens... Et quand vous verrez, mes frères, qu'il n'y a pas un mot, une syllabe, un iota de retranché dans toute l'Écriture sainte; quand vous verrez vos modestes pasteurs vous prêcher les mêmes mystères, la même morale, vous administrer les mêmes sacrements, direz-vous et croirez-vous de bonne foi que la religion de nos pères soit changée? »

En ce moment, Péchard parut à la porte de l'église; tous les paysans s'écartèrent humblement pour le laisser passer.

Montant sur une chaise et désignant du doigt le prédicateur, qui s'arrêta interdit :

« — Mes frères, cria Péchard d'une voix pleine de violence et de passion, méfiez-vous de ces loups qui viennent à vous couverts de la peau des brebis! N'écoutez pas ces faux prophètes qui ont toujours le miel à la bouche et le fiel dans le cœur!.. N'écoutez pas ces ambitieux qui, parés de nos dépouilles, viennent pour prêcher la douceur et la charité!... Tu parles de charité et de fraternité, prêtre apostat, quand le crime triomphe, quand l'impiété est honorée...

» Malheur à toi! prêtre imposteur, qui viens insulter le Seigneur jusque dans son temple!... Malheur à toi!... mauvais pasteur, qui veux livrer au loup le troupeau qui t'est confié!...

» Damnation sur ceux qui prêchent miséricorde et compassion envers les impies! C'est par le fer et le feu qu'il faut combattre le monstre de l'idolâtrie!.. Damnation sur toi! misérable intrus, qui viens prêcher le mensonge jusque dans la chaire de la vérité ..

Huguet voulut répondre.

— » Qu'on l'arrache du temple qu'il souille par sa présence!... s'écria Péchard, pâle de colère et d'indignation... Qu'il soit dépouillé de ses habits sacerdotaux qu'il est indigne de porter, et que son corps maudit soit dévoré par les chiens!.. »

Les chouans essayèrent d'arracher Huguet de la chaire.

Alors se mettant à genoux, et les yeux levés au ciel:

— Pardon, Seigneur, pour ceux qui marchent dans les ténèbres... grâce pour les malheureux que l'on pousse au mal!... La vérité, — dit-il aux chouans qui voulaient l'entraîner, — ne doit pas céder au mensonge... jusqu'à la mort, j'annoncerai la parole du Seigneur... Que sa volonté soit faite!...

— Dehors! s'écriait Péchard, — jetez-le hors du temple!..

Les chouans détachèrent ses mains qu'il tenait cramponnées, et l'arrachèrent violemment hors de la chaire... Mais, dans la lutte, sa tête avait porté contre l'angle d'une boiserie, et des lignes de sang ruisselaient sur sa figure pâlie...

On l'entraîna hors l'église: une foule furieuse l'entourait en poussant des cris de mort.

Arrivés hors du bourg à un endroit où le coteau commence à s'abaisser;

—A genoux! dit Chaudeboire en le jetant à terre d'un coup de bâton, et demande pardon à Dieu d'avoir voulu nous damner...

—Pardonnez-leur, Seigneur, dit le prêtre, le front dans la neige, pardonnez-leur, car ils ne savent ce qu'ils font.

Pendant que les chouans furieux se jetaient sur l'abbé Huguet, — Jean le Chouan, pâle et immobile, se tenait à l'écart, les deux mains appuyées sur le canon de son fusil planté devant lui.

Le cri de douleur et d'agonie que poussa le prêtre en tombant, le remua profondément; cet homme, que ses amis assassinaient, — il le connaissait depuis trente ans, — il avait eu pour lui une admiration, un dévoûment sans bornes. Il l'avait vu au château d'Epinay, aimé et estimé .. il connaissait la vénération dont il était l'objet à Vitré et dans les environs.

— Assez... les gars!... — dit-il en écartant les plus acharnés, — on ne tue pas un prêtre comme un pataud!

Un moment surpris, les chouans s'éloignèrent honteux et embarrassés.

Jean le Chouan, prenant sur ses robustes épaules le corps de Huguet évanoui, remonta vers le bourg.

A ce moment, Péchard et M. de Bondeville placés à la fenêtre de l'une des maisons du bourg dont la vue dominait au loin toute la plaine, aperçurent la masse des bleus qui accourait vers Vieux-Viel.

Aussitôt les cris : —Les bleus! les bleus! partirent de tous les côtés à la fois; les femmes et les enfants se sauvèrent effrayés, pendant que cachés derrière les haies, les chouans échangeaient quelques coups de fusils avec la troupe.

—Soutenez-les, dit Péchard à M. de Bondeville, moi j'ai affaire d'un autre côté...

Et sautant sur un cheval qui l'attendait à la porte, il partit au galop.

XII.

LES BÉNÉDICTINES.

Nous venons de montrer la contre-révolution soulevant les campagnes, arrachant de pauvres et malheureux paysans à leurs travaux paisibles, à leur vie de misère et de privation, et faisant un appel irrésistible aux croyances religieuses, à l'obéissance passive. Façonnés dès l'enfance à croire et à obéir, les habitants des campagnes s'étaient rangés aveuglément sous les ordres des nobles et des prêtres.

La méfiance et la haine qu'ils avaient contre tout ce qui leur venait des villes, les tenaient en garde contre toutes les doctrines révolutionnaires prêchées et affichées par les municipalités.

Voyons maintenant, dans quels lieux surtout, la contre-révolution préparait ses moyens d'action.

La grande loi sur laquelle reposait l'ancienne constitution sociale, était l'inégalité dans les partages. Loi injuste s'il en fut jamais, mais nécessaire à la conservation du principe aristocratique qui groupait autour du trône les riches et les puissants.

Après avoir posé en principe l'égalité des citoyens, l'Assemblée nationale dut en poursuivre l'application et descendre par suite dans ces cloîtres, gouffres immenses où s'engloutissaient sans aucun bénéfice pour la société, les richesses extorquées à la crédulité des fidèles.

On devait y retrouver ces cadets trop pauvres pour s'acheter un régiment; malheureux que l'orgueil des familles ensevelissait au fond du cloître afin de ne pas avoir à rougir au grand jour, — et condamnait à la paresse, à la luxure et à la gourmandise des moines.

Il fallait aussi délivrer ces religieuses trop pauvres pour acheter un mari, ou assez malheureuses pour avoir aimé sans l'autorisation paternelle, ces sœurs que des frères opulents privaient de toutes les félicités mondaines pour les condamner aux ennuis du cloître.

Dès lors, toutes les portes des couvents durent s'ouvrir devant l'écharpe municipale, les commissaires des districts percèrent ces ombres mystiques...

Tout fut prisé, inventorié, et couché tout au long sur les registres de la nation.

Aujourd'hui, c'est l'inventaire des vases d'or et d'argent : — hier, c'était dans les greniers le recensement des rentes de la communauté : — demain on estimera le mobilier...

Ce prie-dieu devant lequel on a passé de si douces heures pleines de consolations... — trois francs..

Ce grand Christ auquel on offrit ses peines... ses chagrins, comme il offrit à son père le supplice qu'il endura pour les hommes... — un franc cinquante.

Cette petite statue de la Vierge à laquelle on a confié ses plus intimes secrets, toutes ses douleurs, ses joies, ses espérances... trente centimes...

Tout... jusqu'à cette maigre couchette aux draps blancs... — six francs.

Puis, d'une main indiscrète, le municipal soulevait le voile religieux, et inscrivait sur ses registres les noms de : Notre-Dame-des-Anges, — sainte Marie-Céleste, — sœur Angélique, — Marie-Madeleine... — noms mystiques que les anges seuls devaient inscrire au livre de vie.

Mais n'allez pas croire que la tourière ouvrît docilement les portes à toute sommation municipale.

Certes, parmi les sœurs, plus d'une avait tressailli de joie en apprenant que les grilles de la prison allaient tomber, qu'elle pourrait aller et venir selon sa fantaisie, entrer dans le monde ou s'isoler, prier Dieu selon les élans de son cœur, au lieu de s'astreindre à réciter, aux heures et aux jours fixés, ces formules consacrées et peu comprises qui dessèchent le cœur et tuent la pensée...

D'autres aussi se rappelaient en souriant de mystérieuses pensées, des espérances brisées, des amours étouffées et mortes dans le secret du cœur : tendres souvenirs tristes et doux à la foi !

Mais, habituées à obéir, dressées à courber leurs volontés devant les ordres de religieuses âgées dont le cœur était mort à toute affection, elles se cramponnaient à de vaines formules, à des usages consacrés par le temps.

Ainsi, elles avaient leur habit à défendre ; — l'honneur de leur corporation leur ordonnait de résister à des autorités qu'elles ne reconnaissaient pas... Puis, l'espérance du martyre, la pensée d'attirer sur elles, pauvres femmes, toute la colère d'hommes forts, terribles et armés de foudres révolutionnaires, colorait leur avenir des splendeurs du martyre.

Tous ces établissements religieux devenaient des foyers d'insurrection, où les prêtres insermentés trouvaient un asile assuré ; le comité central était organisé à Paris, où aboutissaient tous les fils épars de cette vaste conspiration sacerdotale.

De ces cloîtres, l'insurrection s'étendait peu à peu à la cabane du paysan, pour venir se briser contre le scepticisme des villes... car il est à remarquer que, dans toutes les cités, dans tous les centres de population, les individus, mieux éclairés sur les intérêts généraux, embrassèrent la révolution avec enthousiasme et que ses ennemis ne réussirent guère qu'à soulever les crédules habitants des campagnes.

Enfin, les menées du parti prêtre devinrent si publiques, que l'administration départementale dut prendre des mesures de répression, et ordonner l'évacuation de tous les établissements religieux... Quelques-uns obéirent, d'autres, parmi lesquels les Bénédictines de la forêt de Rennes, déclarèrent qu'elles ne céderaient qu'à la violence.

Nous l'avons dit, sans doute il était triste pour les

hommes éclairés, pour les penseurs, pour les honnêtes gens, qui formaient la majorité de l'Assemblée nationale, d'avoir à sévir contre les communautés religieuses.

Certes, il y avait, dans le nombre, bien des philosophes, bien des matérialistes — pour qui le catholicisme n'était rien qu'une idolâtrie funeste aux hommes; — mais il y avait aussi de sincères chrétiens, des catholiques mêmes de cette vieille opposition gallicane qui avait amené peu à peu la chute de l'église ultramontaine, — qui voulurent seulement dégager le blé pur de l'ivraie, faire table rase des vieux abus, dans le seul but de pouvoir ensuite reconstruire solidement l'édifice éternel des libertés religieuses et politiques. — C'est pourquoi nous n'avons voulu rien dissimuler de ce que ces mesures avaient eu de terrible et cependant de nécessaire.

Le jour où l'on apprit qu'un commissaire de la municipalité de Rennes s'avançait avec des soldats pour faire évacuer le couvent des Bénédictines de la forêt de Rennes, fut pour beaucoup de ces pauvres femmes un jour de désespoir mortel.

Parmi elles, les imaginations exaltées se reportaient aux persécutions souffertes par la primitive Église... Les saintes brebis devaient teindre de leur sang les marches de l'autel et souffrir, victimes expiatoires, des crimes et des fureurs révolutionnaires.

On s'apprêta à mourir avec décence, avec dignité, — et peut-être avec quelque pompe.

Le couvent prit un air de fête et de bonheur, les autels furent parés de dentelles blanches; sur la tête des saints on mit les plus belles couronnes de perles, de rubans et de fleurs. Les murailles, les dalles furent recouvertes de riches tapis; on brûla l'encens; on répandit les fleurs à profusion, et l'on déploya tout le luxe des grandes cérémonies religieuses.

Ce jour-là, Péchard, accouru en grande hâte du bourg de Vieux-Viel, officiait en grande cérémonie; la messe dite, il monta en chaire... Bon ou mauvais, il savait combien l'exemple agit puissamment sur les masses; de longue main, il connaissait toutes ces pauvres recluses, et il avait exalté leur imagination et préparé leur esprit à la résistance.

— « Mes sœurs, dit-il, d'une voix douce et pleine de persuasion, — accoutumés à goûter sous le gouvernement des princes chrétiens, les douceurs d'une vie tranquille, qui de nous se serait attendu à voir se renouveler contre le christianisme toute la fureur des anciennes persécutions?...

Mais quelle persécution peut intimider celui qui craint véritablement Dieu?

Celui qui rêve les splendeurs éternelles du paradis, méprise également les terreurs du démon et les menaces du monde... On ferme les yeux sur la terre pour les ouvrir dans le ciel. L'Antéchrist menace, mais Jésus protége et défend... On détruit notre corps, mais notre âme déploie ses ailes, et, loin de la terre, va jouir de la gloire éternelle.

Oh! mes sœurs! remercions nos ennemis, car leur rage aveugle et insensée nous donne le bonheur céleste, qu'un seul péché pouvait nous faire perdre. Épanchez vos cœurs dans le souvenir des récompenses qui vous attendent.

C'est en sortant de ce bain sacré avec une splendeur immortelle, que nous entendrons tous, ces paroles de Jésus-Christ nous présentant aux anges et aux saints :

« Voici mes fidèles et mes colombes bien-aimées, elles marcheront avec moi au milieu d'une blancheur céleste, parce qu'elles sont dignes de ma gloire!... »

Cependant, les paysans des environs, prévenus que des soldats allaient chasser les religieuses du couvent, étaient accourus de tous côtés; cinq ou six cents mendiants, dont la plus grande partie servait dans les compagnies de Jean le Chouan, pressés dans la cour, allongeaient leurs bras décharnés vers une sœur converse, qui leur distribuait la soupe pour la dernière fois.

Tout à coup, la foule se retourne et pousse un cri sourd de colère et d'indignation ; une compagnie, composée de grenadiers, de dragons et de gardes nationaux venant de Saint-Ouen, descendait la colline qui domine le cloître, escortant trois grandes charrettes traînées par des bœufs, et venait prendre position aux abords du couvent.

Les commissaires municipaux, le procureur-syndic, les officiers de la troupe et de la garde nationale, suivis de quelques soldats, traversent la foule ébahie, silencieuse, et heurtent à la grande porte.

— Que voulez-vous ? demanda la tourière en se montrant par le guichet grillé.

— La supérieure du couvent ?

— Elle est en prières, Messieurs...

— Ouvrez cette porte...

Les municipaux entrèrent dans un grand parloir, dallé de marbre noir et blanc.

Au fond, à travers les jours d'une grille en bois, recouverte d'une serge noire, ils virent toutes les sœurs à genoux, la face contre terre... Une voix disait lentement ces paroles du Psalmiste :

« O Dieu ! jusques à quand l'ennemi te couvrira-t-il d'opprobre, et l'adversaire méprisera-t-il ton nom à jamais ?

» Tu as brisé la tête du Léviathan, tu l'as donnée en nourriture au peuple des habitants du désert... A toi est le jour, à toi est la nuit... Tu as établi la lumière et le soleil.

» Souviens-toi de ceci, que c'est l'ennemi qui a blâmé l'Éternel et qu'un peuple insensé a outragé ton nom...

» O Dieu ! lève-toi... débats ta cause, souviens-toi de l'opprobre qui t'est fait tous les jours par l'insensé.

» N'oublie pas le cri de tes adversaires, le bruit de ceux qui s'élèvent contre toi monte continuellement. »

Pendant que les religieuses psalmodiaient en chœur ces lamentations bibliques, Georges, assis dans un coin du parloir, le coude sur ses genoux, le front dans ses mains, semblait abîmé dans de douloureuses pensées.

L'abbé Huguet l'avait élevé dans cette religion du pauvre et de l'orphelin; ces hymnes lui étaient connues; il en avait bien des fois admiré les inspirations divines; — et il fallait maintenant briser ce qu'il avait adoré, frapper de faibles femmes dans leur asile pacifique, — en apparence du moins, — et pour retremper son courage dans cette œuvre, il n'avait rien que cette ferveur républicaine du temps, qui poussait les braves aux frontières contre les étrangers et les traîtres, mais qui se trouvait souvent irrésolue et désarmée devant les faibles débris d'une société expirante.

Il maudissait peut-être, en ce moment, cette épaulette que son courage avait méritée; il se demandait si, dans sa haine pour l'ancienne société, il n'y avait pas un ressentiment personnel et intéressé du malheur de sa naissance... les premiers souvenirs d'un amour trahi... Puis, secouant la tête pour en chasser une idée pénible :

— Aura-t-on bientôt fini d'ouvrir ces grilles? s'écria Georges en se levant.

Dans ce moment là, on vit paraître une femme élancée et pâle, mais belle encore.

C'était l'abbesse des Bénédictines, autrefois comtesse de Maurepas.

Elle était vêtue d'une longue robe noire, et un voile blanc tombant jusqu'à terre cachait presque entièrement son visage que les larmes avaient si longtemps sillonné.

Elle ouvrit elle-même les portes de la grille, en saluant avec une dignité froide.

— Je vous demande pardon, Messieurs, de m'être fait attendre... Mais nos prières étaient commencées, et les règles de la maison nous défendent de les interrompre pour quelque motif que ce soit... Qu'y a-t-il pour votre service, s'il vous plaît?

— Madame, — dit le procureur-syndic, — vous connaissez l'arrêté du département qui ordonne d'évacuer les maisons religieuses ? Il vous a été notifié en temps et lieu.

— C'est vrai, Monsieur.

— Pourquoi n'avez-vous pas obéi ?

— Nous avons juré fidélité à Dieu, Monsieur, et nous ne devons obéir qu'à lui.

— Vous savez quelles sont nos intentions en venant ici, Madame ?

— Je les connais.

— Vous comprenez, Madame, que toute résistance est impossible, et qu'il faut sortir d'ici aujourd'hui même.

— Nous ne sortirons pas, Monsieur.

— Nous serions désolés, Madame, d'employer la violence contre vous ; ne nous y forcez pas, je vous en prie.

— Faites votre devoir, Monsieur ; le nôtre est de souffrir pour la gloire de Dieu. Nous sommes de faibles brebis consacrées au Seigneur ; lui seul peut briser nos liens... Que sa sainte volonté soit faite.

Elle rentra dans l'intérieur du cloître.

Alors un des officiers municipaux saisit les barreaux de la grille et la secoua avec violence.

Quelques dragons se joignirent à lui, et bientôt il n'y eut plus de barrière entre les soldats et les religieuses.

Prosternées à genoux, et se couvrant la figure de leurs mains, elles chantaient des cantiques sacrés.

Toutes les nonnes se serrèrent les unes contre les autres comme un troupeau de brebis effarées.

— Soldats ! cria le procureur-syndic.

Georges étendit l'épée qu'il tenait à la main, et fit signe aux soldats de rester.

— Mes sœurs, dit-il aux religieuses avec émotion, ne craignez rien, nous ne sommes pas venus ici pour vous faire violence, mais pour vous protéger. L'Assemblée nationale a ordonné que les couvents seraient fermés, parce qu'ils servent d'asiles à des conspirateurs qui prêchent partout la résistance aux lois, et arment les citoyens les uns contre les autres.

Péchard voulut parler.

— Qu'on arrête cet homme! s'écria le procureur-syndic.

— Je m'offre comme victime expiatoire; puisse ma mort servir à apaiser la colère des méchants! dit Péchard en fixant sur Georges un regard menaçant.

Quelques dragons avancèrent et se saisirent de lui.

Les nonnes effrayées se couvrirent de leurs voiles et se pressèrent plus fort autour de l'abbesse qui promenait sur l'assemblée son regard impassible.

— Mesdames, reprit Georges, il n'y a ici ni victimes, ni bourreaux, on vous a trompées, si l'on vous a promis les honneurs du martyre : nous aimons et nous respectons la religion autant que vous... Ce que la loi a brisé, c'est l'esclavage, ce qu'elle a voulu détruire, c'est la tyrannie des abbesses et des abbés... c'est le fanatisme des mauvais prêtres.

Pauvres femmes mortes au monde, nous venons soulever la pierre de votre tombeau... Pourquoi mourir quand Dieu nous fait vivre? Vivez donc pour aimer et pour prier...

Quelques sœurs soulevèrent légèrement un coin de leur voile se hasardèrent à regarder Georges, croyant lui trouver la laideur repoussante du démon; mais en ce moment ses grands yeux noirs brillaient d'enthousiasme; il y avait dans sa parole un entraînement irrésistible. Il avait trop souffert pour ne pas se sentir profondément ému en voyant ces malheureuses victimes d'une société à la fois caduque et impitoyable.

Quelques instants après, il reprit :

— Vous êtes libres, mes sœurs!... La loi a brisé les liens imposés par la contrainte ou par l'erreur... Ne peut-on prier que dans l'ombre des couvents, et Dieu a-t-il défendu à ses créatures, l'amour et la charité?...

Ainsi, ne craignez rien ! venez vous ranger sous la protection de la loi... Venez !... vous êtes libres !...

Quatre des plus jeunes avaient complètement écarté leur voile et regardèrent Georges avec une appréhension qui disparaissait peu à peu à sa voix pleine de douceur et de sympathie.

— Vous l'entendez, mes sœurs, dit l'abbesse d'une voix affaiblie : Vous êtes libres... de par la loi... Vous êtes libres d'aller où vous voudrez et de faire ce que bon vous semblera... Celles qui préfèrent les plaisirs faux et menteurs du monde aux douces et saintes joies du cloître, la terre au ciel, l'enfer au paradis, peuvent se retirer... les portes sont ouvertes !... elles sont libres !...

Les quatre religieuses se regardèrent et se levèrent tout-à-coup, entraînées par un élan spontané...

— Malheureuses !... s'écria l'abbesse, en joignant les mains avec désespoir.

Les gardes nationaux leur tendirent les mains et s'écartèrent pour les laisser passer.

Les autres religieuses, grandement scandalisées, se cachèrent le front dans leurs mains ; puis, l'instant d'après, comme si elles eussent cédé à un sentiment de curiosité insurmontable, elles se hasardèrent à regarder en face les dragons et les gardes nationaux ; et au lieu de bourreaux terribles, elles furent toutes surprises de rencontrer çà et là, dans les rangs des gardes nationaux, des visages de connaissance qui leur souriaient et leur faisaient signe de céder.

— Venez ! reprit Georges encouragé par ce premier succès ; venez !... les grilles sont tombées... Vous êtes libres ! Tout ce que vous avez perdu, tout ce que vous avez laissé en passant les portes de la prison... vos parents, vos frères, vos anciens amis, sont parmi nous ; vos mères, vos sœurs, vous attendent avec anxiété, comme si vous reveniez d'un long et douloureux voyage.

Le mot de liberté, toujours si magnifique pour des

oreilles habituées aux grincements des verroux, gonflait doucement leurs poitrines... Aux chastes émotions de la famille, leur imagination excitée par la solitude, ajoutait peut-être les souvenirs plus tendres d'amours contrariés, de passions d'autant plus vivantes qu'on les avait combattues davantage.

Toutes les religieuses se levèrent... Les gardes nationaux poussèrent un cri de triomphe.

L'abbesse levant les yeux au ciel, se laissa tomber à genoux, avec un désespoir qui toucha profondément les témoins de cette scène, et pourtant ils n'en pénétraient pas le motif.

— Allez, mes sœurs, dit-elle, et que le Seigneur vous pardonne un instant de faiblesse et d'aveuglement.

Puis, comme poussée tout-à-coup par un sentiment de ferveur religieuse...

— Quant à vous, dit elle en fixant sur Georges un regard irrité... Quant à vous qui venez insulter Dieu jusques dans son temple...

Elle allait maudire... un sentiment qu'elle ne pouvait comprendre l'arrêta... Une certaine ressemblance la frappait dans les traits du jeune homme.

Malgré lui, Georges, de son côté, se sentait tressaillir d'une émotion étrange et inconnue jusque-là... mais, ce n'était pas le moment de discuter avec l'abbesse : il commanda aux troupes de faire évacuer le couvent.

— Quant à moi, s'écria l'abbesse j'ai juré à Dieu de mourir ici et j'y mourrai...

La tourière et deux ou trois vieilles religieuses brisées par cinquante ans de pénitence, se rapprochèrent d'elle en poussant des sanglots.

L'abbesse s'écria, comme en parlant à elle-même avec amertume :

— Sans doute Dieu ne me jugeait pas digne de commander à une communauté de fidèles ; pour guider ces brebis sans tache, il eût fallu soi-même être sans faute et sans souillure ! J'avais cru que l'immensité de mon repentir avait pu racheter mes fautes,... mais c'était encore une illusion de l'orgueil ! L'autorité qu'on m'a donnée ici, je ne m'étais pas aperçue, malheureuse ! qu'on l'avait accordée à ma naissance et à ma fortune... Ainsi, allez, mes sœurs, abandonnez une pauvre pécheresse... Ce qui arrive était dans les desseins de la Providence et devient un témoignage de sa justice.

— Oui, mes sœurs ! s'écria Péchard, s'adressant à quelques-unes des religieuses qui, touchées du discours de l'abbesse, allaient revenir près d'elle,... — dans ce que nous voyons ici, il faut reconnaître la main de Dieu !

L'abbesse le regarda avec surprise ; alors Péchard qui, bien qu'au milieu des dragons avait trouvé le moyen de se rapprocher de Georges, lui toucha légèrement l'épaule. — Georges se retourna.

— Capitaine Georges, dit Péchard en élevant la voix avec intention, — je vous prie de veiller avec soin sur madame l'abbesse, elle a droit à vos égards .. à votre protection...

En entendant prononcer le nom de Georges, la supérieure s'élance vers lui,... rejette brusquement son voile en arrière : appuie fortement ses deux mains sur ses épaulettes, et approchant son visage du sien, elle le contemple avec amour, avec extase,... toute son âme passe dans son regard...

— Georges !... on vous appelle Georges, dit-elle d'une voix haletante... Vous avez été élevé par Huguet, n'est-ce pas ?... à Vitré ?... répondez-moi... C'est lui... lui ! C'est vous qui me persécutez !... C'est vous qui me chassez de l'asile, où j'espérais oublier et mourir !... Oh ! mon Dieu ! mon Dieu... vous n'avez donc pas encore pardonné !... Votre sainte colère n'est pas désarmée... frappez-moi toujours, accablez-moi, mais pardonnez-lui ! le malheureux enfant ne soupçonne pas le crime dont il est l'instrument aveugle... Adieu... je prierai pour vous...

Elle se jeta vivement en arrière... Un soldat la prit

dans ses bras et l'emporta dans une des voitures qui attendaient à la porte du couvent... Georges, étourdi, stupéfait, regardait sans comprendre...

Péchard s'approcha, et lui touchant légèrement le bras : Savez-vous quelle est cette religieuse que vos soldats vont entraîner ?

— L'abbesse ?... demanda Georges.

— L'abbesse est madame de Maurepas, votre mère...

Georges tressaillit...

Pâle et tremblant d'émotion, il attendait un signe, un regard bienveillant...

— Capitaine ? garde à vous! les chouans! cria le lieutenant qui était allé faire une reconnaissance dans les environs du couvent.

Aussitôt, on vit poindre des points noirs, çà et là, au milieu d'un grand champ de genêts, et les cîmes des branches trembler de loin en loin...

En même temps des coups de fusil partirent des deux côtés à la fois.

Georges court pour se mettre à la tête de ses hommes et diriger l'attaque...

Aussitôt il est frappé par derrière, renversé, cloué à terre : un genou s'appuie sur sa poitrine... Une main caleuse pèse lourdement sur son front : la lame froide d'un couteau effleure la peau de son cou...

Une tête noire et hideuse se penche sur sa figure, et il sent passer sur sa joue une respiration haletante...

— Il était temps... dit une voix qu'il crut reconnaître... M. Georges, relevez-vous...

En tournant la tête, Georges aperçut une masse noire qui se perdait en courant à travers les branches et les troncs d'arbres...

On fit la chasse aux chouans sans en trouver aucun : on eût pu croire qu'ils étaient rentrés sous terre...

Le premier mouvement de Georges fut de chercher l'abbesse... elle avait disparu... la voiture était vide...

XIII.

LA FORÊT DE RENNES.

Cependant de longues heures s'étaient écoulées en recherches et en pourparlers : le jour commençait à baisser quand les prisonnières et leur escorte se mirent en marche.

A cinquante pas du cloître environ, le lieutenant qui composait l'avant-garde avec une douzaine de grenadiers, crut apercevoir des ombres qui traversaient rapidement les clairières de la forêt, et disparaissaient dans les hautes bruyères qui bordent la route.

Il s'approcha du sergent, et se penchant à son oreille :

— Sergent, dit-il, allez prévenir le capitaine qu'il se tienne sur ses gardes et qu'il serre les charrettes de près... Je crois que nous allons bientôt entendre les chouettes chanter.

Le sergent partit, et l'avant-garde s'avança au petit pas, l'arme au bras, l'œil aux aguets, et fouillant, autant que le permettait l'obscurité, les touffes de houx et les broussailles qui encaissaient le chemin creux, le long duquel ils cheminaient.

A peine arrivés au sommet qu'on les avait vus descendre le matin, ils entendirent le cri de la chouette, mais timide et étouffé.

— Halte!... dit le lieutenant, je savais bien que nos oiseaux n'étaient pas loin, et je présume que la nichée doit être perchée sur les arbres de la route... Ils attendent que nous soyons au bas de la côte pour tomber sur nous, quand nous traverserons le ruisseau.

Le détachement se mit en marche sans autre accident.

Une heure après, la nuit était noire à ne pas se voir à cinq pas...

Un vent violent fouettait une pluie fine et froide, les

chemins étaient glissants et bourbeux ; à chaque pas, soldats et gardes nationaux s'enfonçaient jusqu'aux genoux dans de larges flaques d'eau qui coupaient les chemins.

On comprend la victoire et la gloire quand les armes étincellent aux rayons d'un beau soleil... Mais la nuit, trempé par la pluie, pataugeant dans la boue, c'est tout au plus si on a le courage de se laisser vivre.

L'énergie et le courage s'en vont à la pluie, comme les couleurs d'une étoffe mal teinte.

Enfin, le petit détachement, trempé jusqu'aux os, brisé de fatigue, allait sortir de la forêt de Rennes ; le village de Fouillard était à cent pas de là.

Georges suivait de loin, soucieux et pensif, cherchant à se rappeler les paroles de l'abbesse, et retrouvant, pour la perdre aussitôt, une espérance longtemps caressée, un rêve de bonheur longtemps attendu.

Tout-à-coup une centaine de chouans montrent la tête à travers les broussailles et font feu presque à bout portant.

Huit à dix gardes nationaux tombent ; les autres, surpris, veulent riposter ; mais leurs fusils, mouillés par la pluie, manquent presque tous.

Les dragons franchissent le fossé, fouillent l'ombre avec la pointe de leurs sabres, pour trouver un ennemi invisible ; les grenadiers croisent la baïonnette et attendent.

Alors, trois ou quatre cents chouans, qui se tenaient couchés à plat ventre dans les bruyères et les champs de genêts, se lèvent, sortent de leur embuscade, se glissent sous les chevaux qu'ils éventrent, et, dix fois plus forts que les bleus, assomment, fusillent ceux qui essaient de se défendre, et poursuivent les autres qui s'échappent à travers les champs.

Les chouans dételèrent les charrettes, se partagèrent les chevaux, et ne furent pas peu surpris de ne rencontrer que trois ou quatre vieilles religieuses édentées, au lieu d'une centaine de jeunes vierges éplorées, levant les bras au ciel, et implorant leur secours contre la brutalité des bleus.

Les religieuses, protégées par le détachement de dragons, avaient pris les devants et n'étaient plus qu'à une lieue de Rennes, au moment où les chouans avaient attaqué le convoi près du village de Fouillard.

La fusillade avait cessé, les bleus étaient en fuite.

Le Grand-Fumeur battit le briquet, Chaudeboire ramassa des fougères sèches et mit le feu à un grand champ de genêts.

Les chouans se prirent par la main et dansèrent en chantant, à la lueur des flammes qui ondulaient, courbées par le vent.

Qu'on se figure cinq ou six cents paysans en sabots, couverts d'une peau de chèvre, coiffés de bonnets rouges, la figure barbouillée de suie, les cheveux gras et huileux, dansant et gambadant au milieu d'un nuage de fumée.

— Bien du plaisir, mes bons gars, amusez-vous, dit Péchard qui profita de l'occasion pour s'évader et se rendre à Rennes.

Quelques-uns se détachèrent pour aller mettre à contribution les fermes voisines et rapporter des volailles, du cidre et des andouilles.

— Le diable est malin, dit Chaudeboire, qui parfois visait à l'esprit ; — il a eu soin de garder pour lui les nonnes les plus gentilles, et de ne nous laisser que celles qui ne pouvaient plus pêcher.

— Chaudeboire ! dit Jean le Chouan d'un ton sévère, il est bon de jouer, mais pas avec ces choses-là...

Puis, se tournant vers les chouans :

— Amusez-vous les gars, moi, j'ai affaire ailleurs !

Il emplit de paille un grand sac qu'il sangla sur son cheval, et prit dans ses bras l'abbesse comme il eût fait d'un enfant.

— Passez votre bras dans mon turban (ceinture en

coton rayé), madame la comtesse, et ne craignez rien, dit-il, en donnant un coup de bâton sur les flancs de son bidet qui partit au grand trot.

En passant par les landes de la Bouëxière et de Marpiré, il peut y avoir environ deux lieues de la forêt de Rennes à la ferme de la Haie, qui appartenait à Jean le Chouan.

La nuit était noire, une pluie froide et pénétrante n'avait pas cessé de tomber pendant toute la journée. Brisée par la fatigue et par les violentes émotions de la journée, la comtesse s'était évanouie quand Jean le Chouan arriva près de la porte de sa ferme.

Yvonne jeta de grands cris en reconnaissant son ancienne maîtresse.

— Jean, dit-elle, pose Madame sur mon lit.

— Et la chambre ?

— Ne sais-tu pas qu'elle est occupée par ce pauvre M. Huguet !

— Tais-toi ! dit Jean le Chouan en arrêtant ce dernier nom sur les lèvres de sa femme de peur qu'on ne l'entendît.

Il alla chercher un grand fauteuil qu'il plaça devant la cheminée, y posa l'abbesse, qui, soignée par Yvonne, ne tarda pas à reprendre ses sens.

— Mon fils ! où est mon fils !.. demanda l'abbesse en revenant à elle.

— Ah ! Jésus ! s'écria avec intention Jean le Chouan, Madame a perdu la raison !... Qu'est-ce que vous faites ici, vous autres ?

Et il mit à la porte les gens de la ferme, attirés par le bruit de son arrivée et le singulier spectacle d'une religieuse amenée en croupe sur un cheval.

Puis, quand il fut seul avec la comtesse :

— Vous seriez mal en sûreté, Madame, dans cette ferme ouverte à tout le monde... je vais vous faire préparer une chambre au château d'Épinay, où mes amis et moi nous veillerons sur vous.

—Au château d'Épinay ! s'écria Hélène avec un mouvement de frayeur.

Puis laissant retomber sa tête sur sa poitrine :

— Encore cette expiation, mon Dieu... faites, je vous en prie, que ce soit la dernière !

XIV.

LA TOUR-LE-BAT.

La nouvelle de l'arrestation de Tinteniac et de la Rouërie jeta la consternation parmi les royalistes, et stimula l'énergie des patriotes. On se groupait au coin des rues, on s'arrêtait devant les portes pour se conter la grande nouvelle.

Le soir, il y eut des feux de joie et des lampions allumés aux fenêtres, et sur la place de l'hôtel-de-ville.

La Rouërie avait paru jusque-là se jouer des arrêtés municipaux et de tous les détachements envoyés à sa poursuite. Au moment où on le croyait cerné dans son château de Saint-Ouen, on le voyait apparaître dans le Finistère, dans les Côtes-du-Nord ou le Morbihan.

Il était à craindre pour les chefs, que cette arrestation ne diminuât le prestige dont l'avaient entouré jusque-là la confiance des princes émigrés à Coblentz, — —ses apparitions subites au moment où on le croyait le plus éloigné, — son sang-froid dans le danger, et surtout la haute intelligence avec laquelle il avait tendu les fils de cette vaste conspiration.

D'un autre côté, les malheureuses tentatives des royalistes du Finistère et de l'Ardèche commandaient la plus grande circonspection. Quarante-trois insurgés venaient d'être conduits dans les prisons de Quimper.

Du Faillant, qui s'était mis à la tête de deux mille paysans, et proclamé gouverneur du Bas-Languedoc et des Cévennes, avait été massacré et ses troupes étaient dispersées.

Mais aussi l'irritation causée par les prêtres qui refusaient le serment à la Constitution, par les couvents que l'on faisait fermer, avaient produit dans les campagnes une profonde agitation dont il fallait profiter.

Les Prussiens venaient d'envahir la Champagne.

Le Poitou, la Bretagne et la Vendée n'attendaient qu'une occasion... La contre-révolution grondait sourdement et tout annonçait une formidable explosion.

De leur côté, les administrations municipales, développèrent sur tous les points une activité, un courage et une énergie admirables.

Dans les chefs-lieux, dans les sous-préfectures, dans toutes les petites villes, les gardes nationales s'organisèrent, des clubs se fondèrent, l'idée révolutionnaire rayonna sur tous les points, et au fanatisme religieux opposa l'enthousiasme patriotique qui pouvait seul sauver la France.

C'était à Rennes surtout que les haines étaient vives; que les partis étaient violents. On se mesurait de l'œil; on se montrait du doigt.

Les menaces et les provocations s'échangeaient; — chaque soir et chaque matin, derrière le Thabor ou sur les Buttes Saint-Cyr, des duels nombreux avaient lieu entre la bourgeoisie et la noblesse.

Cependant l'exécution encore récente d'Elliot, de Malœuvre et de madame de Farcy, avait causé parmi les mécontents une vive impression de crainte, et donnait les inquiétudes les plus graves sur le sort des prisonniers; et, en outre, on annonçait l'arrivée prochaine de deux commissaires envoyés en Bretagne par Danton avec des pouvoirs illimités.

D'ailleurs, MM. de Tinteniac et la Rouërie étaient deux hommes trop dangereux pour que la révolution encore timide et ombrageuse, ne prît pas à leur égard les mesures les plus sévères.

Ce qui les menaçait, c'était un jugement du tribunal révolutionnaire, — l'échafaud, — la mort dans les vingt-quatre heures... et par suite la consternation de leurs amis, — l'anéantissement du parti tout entier...

Il fallait donc les sauver... et les sauver à tout prix...
Pour cela, deux moyens se présentaient:
La force ou la ruse...
La force, il n'y fallait pas songer.

A la moindre menace, à la première tentative d'insurrection, le redoutable tribunal s'assemblerait, et quelques heures après leurs têtes tomberaient sur la place publique...

Restait la ruse...

Le marquis, ou plutôt le général Fayolle, comme nous l'appellerons désormais, était occupé à écrire, le dos tourné à la porte... Péchard entra sans se faire annoncer.

— Vous ici ! chez moi ! s'écria le général au comble de l'étonnement : — Savez-vous bien, monsieur l'abbé, que je connais toutes vos équipées, et que je pourrais... que je devrais vous faire arrêter et fusiller dans les vingt-quatre heures...

— Ce serait mal reconnaître, monsieur le marquis...

— Il n'y a plus de marquis... l'Assemblé nationale a aboli les titres et les priviléges de la noblesse, — appelez-moi général.

— Ce serait mal reconnaître, reprit tranquillement Péchard, le service important que je suis venu avec l'intention de vous rendre.

— Un service à moi ! vous ! dit le général, en dissimulant mal son mépris pour le personnage : — Nos affaires n'ont rien de commun, j'imagine...

— Peut-être.

— Que voulez-vous dire ?.. voyons ; expliquez-vous ? parlez !..

— Monsieur le général ignore probablement que le couvent des Bénédictines de la forêt de Rennes a été évacué hier soir d'après un ordre du procureur-syndic de la commune ?

— C'est vrai... je l'ignorais, cet ordre ne m'a pas été communiqué; au reste cela regarde la municipalité

— Alors, cela m'explique votre absence.

— Ma présence n'était pas nécessaire.

— C'est vrai ; mais je croyais que monsieur le général aurait pu y être attiré par certains souvenirs...

Le général pâlit légèrement. Le souvenir d'Hélène venait de se retracer à sa mémoire.

— De quel souvenir voulez-vous parler ? dit-il en regardant fixement Péchard.

— De ceux que vous vîntes rappeler un jour à madame la comtesse de Maurepas, la supérieure... dit Péchard, en soutenant sans baisser les yeux, le regard du général.

Le général ne répondit pas.

— Il y a deux ans de cela, reprit Péchard, — je fus sans le vouloir, témoin de l'entrevue que vous eûtes avec elle devant Huguet, son directeur... Je crois même en avoir déjà parlé à monsieur le marquis, un soir... la veille de son départ pour Paris...

— C'est possible, dit le général avec une indifférence affectée... est-ce elle qui vous envoie ?..

— Non, mais j'ai pensé que la sachant malheureuse et persécutée, vous seriez heureux de la protéger.

— Si le couvent a été évacué hier, la comtesse doit être à Rennes ce matin...

— Elle devrait y être... mais.. j'ai appris... on m'a dit que le détachement commandé par le capitaine Georges avait été attaqué la nuit dernière à la sortie de la forêt...

— Georges a-t-il été blessé ?..

— Je ne le crois pas, général.

— Et l'abbesse ?

— Madame la supérieure a été enlevée par les chouans. — Du moins on me l'a assuré... — et conduite...

— Où cela ?..

— Vous aurez de ses nouvelles à la ferme de Jean le Chouan, à une demi-lieue du château d'Epinay... Une ferme, visitée jour et nuit par des soldats et par des paysans insurgés, n'est pas un asile bien sûr et bien convenable pour madame la comtesse de Maurepas...

— C'est bien, dit séchement le marquis, je donnerai des ordres pour qu'on veille sur elle.. et d'un geste, il congédia Péchard.

Il n'eut pas l'air de comprendre : Il n'était pas venu pour donner au général un avis charitable... ce qu'il voulait, ce qu'il fallait à tout prix, c'était éloigner le général, le forcer à quitter Rennes, pendant quelques heures au moins ; dans le cas où des obstacles imprévus viendraient contrarier son projet longuement et savamment combiné.

Aussi, bien qu'à regret sans doute, il se résigna à commettre un gros mensonge, justifié du reste, par la pureté l'intention :

— J'ai oublié de vous dire, général, que madame la supérieure avait été blessée dans l'attaque, par une balle perdue ; et que, craignant de mourir sans vous avoir vu, elle m'a chargé de vous dire qu'elle désirait vous confier un secret, que vous seul deviez connaître...

Le général se croisa les bras et, regardant fixement Péchard :

— Est-ce un piége pour me faire fusiller par vos chouans ?..

— Je puis ne pas partager toutes les opinions politiques de M. le général, dit Péchard, mais je suis incapable de commettre une trahison... Votre mort d'ailleurs ne ferait pas triompher la cause que j'ai embrassée...

— C'est bien... dit le général, laissez-moi...

Péchard sortit.

Resté seul, monsieur de Fayolle se promena quelque temps les mains derrière le dos, plongé dans de profondes réflexions...

Un instant après, il sortit, se rendit à la Tour-le-Bat et se fit conduire à la cellule de la Rouërie.

Le marquis était assis sur une mauvaise chaise en

paille les coudes sur les genoux et la tête dans les deux mains.

Au bruit que fit la clef grinçant dans la serrure, il se retourna.

—Ah! c'est toi, dit-il, tendant la main au général;—merci de ne pas m'avoir oublié... je t'attendais...

— Écoute-moi, dit le général en s'asseyant, et causons comme deux vieux amis...

— Qui vont être séparés pour toujours, n'est-ce pas?

— Cela dépendra de toi...

— Voyons... parle...

— Ta conspiration est découverte, tu as été pris les armes à la main...

— Je serai jugé, condamné et exécuté; après?... Ce n'est pas, je présume, pour me faire ces confidences là, que tu as pris la peine de te déranger?

— Depuis deux ans, nous sommes ennemis politiques, mais, pendant vingt ans, nous avons vécu de la même vie, partageant tout... fortune, plaisirs, aventures et dangers... Tu es l'ennemi le plus dangereux, le plus terrible de la cause que je défends et, comme juge, je te condamne... mais, comme ami, je veux te sauver...

Je suis, tu le sais, partisan fanatique de la liberté, du progrès, de l'émancipation des masses; mais, quand je vois la liberté, coiffée du hideux bonnet rouge, dresser des échafauds et marcher les pieds nus dans le sang... je frémis, j'ai peur de me tromper : j'hésite, je doute, je ne sens pas en moi cette conviction, cette soif ardente qui brave tout pour arriver à son but... le but est trop loin de mes yeux, je ne le vois pas assez clairement...

Tu le vois, marquis, je me juge avec calme, sans passion... Maintenant parlons de toi... Je connais tes projets...

— Je ne les cache à personne...

— Tu veux introduire l'étranger sur le sol de la France...

— Je veux consolider le trône qui chancelle, sauver

une monarchie de dix-huit siècles, et balayer devant moi toutes les immondices révolutionnaires.

— C'est-à-dire, remplacer la terreur rouge par la terreur blanche; couper les têtes au nom du roi, au lieu de les couper au nom de la Convention nationale...

— Je veux! dit la Rouërie avec la fièvre de l'enthousiasme, venger la noblesse opprimée, volée, insultée, assassinée... Je veux punir le crime... œil pour œil, dent pour dent, c'est la loi du talion, ce n'est pas nous qui avons commencé...

— Crois-moi, la Rouërie, la passion t'aveugle... un homme d'État doit savoir se placer au-dessus des hommes et des choses de son temps... Eh bien, ton ambition, ton rêve, est plus que de la folie; c'est un crime aux yeux de la raison, de l'humanité... Au nom de la vieille amitié qui nous unit depuis l'enfance, fais comme moi... au lieu d'allumer l'incendie de la guerre civile, cherchons à l'éteindre...

— Qu'est-ce à dire?... toi qui me connais, qui devrais me connaître... tu viens me proposer de trahir mon parti... de me ranger du côté de nos bourreaux...

— Non, fais comme moi... tenons-nous à l'écart les bras croisés et laissons passer l'orage...

— Prends garde, marquis, dans les circonstances où nous sommes, l'inaction est de la lâcheté... et la lâcheté n'est ni dans ton caractère ni dans le mien... Je comprends ton hésitation, tes scrupules, mon ami. La cause que tu sers est mauvaise, tu dois le sentir comme moi. Tu rougis d'être le complice d'une poignée de scélérats, la honte et l'opprobre de l'humanité. Mais moi, j'ai ce que tu n'as pas : la foi qui transporte les montagnes, et renverse en se jouant tous les obstacles. Je combats pour tout ce qu'il y a de beau, de grand, de sacré dans le monde... Dieu et le roi!

— Quant à Dieu, marquis, il saura bien se défendre sans nous. Pour le roi, c'est autre chose... N'oublions pas que, des premiers, nous avons combattu pour l'indépendance américaine, et qu'à cette heure, grâce à nos efforts peut-être, l'Amérique est une république dans laquelle les hommes ne s'égorgent pas entre eux.

— Eh! je te l'ai dit cent fois, marquis, tu confonds toujours un peuple neuf, primitif, avec une nation civilisée et façonnée depuis des siècles aux traditions et à l'obéissance monarchique. Il y a là un prestige tout puissant dont il faut savoir se servir pour gouverner.

— Et si ce prestige est détruit, comment feras-tu pour le ressusciter?... Ni toi, ni moi, nous n'avons pas pour mission de gouverner les hommes en ce monde; c'est bien assez déjà d'avoir à nous conduire. Ce que je vais te dire est étrange pour un ancien militaire; mais, depuis que mes passions plus calmes me permettent d'écouter la voix de la raison, le sang me fait horreur, quel que soit le motif pour lequel il est répandu. Je ne veux pas défendre mes convictions avec la hache du bourreau; la guillotine est un moyen de propagande que je repousse et déplore amèrement. Je ne sens pas en moi le stoïcisme farouche et impassible de Brutus... Pour sauver mon fils ou mon ami, je ferais tout, même une lâcheté, même un crime. Je ne veux pas, je ne peux pas te laisser monter sur l'échafaud... Non, cela n'est pas possible! mon cœur se révolte à cette pensée... Oh! ma situation est horrible!... Il faut en finir. Écoute-moi, la Roüerie, tout ce qu'on peut faire pour sauver son ami, je le ferai pour toi. Demain, dans une heure peut-être, tu seras jugé et condamné...

— Je suis résigné à tout.

— Dans tous les cas, sous un prétexte quelconque, j'obtiendrai que l'exécution soit remise à demain... et, cette nuit, nous fuirons ensemble.

La Roüerie, l'œil humide, prend la main de Fayolle et la serrant fortement.

— Merci, Fayolle, merci... tu es toujours mon ami.

— Toujours!... mais à une condition.

— Ah! dit la Roüerie en dégageant sa main et relevant la tête avec fierté, — il y a une condition?... et laquelle?

— C'est que tu vas me jurer de renoncer pour toujours à tes projets de guerre civile... c'est que tu me suivras en Amérique.

— Impossible.

— Tu refuses?

— Je refuse...

— Comment, malheureux! quand, pour te sauver, je sacrifie ce que j'ai de plus cher, de plus précieux au monde : ma cause, mon nom, mon honneur, ma vie peut-être... quand la guillotine est dressée... tu ne veux pas!...

— Non... je te tromperais; si je te faisais un serment, j'y manquerais.

— Mais, pauvre fou, songe donc...

— Assez!... pas un mot de plus... J'ai fait depuis longtemps à cette noble cause le sacrifice de ma vie, je ne veux pas la racheter au prix d'une lâcheté!... Que tes juges me condamnent... je suis prêt... et puis, veux-tu que je te dise toute ma pensée... je ne crois pas mourir encore... Non, il est impossible que Dieu abandonne celui qui s'est sacrifié au triomphe de sa cause...

— La Rouërie!...

— Adieu!

— Adieu!... dit le général en se levant; adieu!

La porte de la cellule se referma derrière lui, et la Rouërie se retrouva seul en face de la mort.

XV.

LES SOUVENIRS.

Quoiqu'il connût une partie de la conduite de Péchard, M. de Fayolle n'avait en réalité aucune crainte sérieuse qu'il cherchât à l'attirer dans un guet-apens; il connaissait ses relations, les liens d'habitude ou d'amitié, comme on voudra, qui depuis près de vingt ans, l'attachaient à la famille du comte de Fayolle son frère. Mais ce n'était pas pour lui seulement qu'il avait à craindre.

Le général appréciait toute l'importance de l'arrestation de la Rouërie.

Libre, il pouvait, avec son activité infatigable et cette puissance électrique que donnent des convictions profondes, une foi ardente, soulever les campagnes et allumer un vaste incendie qui embrâserait la Bretagne et toute la France.

Sans lui, la chouannerie n'était plus qu'une insurrection partielle, morcelée, fractionnée, dont on devait nécessairement triompher dans un temps donné.

Il avait fait à l'amitié tous les sacrifices que l'amitié devait attendre ; et, tout en déplorant les horreurs de la guerre civile, il n'avait plus qu'une chose à faire : laisser la justice suivre son cours et accomplir son œuvre terrible.

Il savait que le parti de la Rouërie tenterait tous les moyens de le sauver : la force, la ruse ou la corruption. et en cas de succès quelle responsabilité pèserait sur lui !.. Mais de Rennes au château d'Épinay ou à la ferme de Jean le Chouan, la distance n'était guère que de dix lieues ; il ne s'agissait donc que d'une absence de quelques heures.

Pendant que le général ruminait toutes ces réflexions en se rendant de la prison à son hôtel, il rencontra le capitaine Georges qui venait lui rendre compte de son expédition et prendre ses ordres pour le service de la place.

— Capitaine, lui dit le général, je vous confie tous mes pouvoirs ; pendant mon absence, vous donnerez vos ordres et lirez tous les rapports qui vous seront adressés. Il est possible que l'on fasse quelque tentative pour délivrer la Rouërie et M. de Tinteniac : tenez-vous sur vos gardes... Je compte sur vous.

— C'est bien, général ; soyez tranquille.

— Au reste, le jour il n'y a pas grand' chose à craindre, et ce soir je serai ici.

— Voulez-vous que je fasse doubler les postes, général ?

— Non, c'est inutile ; il faut ménager la santé de nos hommes. Les pauvres diables font une rude et vilaine besogne.

Par prudence, le général crut devoir changer son uniforme d'officier de dragons contre l'habit à larges basques, moins élégant, mais aussi moins dangereux, des bourgeois de l'époque, et mettre dans ses poches une paire de pistolets à deux coups.

Il fit partir quelque temps avant lui un dragon dont il connaissait la bravoure et le sang-froid ; pour éclairer sa marche et lui venir en aide en cas d'attaque.

Le même soir, à quatre heures, il était au château d'Épinay. Du château à la ferme, les chemins étaient défoncés par la pluie et noyés de larges flaques d'eau ; le général réfléchit qu'il ferait plus promptement le trajet à pied, et que d'ailleurs il avait à ménager les forces de son cheval.

Puis, tout-à-coup au moment de partir, il lui vint une réflexion qu'il s'étonna de n'avoir pas faite avant de se mettre en route ; Jean le Chouan faisait partie des bandes d'insurgés ; il n'était pas prudent de se montrer à la ferme de la Haie. Il envoya son dragon porter une lettre à Hélène, et se décida à attendre la réponse au château d'Épinay.

Le château paraissait inhabité ; le général se promena quelque temps seul, regardant les murailles noires et tristes du château ; les jalousies pourries par la pluie pendaient disloquées ; les fenêtres étaient sans vitres... L'herbe avait poussé dans la cour et dans les allées du jardin ; la ronce, le chèvre-feuille et la vigne sauvage couraient sur les arbres fruitiers et s'accrochaient aux branches, comme les lianes folles des forêts vierges de l'Amérique...

La nuit commençait à tomber; quelques étoiles épinglaient déjà le ciel mamelonné de gros nuages...

En retrouvant tristes et abandonnés, ces lieux qu'il avait tant de fois parcourus riants et fleuris, quand la passion chantait dans son cœur, le général se sentit accablé d'une tristesse profonde.

Tout son passé lui apparut radieux et coloré par les souvenirs de sa jeunesse.

C'était à cette heure qu'il arrivait au château; il attachait son cheval à cet arbre... il voyait la chambre d'Hélène à travers ce massif de sorbiers et de lilas... Assis sur cette pierre, il passait de longues heures à attendre que les lumières s'éteignissent aux fenêtres du château... Que de fois, penchée à son bras, respirant l'air embaumé de la nuit, ils avaient ensemble parcouru ces allées, pendant que le rossignol chantait caché dans les feuilles...

A cette place, Hélène lui annonça qu'elle était mère...

Il se rappelait tout... sa frayeur, ses angoisses, ses larmes séchées au feu de ses baisers... Qu'allait-elle devenir, l'épouse coupable? De quel front soutenir le regard redoutable du comte, son mari, son juge?

Ces réflexions arrivaient un peu tard, mais c'est toujours ainsi : la raison ne commence à parler que le surlendemain.

Tous ces souvenirs se dessinaient avec netteté et précision dans son esprit... Il y avait de cela vingt ans... Mais qu'est-ce que vingt ans? —Un siècle dans l'avenir; un jour dans le passé...

Tout-à-coup, au bout d'un berceau de charmille, à deux cents pas de lui, le général crut voir, marchant doucement, sous les longs plis d'un suaire blanc, un fantôme...

Le général n'avait jamais eu peur.. Mais involontairement ses séances chez Mesmer et ses soirées à Ermenonville chez le comte de Saint-Germain, lui revinrent à la pensée...

Dans la disposition d'esprit où il se trouvait, les idées les plus bizarres, les plus folles, lui passèrent à travers la tête...

Un moment il crut aux apparitions surnaturelles des légendes : il resta immobile, tremblant, cloué à la même place ; le fantôme approchait toujours...

Il fait un pas : un bruit de feuilles sèches crie sous ses pieds ; l'apparition lève la tête, pousse un cri et tombe évanouie dans ses bras..

Son rêve, ses souvenirs avaient pris une forme, un corps... C'était Hélène, Hélène qui, après un deuil de vingt années, venait, à la même place, demander à Dieu le pardon de sa faute...

En présence de cette douleur si vraie, de cette vie brisée par un caprice de sa passion, le général se sentit profondément attendri.

Hélène ouvre les yeux, le reconnait et, s'arrachant de ses bras :

— Laissez-moi... que voulez-vous ?

— Ce que je veux ? vous défendre, vous protéger, veiller sur vous... J'ai appris ce matin que votre couvent avait été fermé hier.

— Oui, fermé... par vous ; par lui.

— Pauvre femme ! dit le général en prenant une de ses mains qui pendait inerte et sans vie : — je vous ai fait bien du mal ; j'ai brisé votre vie, et vous devez bien me haïr.

— Non... j'ai appris par M. Huguet, tous les soins, toute la tendresse, toute la bonté que vous avez eue pour notre enfant et depuis, je ne vous hais plus... j'ai pardonné.

— Ah ! je suis bien coupable envers vous ! pauvre femme, pauvre mère délaissée ! mais aussi, rappelez-vous donc mes prières, vos refus... vingt fois je suis venu en suppliant frapper à cette porte, et toujours elle resta fermée pour moi... je partis en Amérique... je vous oubliai... que voulez-vous? j'étais indigne ou incapable de connaître les joies de la paternité... Pourquoi m'en faire un crime? le cœur a comme toute chose son enfance, son développement et sa maturité. On a fait de l'amour un enfant... c'est un contre-sens et une sottise que l'on accepte sans examen parce qu'elle est vieille... croyez-moi, Hélène, l'amour a des rides, la patte d'oie au coin des yeux, et des poils blancs dans la barbe et les cheveux... Toutes nos affections, comme les ombres, croissent vers le soir de la vie.

Tenez... je vous le jure, Hélène, je ne vous ai peut-être jamais tant aimée que tout à l'heure à cette place, en me rappelant ce que vous étiez pour moi... Avez-vous jamais songé que nos deux existences étaient pour toujours réunies, par une affection commune : un enfant?

—Voulez-vous savoir, répondit Hélène, à quoi j'ai pensé depuis vingt ans... à quoi je pense toujours? venez.

Elle le prit par la main, ils montèrent ensemble les marches de granit disjointes du perron sur lequel ouvrait la porte du grand salon.

— C'était, reprit-elle en baissant la voix, le treize janvier .. le soir... à peu près à l'heure où nous sommes. Je savais qu'en me retrouvant enceinte le comte me tuerait... je ne voulais pas mourir... je devais fuir avec vous : Yvonne faisait les malles et portait mes bagages dans la voiture qui attendait dans la cour... j'étais près de la cheminée, assise en face de cette porte... je vous attendais... la porte s'ouvre... le comte entre... je me crus morte... je tremblai comme une feuille... je me jetai à genoux, priant et demandant grâce... puis c'est vous... vous sortez ensemble... j'entends un coup de feu, et un moment après, Jean le Chouan et Huguet rapportèrent le comte sanglant, pâle, la poitrine trouée par une balle... mort... là... tenez ! je le vois encore... son spectre se lève et nous menace de son regard vide... Ah! mon Dieu, mon Dieu ! ayez pitié de moi ! s'écria Hélène en tombant à genoux et cachant sa figure dans ses deux mains.

Le général sentit une larme dans ses yeux et un frisson courir par tous ses membres : une révolution subite venait de s'opérer en lui : insoucieux, sceptique et railleur, il se sentait tout-à-coup, confiant, attendri ; il retrouvait Hélène non plus comme à vingt ans, timide et d'une naïveté charmante, mais ennoblie par la souffrance, sanctifiée par la maternité... Son cœur qu'il croyait mort bondit dans sa poitrine...

— Relevez-vous, Hélène, dit-il, en la prenant dans ses bras : — il n'est point de faute que ne rachète un si long, un si douloureux martyre. — Et Georges avez-vous pensé à lui ?

— Toujours... mais de loin : en lui cachant la main tendue vers lui ; et me privant par pénitence, de son amour, de ses caresses d'enfant.

— Maintenant, c'est un homme et il expie cruellement le malheur de sa naissance : le monde le repousse pour une faute qu'il n'a pas commise.

— Je donnerais de grand cœur ma vie pour lui éviter un chagrin ; mais que pouvais-je pour lui ? le reconnaître pour mon enfant ? mais c'était impossible, j'étais comtesse de Maurepas quand il vint au monde ; et il n'avait aucun droit au nom et à la fortune des Maurepas... je n'avais pas le droit d'être sa mère.

— Vos scrupules sont trop honorables pour que j'aie la pensée de les blâmer... j'aurais agi comme vous... mais aujourd'hui nous avons des devoirs à remplir, une injustice à réparer.

— Comment ?... parlez !... pour lui, je suis prête à tout ; résignée à tout...

— Eh bien ! ma chère Hélène, le monde ne finit pas aux limites de la Bretagne ; il est possible de trouver un coin de terre où les indiscrets ne viendront pas chercher à connaître les secrets de notre vie intime, et nous demander compte de notre passé... aujourd'hui d'ailleurs, la France est tourmentée par une révolution qui menace de devenir terrible... On se tue, on se fusille, on s'égorge pour des motifs qui ne sont pas très-clairs dans mon esprit... Quittons tous la France; — non pas pour aller nous joindre aux émigrés ou aux ennemis de notre pays; pour aller en Amérique chercher le repos et l'oubli, dans une cabane au coin d'un bois ou sur le bord de la mer... là, du moins, nous n'aurons pas à rougir de l'appeler notre enfant...

— Mais c'est impossible!...

— Pourquoi?...

— Je suis morte au monde... j'ai prononcé des vœux éternels.

— La loi les a annulés...

— Mais les hommes n'ont pas le droit de délier sur la terre, les liens que Dieu a formés dans le ciel.

— Je respecte vos scrupules religieux, Hélène, et je n'entends pas grand'chose à la discussion des articles de foi... mais Huguet est votre directeur; c'est un homme de bon conseil, demandez-lui, si en expiation de votre faute, vous pouvez...

— En commettre une plus grande encore, peut être...

— Non, vous sacrifier au bonheur de votre enfant...

— Je le consulterai... adieu...

— Au revoir...

Le général monta à cheval, et reprit la route de Rennes escorté par son dragon : pendant ce temps-là, la nuit était tout-à-fait tombée. Le général se rappela qu'Hélène ne lui avait pas dit un seul mot de ce secret si important pour lequel il était venu. Si elle l'attendait, pourquoi avait-elle paru si surprise en le reconnaissant?...

Pourquoi l'avait-il retrouvée au château quand elle devait l'attendre chez Jean le Chouan à la ferme de la Haie?...

Alors, il se dit que Péchard devait avoir le plus grand intérêt à l'éloigner de Rennes, dans l'hypothèse assez vraisemblable où il voudrait essayer de délivrer Tinteniac et la Rouërie. Toutes ces craintes lui paraissaient en ce moment si claires, si évidentes, qu'il s'étonnait de n'avoir point commencé par faire arrêter Péchard, sauf à s'assurer plus tard que ses soupçons n'étaient pas fondés.

Le château d'Épinay est situé à environ une demi-lieue dans les terres : le chemin vicinal qui mène à la grande route de Rennes à Vitré, est étroit et encaissé de chaque côté; de grands talus plantés de gros chênes noueux et rabougris, dont les branches se mêlent aux fouillis de ronces, de houx, d'ajoncs et de hautes fougères...

Malgré son impatience, le général se vit donc forcé de tenir son cheval au pas... Le dragon marchait en éclaireur à cent pas devant lui :

Tout-à-coup, il entend un coup de feu : il lance son cheval, s'approche, et voit le dragon les bras pendants et la tête penchée sur le cou de son cheval : une longue perche jetée d'un côté sur l'autre des talus, barrait le chemin

Une forme plus noire parut s'agiter à travers les branches : à tout hasard, le général lâche un premier coup de pistolet et attend, le bras tendu...

Au même instant, un homme saute en croupe de son cheval, l'enlace avec un turban qui fait deux ou trois fois le tour de son corps, est noué sur ses reins, et lui serre les deux bras sur les flancs.

Le général se trouva enlacé avant même qu'il eût eu le temps de penser à se défendre.

Un second paysan sortit des broussailles, prit le cheval par la bride et le reconduisit vers le château qu'il venait de quitter depuis à peine un quart d'heure.

Pas un mot ne fut prononcé dans cette lutte étrange qui rappelait les guerres des sauvages de l'Amérique.

Le général sentait toujours derrière lui, sur la croupe de son cheval, l'homme qui l'avait attaché...

par deux ou trois fois différentes, il crut entendre des cris sourds, un râle étouffé... puis, deux bras s'enlacèrent autour de son corps et se raidirent dans une convulsion suprême... une tête s'affaisa lourdement sur son épaule... un soupir passa dans ses cheveux...

On entrait dans la cour du château :

Des paysans accoururent et apportèrent un fallot. Pour arracher le général de sur son cheval, on fut forcé de détacher les deux bras roidis qui le tenaient serrés comme dans un étau :

—Jean! c'est moi... cria une voix de femme se détachant du groupe : — es-tu malade..?

Le corps glissa de la croupe du cheval et tomba lourdement à terre..

— Jésus Dieu! dit Yvonne en se jetant à genoux sur le cadavre de son mari, — mon pauvre Jean est mort!.. mais reprit-elle avec un sourire d'une naïveté sublime :
—Je suis bien rassurée sur son sort : il était en état de grâce, et monsieur Péchard m'a promis qu'il ressusciterait trois jours après sa mort..

— Crois-tu ça toi, Chaudeboire, dit le grand-fumeur en baissant la voix.

—Hum.. dit Chaudeboire avec un mouvement de tête, faudra voir...

—Monsieur le marquis de Fayolle, vous êtes notre prisonnier... il ne vous sera fait aucun mal ; mais je vous préviens qu'à la première tentative d'évasion je vous fais fusiller.

Le général leva la tête avec surprise : le son de la voix et les expressions formaient un contraste étrange avec la peau de bique et le feutre à larges bords qui cachait les traits du personnage.

Voyons maintenant ce qui se passait à Rennes, pendant l'absence du général.

XVI.

LE COMTE DE FAYOLLE.

Devant une haute cheminée, dont le chambranle, supporté par deux élégantes colonnettes de marbre blanc, enroulées de festons et d'arabesques dorés, était enjolivé d'une mosaïque de marbres précieux, encadrés dans des moulures également dorées, — le comte de Fayolle, étendu dans un grand fauteuil, les pieds sur les chenets, les mains croisées sur son ventre, était plongé dans cette béate somnolence que procurent une digestion facile et un bon feu.

Il était quatre heures du soir : les volets étaient déjà fermés : deux grandes chandelles de suif brûlaient dans de lourds chandeliers d'argent massifs.

Pendant que le marquis son frère sacrifiait généreusement sa vie au triomphe des idées révolutionnaires, et luttait de toute son énergie contre la conspiration de la Rouërie, — le comte avait depuis deux ans déjà quitté son château d'Epinay qui l'exposait aux visite trop fréquentes des chouans et des bleus ; — car, amis et ennemis étaient également à craindre dans ces malheureux temps, et si les chouans ne se retiraient guère d'une maison sans l'avoir pillée ; — messieurs les gardes nationaux ne se faisaient pas faute non plus de mettre les fermes à contribution et ne se privaient de rien qui leur fût agréable.

Le comte ne sortait que le plus rarement possible de l'hôtel de son frère, et évitait avec le plus grand soin tout ce qui aurait pu non-seulement le compromettre, mais encore le faire classer dans tel ou tel parti ; son esprit sceptique et voltairien lui avait valu l'estime et la considération de la haute bourgeoisie, qui le regardait comme un homme bien au-dessus des préjugés de sa caste.

Par égard pour son nom, la noblesse lui pardonnait son égoïsme, et l'abandon qu'il faisait de son parti.

Dans l'embrasure d'une fenêtre, à l'autre bout du salon, Gabrielle travaillait à un ouvrage de tapisserie.

La nuit commençait à tomber, — les rues étaient désertes et mal éclairées par quelques réverbères qui fumaient de loin en loin...

Un homme ouvrit la porte du salon et entra sans se faire annoncer.

Le comte fit un mouvement de surprise et de mauvaise humeur qu'il ne chercha pas à dissimuler.

— C'est vous, Péchard!.. dit-il d'un ton plus impérieux que poli, — que demandez-vous?...

Péchard s'approcha de Gabrielle, la baisa au front et roula un fauteuil auprès de celui du comte.

— Vous a-t-on vu entrer? — demanda le comte en regardant si personne ne les écoutait.

— Je ne le pense pas, monsieur le comte, je suis entré par la petite porte du jardin, qui donne sur Lamotte.

— Cette porte était donc ouverte? demanda le comte visiblement inquiet.

— Probablement par oubli ou par négligence du jardinier.

— Tous ces airs de mystères sont dangereux par le temps qui court, et ne me conviennent pas du tout... Tenez-vous-le pour dit, l'abbé. Je ne conspire pas, moi, et je ne veux avoir rien de commun avec ceux qui sont mêlés à ces affaires-là.

— Quant à moi, monsieur le comte...

— Il n'y a plus de monsieur le comte... Les titres de noblesse sont abolis. Je m'appelle monsieur de Fayolle, ou plutôt Fayolle tout court... Je ne connais qu'une chose, sachez-le bien, le respect aux lois et à la constitution.

— Cependant, il y a des circonstances...

— Pas de discussions, l'abbé,... vous chouannez, je le sais...

— Chouanner! moi! dit Péchard en levant dévotement les yeux au ciel : on m'a calomnié... J'ai cru devoir, il est vrai, pour des scrupules de conscience, refuser de prêter serment à la constitution civile du clergé... mais de là, à m'enrégimenter dans les bandes de chouans, il y a tout un abîme...

— C'est possible, l'abbé... je ne demande pas ce que vous faites, je ne veux pas le savoir... Tenez, je vous parle sincèrement : je suis l'homme le plus tranquille et le plus inoffensif de la terre... je ne veux de mal à personne... à vrai dire, je ne suis d'aucun parti... qu'ils s'arrangent pour gouverner la France, ça ne me regarde pas... Je ne sais pas si vous vous souvenez de l'exécution de madame de Farcy sur le Pré-Botté, la guillotine était une chose nouvelle, tout le monde en parlait, je voulus la voir... Ah! l'abbé, quel spectacle! je faillis me trouver mal... mes pauvres jambes flageolaient sous mon ventre et refusaient de me porter... je rentrai me coucher et je fus plus de quinze jours sans sortir... C'est pour vous dire, l'abbé, que je suis malade de la peur de me compromettre... Je ne vois personne, je ne parle à personne... Aussi, Péchard, je vous estime infiniment, nous sommes de vieilles connaissances, mais vous me ferez un grand plaisir en ne remettant plus les pieds à l'hôtel...

— Ah! monsieur le comte, que vous avez bien raison! Si tout le monde pensait comme vous, nous n'aurions pas à déplorer tant de crimes commis tous les jours.

— Je suis de votre avis.

— Mais, par malheur, nous sommes tous plus ou moins solidaires dans la société, et le coup qui frappe un membre, plonge dans la désolation une famille tout entière.

— C'est vrai; mais il faut d'abord songer à soi.

— Ainsi, continua Péchard, depuis longues années, vous caressiez un projet d'alliance avec M. de Tinteniac.

— J'en conviens... Mais aujourd'hui M. de Tinteniac est arrêté... je ne le connais plus.

— Cependant...

— Quoi?

— Si pareil malheur frappait votre frère, par exemple?...

— J'en serais désolé... car malgré ses idées un peu extravagantes, mon frère est dans le fond un excellent homme, et je l'aime beaucoup... Mais, avec la meilleure volonté, je vous le demande, là, entre nous, l'abbé, qu'est-ce que je pourrais faire pour lui?... — Par bonheur au moins, il a eu, cette fois, le bon esprit de ne pas se fourrer dans la conspiration de son ami la Rouërie.

— J'en doute... Mais les amis de la Rouërie sont habiles et nombreux... Qui vous dit, par exemple, que, pour sauver leur chef, ils ne chercheront pas à s'emparer de M. le marquis de Fayolle, pour se ménager un échange de prisonniers ou se livrer à une représaille terrible.

— Ho! le marquis connaît le métier de la guerre, et je le crois capable de se défendre.

— Je le crois aussi... mais on a vu souvent les généraux les plus habiles tomber dans des piéges... Ainsi, malgré toute sa prudence, si ce que je viens d'apprendre est vrai, votre malheureux frère...

— Eh bien?

— Aurait été arrêté par les chouans.

— C'est impossible... je l'ai vu ce matin.

— Une personne sûre m'a affirmé qu'il était prisonnier à votre château d'Épinay.

L'abbé disait la vérité; seulement il avançait de deux heures.

— Quel malheur! mon Dieu!... Mais que puis-je faire à cela?

— Ne pourriez-vous pas aider un peu ses amis à le sauver?

— Le sauver! moi!... comment? Mais l'abbé, vous êtes fou? Est-ce que j'ai des intelligences avec les chouans?

— Il n'est pas question de cela. Seulement des personnes prudentes et sensées se sont dit : Que l'on nous rende MM. de la Rouërie et Tinteniac, et nous mettrons M. le marquis de Fayolle en liberté.

— Qu'on leur rende Tinteniac et la Rouërie, je ne demande pas mieux; mais est-ce que cela dépend de moi?... est-ce que j'ai quelque autorité au club ou à la municipalité.

— J'ai un moyen, dit Péchard en se rapprochant du comte.

— Gardez votre moyen; je ne veux pas le connaître. Je ne veux, songez-y bien, me fourrer pour rien au monde dans toutes vos conspirations.

— Mais pourtant, monsieur, vous ne pouvez pas abandonner votre frère.

— Il est mon frère, mon Dieu! je le sais bien... et même un frère que j'aime beaucoup. Mais j'ai une fille aussi, monsieur... je suis père de famille, et avant tout, je me dois au bonheur de mon enfant.

— Sans doute, monsieur, sans doute... mais le moyen...

— Et s'il est découvert votre moyen, je serai regardé comme complice, arrêté, jugé et exécuté comme tel... Si ces messieurs m'avaient fait l'honneur de me consulter, je leur aurais conseillé de ne se point mêler de tout cela... Maintenant c'est fait.

— Oh! leur sort n'est pas douteux... Demain ils seront interrogés, exécutés, et leurs biens confisqués au profit de la nation.

Le comte se dressa sur son fauteuil et s'assura que personne ne les écoutait.

— Si vous renvoyiez Gabrielle, monsieur, nous pourrions peut-être causer plus à l'aise.

— Non, dit le comte; cela aurait un air de mystère

que les domestiques pourraient remarquer. Vous êtes très-compromettant, Péchard ; mais il y a peut-être moins de danger devant ma fille. Parlez... quel est votre moyen ?..

Un mot tombé dans la conversation avait subitement modifié ses sentiments à l'égard de son frère.

— Le moyen imaginé par les personnes honorables dont je vous parlais tout à l'heure est excessivement simple, dit l'abbé. Vous rappelez-vous un grand jeune homme que Huguet vous amenait assez souvent au château d'Epinay ?

— Le capitaine Georges, — dit le comte avec un mouvement de lèvres ironiques, — mais quel rapport ?...

— Ce monsieur Georges était, vous le savez, amoureux de Gabrielle.

A ce mot, la jeune fille releva vivement la tête et chercha à prêter un sens aux quelques mots qui arrivaient à son oreille.

— Je m'en souviens.

— Il est aujourd'hui capitaine de dragons et chargé du commandement de la place pendant l'absence du général.

— Eh bien !... — demanda le comte qui ne comprenait pas encore.

— Les amis de la Rouërie ont, m'a-t-on assuré, l'intention de mettre cette nuit, de service, une douzaine de gardes nationaux dévoués à la bonne cause... et, si l'on pouvait seulement tenir le capitaine éloigné du poste à la tombée de la nuit, — un des sous-officiers le remplacerait et confierait à des hommes sûrs le poste de la Tour-le-Bât.

— Mais depuis longtemps nous ne voyons plus le capitaine Georges, et je ne vois personne qui puisse le retenir précisément à cette heure-là... En admettant toutefois, — ce qui n'est pas, — que je consente à me rendre moralement complice de cette évasion...

— Qui pourra retenir le capitaine précisément à cette heure-là? répéta Péchard. — C'est en cela précisément que consiste le moyen que l'on m'a confié... et que je demande la permission de vous soumettre...

— Voyons... dit le comte baissant la voix et jetant sur la porte un regard craintif.

L'abbé, par un mouvement de tête, indiqua la jeune fille, qui commençait à s'apercevoir qu'on s'occupait d'elle.

— Gabrielle! dit le comte surpris.

— Qui veut la fin veut les moyens, — reprit Péchard. Je sais bien que vous n'avez rien à craindre des chouans; quand ils auront démoli votre château d'Épinay et brûlé vos métairies, ils n'en seront pas plus riches, ni vous plus pauvre pour cela... Mais je vous connais : vous êtes bon, sensible, et vous ne voudriez pas avoir à vous reprocher la mort de votre malheureux frère, quand il vous est si facile de le sauver sans courir le moindre danger...

— Eh bien! que faut-il faire? dit le comte, du ton d'un homme résolu à prendre un grand parti.

— Oh! ce que l'on vous demande est bien simple; de peur de vous compromettre, et pour éviter tout soupçon de complicité, vous allez prendre votre canne et aller faire une petite promenade d'une ou deux heures au plus du côté du Mail; vous pouvez même, en suivant la rivière, vous rendre tout doucement jusqu'au château de la Prévalais. Pendant ce temps-là, Gabrielle, restée seule dans ce salon, pourrait avoir une entrevue avec ce Georges, qui se trouverait là par un hasard que je me chargerais de préparer.

Gabrielle tressaillit; — bien qu'elle n'entendît pas l'entretien, le nom de Georges était arrivé jusqu'à elle, et ce mot réveillait tout un passé que sa raison condamnait, mais que son cœur n'avait pu complètement oublier.

— Mais, dit le comte, laisser Gabrielle seule..

— Je serais là, monsieur... je serais là, dit Péchard...

— Je ne promets rien, dit le comte en se levant; je verrai... je réfléchirai... Dans tous les cas, l'abbé, soyez bien persuadé que je ferai tout ce qui sera en mon pouvoir pour sauver mon malheureux frère...

Puis, comme s'il eût complètement oublié ce qui venait d'être dit, le comte prit sa canne et son chapeau, et se dirigea vers le Mail en suivant les murs de la ville.

Resté seul, Péchard roula son fauteuil auprès de celui de Gabrielle.

— Ma chère enfant, dit-il en prenant doucement les mains de la jeune fille, et l'enveloppant d'un regard velouté : vous savez l'affreux malheur qui est arrivé ?

— L'arrestation de M. le marquis de la Rouërie...

— Et de M. de Tinteniac, dit Péchard avec intention. Il faut que vous nous aidiez à les sauver.

— Moi! s'écria Gabrielle en le regardant avec la plus grande surprise.

— Vous, mon enfant... Celui de qui relèvent tous les empires, dit Péchard avec un accent prophétique, se plait souvent à choisir les caractères les plus faibles pour l'accomplissement de ses projets.

— Pouvez-vous me dire au moins ce que j'aurai à faire? demanda Gabrielle en rougissant.

A quelques paroles interrompues de la conversation de Péchard avec son père, elle avait compris que le nom de Georges était en jeu; — maintenant, elle pressentait déjà la vérité.

— Nous ne vous demanderons rien que de très-simple et de très-facile, répondit l'abbé en souriant. Il s'agit tout bonnement d'une entrevue avec Georges.

Gabrielle baissa les yeux avec embarras.

— C'est un malheureux enfant que les mauvais conseils ont égaré... Les volontés de la Providence sont impénétrables, peut-être vous a-t-elle choisie pour ramener à elle cette brebis égarée...

— Mais, l'abbé, que dire pendant cette entrevue?... Vous savez que je n'entends pas grand'chose à la politique.

— Allons, dit Péchard en riant, vous parlerez d'autre chose... Mais soyez sans crainte, je ne vous laisserai pas souffrir longtemps; la Tour-le-Bat est en face, et, au signal convenu, j'accourrai vous délivrer.

Péchard déposa un baiser sur le front de la jeune fille, et sortit en la laissant émerveillée du rôle que la Providence lui réservait dans les destinées de la monarchie française...

Le comte passa dans la chambre qu'avait occupée son frère, fit un triage de ses papiers, et jeta au feu ceux qui auraient pu le compromettre.

XVII.

LA SÉDUCTION.

Gabrielle travaillait toujours assise à la place où Péchard l'avait laissée. Un instant après, la porte du salon s'ouvrit : un domestique annonça le capitaine Georges.

Georges entra : non plus gauche et décontenancé comme au bal de M. Begasson de la Lardais, mais timide et tremblant en face d'un ennemi qu'il n'était pas habitué à combattre : Mademoiselle, dit-il, ma visite doit vous surprendre... permettez-moi de la justifier... M. Péchard m'a écrit...

— Pour une affaire très-importante qu'il désire vous communiquer.

— Vous le saviez?

— Il sera ici dans un moment, veuillez, je vous prie, prendre la peine de l'attendre.

Il entrait fier, la haine dans le cœur, la raillerie sur les lèvres, bien décidé à se venger de l'entrevue chez les demoiselles de Renac, et des grands airs méprisants du dernier bal... et tout-à-coup, au premier regard, au premier sourire, à la première rougeur de la jeune fille, toute sa fierté d'emprunt, toute sa crânerie amoureuse se fondit comme une goutte de rosée au premier baiser du soleil.

Malgré sa haine bien sincère pour la noblesse, il se sentait attendri en pensant à la générosité de Gabrielle qui, la première, l'avait aimé quand tout le monde le repoussait dédaigneusement... Et il se rappela son premier amour, si frais, si jeune, si naïf, si plein de confiance; ses rêveries sur le bord de l'étang d'Épinay, ses promenades à la ferme de Jean le Chouan... Tout, et rien... comme la vie, comme la jeunesse, comme l'amour...

Gabrielle avait jeté sur lui un regard, un seul, et ce regard avait suffi pour lui faire découvrir bien des choses.

D'abord, que le jeune homme portait avec une rare distinction son uniforme de capitaine, gagné sur le champ de bataille au milieu de la poudre et des cris déchirants des mourants et des blessés...

Ensuite, que depuis trois ans, Georges étaient grandement changé à son avantage; ce n'était plus le petit jeune homme qu'elle avait connu, humble et soumis, tremblant de mal faire, et implorant la faveur d'un regard. Il portait la tête haute sans forfanterie, et son œil brillant annonçait cette audace, cette confiance en soi, cette énergie à laquelle le cœur des femmes ne résiste presque jamais.

— C'est à monsieur Péchard, que je suis redevable de votre visite, monsieur... dit Gabrielle, avec le sourire gracieux d'une jeune fille habituée aux manières élégantes du grand monde.

— Oui, mademoiselle, dit Georges, c'est M. Péchard que vous devez accuser...

— Accuser! mais, monsieur, qui peut vous faire supposer qu'elle me soit désagréable?

— Tout, mademoiselle; notre passé, nos adieux, et la manière plus que froide avec laquelle vous m'avez accueilli au dernier bal...

— Ah! ce sont là les seuls souvenirs que vous ayez gardés de notre passé?...

— Ce sont du moins les seuls qu'il m'est permis de vous rappeler...

— Pourquoi ?..

— Parce que je ne veux être ni ridicule, ni malheureux...

— J'ai donc été bien méchante envers vous?

— Je ne prétends pas dire cela, mademoiselle; vous n'avez été que prudente et raisonnable... Vous avez compris la distance que la naissance avait placée entre nous...

— C'est-à-dire, que j'ai écouté les conseils de personnes plus âgées et plus éclairées que moi... Et c'est pour cela que vous me haïssez?

— Moi, vous haïr !... mademoiselle... vous m'avez profondément humilié, j'en conviens, j'ai cruellement souffert à cause de vous, mais je n'ai jamais pu vous haïr...

— Vous l'avez donc voulu?

— Cela vous étonne?

— Quel mal vous ai-je donc fait?

— Vous me le demandez !.. N'avez-vous pas flétri ma jeunesse en me faisant espérer un bonheur impossible?

— Est-ce ma faute, si...

— Non... aussi je vous ai pardonné... Nous étions enfants tous deux, et ni vous, ni moi, nous ne soupçonnions les exigences de la société dans laquelle nous étions appelés à vivre... aussi, croyez-le bien... Gabrielle... vous n'avez pas d'ami plus sûr et plus dévoué que moi..

La jeune fille sourit en hochant la tête :

— Vous ne me croyez pas?...

— Le moins du monde... et si, demain, dans une heure, un ordre de la municipalité vous le commandait, vous nous feriez parfaitement arrêter et emprisonner, mon père et moi...

— Par bonheur, M. le comte est trop prudent pour me mettre jamais dans cette pénible situation...

— Qu'en savez-vous! par le temps qui court est-on jamais sûr de n'être pas, sans le vouloir, complice de quelqu'un ou de quelque choses?

— C'est à cause de l'arrestation de M. de Tinteniac que vous me faites cette réflexion là?

— Eh bien! quand cela serait? votre dévouement dont vous me parliez tout-à-l'heure, irait-il jusqu'à le sauver de l'échafaud?

— M. de Tinteniac est mon ennemi politique, il y a entre son parti et le mien une guerre à mort... Si donc j'étais appelé à prononcer sur son sort je n'hésiterais pas à le condamner.. Quant à vous, Gabrielle, si votre vie était en danger, pensez à moi, appelez-moi... je ferai tout pour vous sauver, même un crime, même une trahison... mais pardon, mademoiselle reprit Georges en se levant, je m'aperçois que j'abuse de votre complaisance..

— Le temps vous parait long... dit Gabrielle d'un petit ton blessé...

— Mes instants sont comptés, mademoiselle, et je crains même de m'être oublié trop long-temps auprès de vous... je m'aperçois que depuis mon entrée dans ce salon, la pendule marque toujours quatre heures cinq minutes.. Je ne puis attendre Péchard davantage; dites-lui, je vous prie que demain je serai prêt à l'entendre..

Il allait sortir: Gabrielle se rappela Tinteniac et le rôle qui lui était tracé; elle pouvait bien faire un petit sacrifice de coquetterie au salut de la monarchie française...

— Un mot encore...

Georges s'arrêta debout auprès de la porte:

— Vous croyez n'est-ce pas que j'aime M. de Tinteniac!

— Ne deviez-vous pas l'épouser?

— Depuis trois ans.. ne vous-êtes vous jamais demandé pourquoi ce mariage n'était pas encore terminé ?

— J'ai pensé que les circonstances politiques..

— Seulement?.. et que ma volonté n'était pour rien dans ce retard de trois années?.. et si je vous disais moi qu'au moment d'accomplir le sacrifice, j'avais senti mon courage défaillir... si je vous disais que j'ai toujours pensé... à vous...

Georges la regarda avec surprise...

— A moi !.. vous?.. c'est impossible...

— Reconnaissez-vous cet anneau?.. l'anneau de ma mère, que je vous avais donné?..

— Et que je vous rendis chez les demoiselles de Renac...

Pour examiner l'anneau de plus près, Georges prit du bout des doigts la petite main si coquettement tendue vers lui et l'approcha de ses lèvres...

Au lieu de se retirer brusquement, — froissée par le contact de sa bouche, il lui sembla que cette main avait légèrement pressé la sienne..

Ce bonheur inattendu, cette caresse inespérée le frappèrent comme la foudre; tout son sang reflua vers son cœur... il se sentit frissonner et pâlir...

Rouge de plaisir, Gabrielle le regardait avec un ineffable sourire.

Georges, pressant sa main, et de l'autre l'attirant fortement à lui :

— Je t'aime... dit-il d'une voix sourde et voilée par la passion.

— Je t'aime... murmura la jeune fille bien bas, si bas qu'il pût à peine l'entendre.

Il fallait bien se sacrifier puisque le salut de la monarchie française était à ce prix là...

La porte du salon s'ouvrit: Péchard entra, en se frottant les mains d'un air de satisfaction.

— Je suis un peu en retard, dit-il, d'un ton goguenard; mais je vois que vous ne vous êtes pas trop ennuyés en m'attendant. Vous avez parlé de vos petites amourettes... Allons... le péché n'est pas bien grand...

— Vous m'avez écrit que vous aviez un secret important à me confier, dit Georges. Et je viens dans cette intention là. .

Gabrielle fit un mouvement pour sortir :

— Vous pouvez rester, dit Péchard, il ne faut plus qu'il y ait un mystère entre vous...

Gabrielle alla s'asseoir à la même place où Georges l'avait trouvée en entrant.

— J'ai dit hier, à la supérieure du couvent des Bénédictines : Voilà votre fils, et à vous, Georges, voilà votre mère...

— Pourquoi m'a-t-elle repoussé, au lieu de m'ouvrir ses bras ?

— Pourquoi ? la malheureuse pouvait-elle reconnaître pour son fils, l'homme qui venait la chasser de force du dernier asile que son repentir avait choisi ? En consultant les registres de la communauté, j'ai vu que l'abbesse était veuve de M. le comte de Maurepas, qui mourut assassiné la nuit, à la porte de son château d'Épinay, il y a environ vingt-cinq ans... c'est vrai... Si vous êtes le fils du comte de Maurepas, pourquoi vous a-t-on dépouillé de ce nom et de la fortune de votre père ?... Si vous êtes venu au monde après sa mort, ce qui me paraît plus vraisemblable, je me demande pourquoi votre mère ne vous a pas reconnu pour son enfant et légitimé votre naissance par un second mariage ?... Il y a sur votre naissance un mystère profond que je n'ai jamais pu découvrir... Deux personnes le connaissent... D'abord celui qui vous a élevé : M. le curé Huguet.

— Malgré mes supplications et mes larmes, il a toujours refusé de s'expliquer...

— Peut-être avait-il ses raisons pour cela.

— Une autre personne encore pourrait vous dire le nom de votre père...

— Cette personne?...

— C'est M. le marquis de Fayolle...

— Le général!

— Mon oncle!... dit Gabrielle...

— Il venait quelquefois visiter l'abbesse au couvent... c'est là que je l'ai vu la première fois...

— En effet, Georges, dit Gabrielle, je me souviens qu'un soir mon oncle m'a dit qu'il connaissait votre père...

— Cela m'explique ses bontés pour moi depuis trois ans qu'il ne m'a pas quitté un jour, dit Georges d'un air pensif...

— Des bontés qui cependant n'ont pas été jusqu'à vous faire retrouver votre famille, dit Péchard d'un ton ironique... Pauvre enfant! j'admire avec quelle candeur vous accordez depuis votre enfance, toute votre confiance, toute votre tendresse, aux gens qui vous ont fait le plus de mal!...

— Non! je ne croirai jamais que Huguet ou le général aient cherché à me nuire...

— Eh bien! puisque Huguet refuse de parler, voyez le général, interrogez-le... Puisqu'il connaît votre père, qu'il vous conduise auprès de lui et tous deux vous irez ensemble revoir votre malheureuse mère...

— Elle a été hier enlevée par les chouans à l'attaque de la mi-forêt...

— Elle a été délivrée comme moi, dit Péchard, et pour vous prouver à quel point je désire que vous soyez heureux, je vais vous dire le lieu où vous pourrez la retrouver : elle est à la ferme de Jean le Chouan, dont j'espère, vous n'avez pas oublié le chemin...

— C'est un piége! dit Georges, vous voulez m'attirer au milieu des chouans!

— Hé? cela pourrait bien vous arriver... Le général n'a pas été si prudent que vous... et à l'heure qu'il est..

— Le général?...

— Est prisonnier au château d'Épinay...

14.

— C'est impossible!... comment le savez-vous?...

— J'en suis sûr... eh! dam, écoutez donc, mon ami, à la guerre comme à la guerre... Les amis de M. de la Rouërie ont pris leurs précautions... et ils ont dit aux juges du tribunal révolutionnaire : Si la tête de M. de la Rouërie tombe sur la place du champ Jaquet; la tête de M. le marquis de Fayolle tombera à la même heure dans la cour du château d'Épinay...

— Mon oncle! s'écria Gabrielle, oh! mon Dieu, comment le sauver!...

Georges pâlit.

— L'abbé, prenez garde! vous conspirez, je le sais... Il y a longtemps que j'aurais dû vous faire fusiller... mais si vous avez dit la vérité, malheur à vous.

— Oh! je suis bien tranquille sur mon sort, dit Péchard, le Seigneur n'abandonne jamais ceux qui le servent... Et puis, moi, je ne suis pour rien dans ce qui se passe.. Je vous ai rapporté ce que j'ai entendu, voilà tout... il y a dans votre parti et même à la tête de votre parti, de très-chauds patriotes qui ne manquent jamais à nous informer de tout ce que vous dites, de tout ce que vous comptez faire.

— C'est encore là une calomnie des royalistes...

— Une calomnie... je pourrais sans sortir de ce salon, vous donner la preuve de ce que j'avance, mais ces gens-là peuvent m'être très-utiles et j'espère bien m'en servir à l'occasion...

— Voyez donc, comme le ciel est rouge? dit Gabrielle en relevant et en ouvrant la fenêtre : on dirait un incendie.

— Je sais ce que c'est, dit Péchard — le feu a pris à une bicoque qui fait le coin de la rue Saint-François et qui touche à la Tour-le-Bat...

— J'y cours, dit Georges.

Au moment où il sortait, le comte entra.

— Vous avez vu l'incendie, monsieur le comte?...

— Oui, les rues sont pleines de monde... on parle de l'évasion de Tinteniac et de La Rouërie...

— Ils sont sauvés!.. le ciel est avec nous, dit Péchard.

Georges était déjà dans la rue, courant à son poste et réfléchissant trop tard à la grave responsabilité qui pesait sur lui...

XVIII.

LE COUP D'ÉTAT.

— Maintenant, Péchard, dit le comte, dépêchez-vous de partir... prenez l'escalier de service, sortez par la petite porte qui donne sur Lamotte et tâchez que personne ne vous voie...

On entendit un coup de pistolet dans le jardin.

— Qu'est-ce encore que cela? dit le comte en ouvrant la fenêtre.

Tinteniac entra brusquement; un pistolet à la main. les habits en désordre et tachés de sang.

— La Rouërie est sauvé!...

— Mais ce coup de feu?...

— Une sentinelle me barrait le passage, je l'ai tuée... la douve de la Visitation est gardée... j'ai escaladé un mur... j'ai voulu fuir par la petite porte, elle était fermée...

— J'ai pris la clef, dit Péchard, la voilà... venez!...

— Écoutez!... dit Gabrielle en approchant l'oreille de la fenêtre.

Au même instant on entend un bruit de pas cadencé dans la rue : puis la voix de l'officier commandant ses hommes et plaçant des factionnaires.

Les plus hardis pâlirent...

Le marteau retomba lourdement sur la porte de l'hôtel.

— Au nom de la loi!... ouvrez!...

— Nous sommes tous perdus! s'écria le comte.

Gabrielle courut se jeter dans ses bras...

Il se fit pendant quelques secondes un silence de

mort. Des coups de crosses de fusils ébranlaient la porte de la rue...

— Des armes! dit Tinteniac, — armez vos domestiques, nous tiendrons quelque temps, vous vous sauverez pendant ce temps-là.

— Les domestiques! dit le comte, ils se mettraient contre nous.

Les coups redoublaient : on menaçait d'enfoncer la porte.

— Faites ouvrir! dit Péchard, et ne craignez rien... je réponds de vous sauver tous...

Tout le monde le regarda avec surprise, instinctivement rassuré par sa confiance et son sangfroid.

La porte du salon s'ouvrit à deux battants : Bouaissier et Martinet entrèrent, le chapeau sur la tête et ceinturés d'écharpes tricolores. Derrière, eux une douzaine de soldats se tenaient l'arme au bras...

Bouaissier tira de sa poche une grande feuille de papier et après avoir écrit quelques lignes :

— Péchard, prêtre réfractaire; Tinteniac, ci-devant comte de Fayolle, et demoiselle Gabrielle de Fayolle, au nom de la loi, je vous arrête comme accusés d'avoir préparé ou facilité l'évasion d'Armand Tuffin, ci-devant marquis de La Rouërie... Martinet, je vous confie la garde de ces prisonniers, vous m'en répondez sur votre tête. Je vais continuer mes recherches dans les autres partie se l'hôtel...

— Poursuis tes recherches patriotiques, dit Martinet, visite avec soin les caves et les greniers... nous sommes ici dans l'antre de la contre-révolution... sur ma tête je réponds de ces prisonniers...

Bouaissier sortit.

Péchard s'approcha de Martinet et lui touchant légèrement l'épaule

— Me reconnaissez-vous? dit-il en baissant la voix...

— Oui, dit Martinet en laissant tomber du haut de sa petite taille un regard dédaigneux : — Je vous reconnais pour un ennemi de la constitution et pour un fauteur d'anarchie...

— Vous rappelez-vous un certain voyage que vous fîtes à Paris?

— Je m'en souviens.

— Vous plaît-il que j'en parle au tribunal.

— Comme il vous plaira.

— Et votre visite au château de La Rouërie, l'avez-vous oubliée.

— Je ne sais pas ce que vous voulez dire.

— Je vais aider votre mémoire. Vous aviez été arrêté comme espion et amené dans la salle du conseil. Le marquis vous condamna à être pendu. Vous en souvenez-vous?

— Non, dit Martinet.

— Deux chouans vous emmenaient : vous rappelâtes au marquis plusieurs avis qu'il avait reçus d'un officier de la municipalité de Rennes, et tous signés « Un ami. »

— Cela n'est pas vrai, dit Martinet avec un aplomb imperturbable.

— Et pour prouver que vous étiez bien réellement cet ami officieux, vous ne vous souvenez pas d'avoir écrit de votre main, devant moi, le même billet que le marquis venait de recevoir?

— Et ce billet... où est-il?

— Allons donc, dit Péchard, vous vous faites bien tirer l'oreille, compère Martinet. Reconnaissez-vous votre écriture et votre signature? dit-il en lui montrant un petit chiffon de papier jaune et frippé.

Martinet jeta autour de lui un regard inquiet, comme pour s'assurer que personne ne les écoutait.

— Voulez-vous nous sauver? dit Péchard à voix basse.

— Comment?

— Bouaissier est dans les caves, enfermez-le.

— Et les factionnaires?

— Vous les mènerez à l'office, et pendant que vous les ferez boire, nous nous sauverons.

— Tous quatre? c'est impossible... D'ailleurs j'ai été dénoncé, et l'on a ordre de me surveiller.

— Vous ne pouvez rien?

— Vous voyez bien que non.

— Alors, nous mourrons tous ensemble, car avant de sortir de ce salon, je jure de remettre au président du tribunal révolutionnaire ce billet, qui est une trahison écrite de votre main, signée de votre main. Voyons... le temps presse... décidez-vous.

Martinet devint horriblement pâle; son regard vitreux prit une expression effrayante. Un signe, un geste, une seconde... il était perdu... la mort était là!... la mort en place publique, au milieu des clameurs et des huées de la foule stupide et furieuse.

Un moment il eut, comme dans le jardin de la Rouërie, la pensée de se jeter sur Péchard, de l'étrangler, de lui arracher le billet accusateur et de l'avaler. Ses idées tourbillonnaient confuses dans son cerveau; il avait le vertige.

— Eh bien! demanda Péchard.

— Mais c'est impossible! s'écria Martinet exaspéré; vous me perdez sans vous sauver. Attendez.

— Vous refusez?... c'est bien.

Au même instant, Georges entrait dans l'hôtel à la tête d'un nouveau peloton de vingt-cinq hommes; la porte du salon s'ouvrit, il entra.

— Capitaine, dit Péchard en courant à lui, — j'ai fait à Dieu le sacrifice de ma vie, je ne demande rien pour moi... M. de Tinteniac est soldat, il subira les chances de la guerre... Mais, au nom du ciel, Georges, sauvez cette jeune fille; Georges, sauvez cette pauvre enfant qui n'a qu'une faute à se reprocher... celle de vous avoir aimé. — Je vous ai dit qu'il y avait des traîtres dans votre parti : en voilà un devant vous. C'est lui qu'on a chargé de nous arrêter... Tenez... lisez!

voilà le billet qu'il écrivait au marquis de la Rouërie au moment où vous partiez de Rennes pour venir l'arrêter.

Georges parcourut le billet et alla ouvrir la porte du salon. Sur un geste, deux soldats entrèrent.

— Conduisez cet homme au poste, dit-il en désignant Martinet.

— Capitaine! cria Martinet, vous violez la constitution... c'est à moi de commander ici... Je proteste.

Les soldats ne lui laissèrent pas le temps de formuler sa protestation.

Bouaissier accourut au secours de son collègue :

— Au nom de la loi que je représente, capitaine, vous rendrez compte au tribunal de cet abus d'autorité.

— Sergent, arrêtez cet homme, dit Georges et conduisez-les tous deux au poste. Je vous rejoins dans un instant.

Les soldats emmenèrent Bouaissier comme ils avaient emmené Martinet.

— Maintenant, dit Georges, vous êtes tous libres? ne perdez pas de temps... partez vite!

— A charge de revanche, capitaine, dit Tinteniac, j'espère pouvoir un jour vous rendre la pareille.. votre main.

— Vous ne me devez rien, dit Georges froidement, sans serrer la main que lui tendait Tinteniac, ce n'est pas à cause de vous que je trahis mon devoir et mon parti... Soyez-en bien convaincu.

— Oh! mon fils, le ciel te bénira! s'écria Péchard.

— L'abbé, allez vous faire fusiller plus loin... soyez sûr que vous ne l'échapperez pas longtemps... Quant à vous, M. le comte, j'avais à cœur depuis longtemps de reconnaître vos bons procédés pour moi... nous sommes quittes.

— Nous nous reverrons, capitaine, répondit le comte en entraînant Gabrielle.

— Georges! dit-elle d'une voix suppliante en tournant la tête, et une main tendue vers lui.

Georges prit sa main et la pressa avec passion :

— Adieu, Gabrielle, adieu...

La porte se referma, il était seul.

— Maintenant, dit-il, à moi de me faire justice.

Il tira un pistolet de sa poche, s'assura que l'amorce n'était pas tombée, fit craquer le ressort et appuya sur sa tempe, le bout du canon.

Un cri de femme lui fit tourner la tête... Gabrielle était pendue à son cou.

— Voulez-vous vivre avec moi, ou faut-il que je meure avec vous ? choisissez...

— Partons ! dit Georges en l'emportant dans ses bras.

XIX.

JEAN LE CHOUAN.

Pour ne pas éveiller les soupçons qu'attireraient nécessairement cinq personnes voyageant la nuit, à cheval; le groupe se fractionna en deux parties : Péchard et Tinteniac se rendirent au château d'Epinay pour rassurer leurs amis politiques, reconnaître l'état des lieux; et prévenir de ce qui s'était passé, Hélène et le général. Le comte, Gabrielle et Georges allèrent passer le reste de la nuit au château de Marbœuf, situé un peu dans les terres, à moitié route environ de Rennes à Vitré.

La nuit suivante tout le monde s'était donné rendez-vous dans la grande salle du château d'Epinay, pour délibérer en commun sur le parti à prendre dans leur nouvelle situation.

Voyons maintenant ce qui se passait pendant ce temps-là au château d'Épinay.

Quand la mort de Jean le Chouan fut bien constatée, on porta son corps dans une grande salle basse ouvrant sous le balcon, et servant à la fois de cellier, d'office et à serrer les provisions. Le corps était étendu sur une couette placée sur une couche de paille.

Deux petits cierges gros comme le doigt étaient allumés, l'un à la tête, l'autre au pied du lit. A côté, sur une chaise, étaient soigneusement pliés les habits de Jean le Chouan ; sa grande gamache de toile blanche, son turban de coton rouge, son gilet de drap blanc à boutons de métal étoilés, sa culotte, sa veste de tiretaine brune, et son chapeau des dimanches.

Yvonne agenouillée récitait les prières des morts :
Tout auprès, Chaudeboire et le Grand-Fumeur étaient assis sur une botte de paille, un pichet de cidre entre les jambes :

— Yvonne, dit Chaudeboire, voilà deux jours et bientôt trois nuits que vous passez à prier le bon Dieu.. m'est avis que vous ne feriez pas mal d'aller vous reposer un brin.

— Me coucher, doux Jésus ! mais il y a aujourd'hui trois jours que notre pauvre Jean est mort; et c'est cette nuit qu'il doit ressusciter avant que le coq chante.

— Vère ; à ce que dit M. Péchard.

— Est-ce que vous n'auriez pas la foi, Chaudeboire ?

— Oh ! si, j'ai la foi tout de même, mais v'là déjà cinq ou six de mes camarades qui ont été tués par les bleus, Pierre Courail, Brise-Barrière, Sans-Peur, le gars Colichet et les autres... Je ne les ai jamais revus... ni personne...

— Ça, c'est vrai, dit le Grand-Fumeur, faut être juste.

— Mais, dit Yvonne, vous le savez bien, Pierre, qu'ils sont ressuscités dans la Vendée, en Normandie, et dans la Basse-Bretagne...

— Je ne dis pas non... mais pourquoi s'en aller dans un pays où on ne connait personne et où personne ne vous connaît ?...

— Oui, pourquoi? dit le Grand-Fumeur en bourrant flegmatiquement sa pipe.

— Demandez-le à monsieur Péchard, il vous le dira... c'est un saint homme qui en sait plus long que vous et moi...

— Je ne lui demanderai pas ce que je sais bien, ce qu'il me répondrait ; ce qu'il a promis maintes et maintes fois à Louis, à François, à Jean, à moi et à tout le monde... Je ne dis pas qu'il soit fautif, mais enfin, j'ai vu mes camarades morts, et je ne les ai jamais revus en vie; voilà ce qu'il y a de bien sûr, dit Chaudeboire...

— Ni moi non plus, dit le Grand-Fumeur, en battant le briquet sur une corne emplie de bois mort carbonisé.

— C'est qu'ils n'auront pas été en état de grâce, dit Yvonne.

— Faut croire... observa le Grand-Fumeur.

— Quant au pauvre Jean que voilà, y avait-il un homme plus envers le bon Dieu que lui?

— Non.

— Je n'en connais point.

— A-t-il jamais refusé de marcher contre les bleus?

— Jamais.

— A-t-il jamais fait grâce à un pataud?

— Je ne le crois pas.

— Toujours le premier en marche, son fusil sous son bras et son chapelet à la main.

— Pauvre Jean! c'était véritablement un bon chrétien.

— Et un brave chouan.

— Le voilà! Eh bien, qu'il se lève, qu'il vienne à moi et qu'il me dise : Bonjour Pierre... et je croirai tout ce qu'on voudra.

— Je ne peux pas croire qu'il soit mort... dit Yvonne, dont les yeux ne quittaient pas le visage de son mari; il me semble toujours le voir ouvrir les yeux, et la bouche pour nous parler.

— Pauvre Jean! dit Chaudeboire, s'il en revient, il

va me trouver là', car je réponds bien de ne le quitter, que pour le porter en terre.

— Soyez sûr, que le cher homme n'est pas mort... dit Yvonne inébranlable dans sa foi.

Péchard entra suivi d'une foule de paysans, hommes et femmes se pressant sur ses pas, pour le voir de plus près et baiser le bas de sa soutane. Pour ces bonnes gens, Péchard était un saint, et ses moindres paroles étaient reçues comme des articles de foi.

Il s'approcha lentement du lit de Jean le Chouan, souleva le linceul qui couvrait le corps, prit sa main bleuie par le froid de la mort, et soulevant son bras d'une rigidité cadavérique :

— Seigneur, Seigneur, dit-il, les yeux au ciel, ayez pitié de nous, écoutez-nous.

Tous les assistants étaient à genoux, silencieux et priant Dieu.

— Chrétiens, mes frères, eussiez-vous fait autant de péchés qu'il y a d'étoiles au ciel, je vous pardonnerais tout, pourvu que vous soyez repentants et confessés, a dit N.-S. J.-C., dans une lettre écrite de sa main; mais à ceux qui auront douté de mes paroles, à ceux qui auront refusé de combattre pour ma défense, j'enverrai grande famine, grande peste, guerre et grandes bêtes noires qui dévoreront leurs biens et leurs familles. Les démons mangeront les grains dans les épis, et ils entendront dans les airs des voix de réprobation.

Le Grand-Fumeur et le sceptique Chaudeboire n'étaient pas très-rassurés en ce moment.

— Seigneur, reprit Péchard, vous qui avez dit à Lazare : « Surge et ambula... » Lève-toi et marche !... Rendez-nous ce martyr de la foi, et qu'il reste parmi nous jusqu'à ce qu'il ait mis sous son pied les ennemis de votre saint nom.

Seigneur, Dieu fort, Dieu des armées ! renouvelle les miracles qui signalent ta puissance, ressuscite les fidèles et combats avec ton peuple pour l'extermination des bleus et des impies !...

Prions, chrétiens mes frères, pour que le Seigneur nous rende le corps et l'âme de notre ami Jean le Chouan.

Les prières dites, la foule s'écoula silencieuse et recueillie.

— Crois-tu, toi, Pierre, que le gars en reviendra? demanda le Grand-Fumeur.

— Je le verrons ben... dit Chaudeboire, avec un mouvement de tête significatif, mais en attendant, je ne bouge pas de là...

— Ni moi... dit le Grand-Fumeur... Passe-moi le pichet.

XX.

LES IMPORTANTS.

Quelques pieds au-dessus de leurs têtes, dans le salon du château, les personnages importants du parti, la Rouërie, Bondeville, Tinteniac, deux officiers anglais et quelques gentilshommes des environs, discutaient les chances d'une grande bataille qui devait se livrer à quelques jours de là.

Péchard entra.

De graves événements se préparaient, et tout leur faisait espérer un dénoûment décisif et favorable.

Les armées catholiques de la Basse-Bretagne devaient s'avancer en même temps, des deux côtés à la fois, par les routes de Rennes et de Dinan, avec les chouans du Morbihan, conduits par Cadoudal et Mercier de la Vendée, et se réunir dans les environs de Fougères, La Guerche et Vitré, aux Vendéens commandés par Bonchamps, d'Elbée et La Rochejaquelein, qui allaient traverser la Loire, marcher sur Granville, se joindre aux chouans d'Ille-et-Vilaine, faciliter le débarquement du comte de Provence qui, depuis plus de quinze jours, croisait en vue des côtes, soulever la Normandie et marcher sur Paris à la tête d'une armée de cent mille hommes, qui devait se grossir encore de tous les mécontents des provinces traversées.

— Il ne faut pas nous dissimuler, messieurs, dit la Rouërie, que nous n'avons pas comme nos amis de la Vendée, une armée disciplinée, aguerrie, habituée aux manœuvres et aux grandes batailles... Nos opérations se sont bornées jusqu'ici à de légères escarmouches, à quelques coups de fusil échangés contre des détachements de bleus ou de gardes nationaux des environs... Mais nos chouans voudront-ils tenir campagne et perdre de vue le clocher de leur paroisse?... Il est permis d'en douter... Dans cette partie de la Bretagne, le paysan est méfiant et goguenard avec un ton de bonhomie et de grande simplicité... Il me paraît donc difficile de pouvoir compter d'une manière certaine sur un soulèvement en masse.

— Vous avez raison, marquis, dit M. de Bondeville, en dehors de leurs métairies nos paysans ne voient rien, ils ne se passionnent que pour ce qui touche à leurs intérêts d'argent, et pour les élever jusqu'à l'abnégation, jusqu'à l'enthousiasme, il faudrait un grand événement, quelque chose d'inattendu... un miracle!

— Nous l'aurons! dit Péchard, avec un geste et un accent prophétique : Je veux que demain la paroisse de Champeaux toute entière soit témoin d'un fait surnaturel... Je veux faire de chaque habitant un apôtre et un martyr de notre sainte cause...

— Mais, dit la Rouërie avec une légère pointe d'ironie, cet évènement dépend-il de vous seul, l'abbé?

— De moi seul.

— Et vous n'avez besoin ni d'aide ni de confident pour l'accomplissement de votre miracle?

— Je n'ai besoin de personne.

— Très-bien... ainsi donc demain...

— Demain, vous aurez dans ces paysans si apathiques et si indolents les soldats les plus déterminés, les plus enthousiastes des armées catholiques ..

— Dieu vous entende, l'abbé... Ainsi donc, Messieurs, à demain, dit la Rouërie en congédiant l'assemblée.

Sur un signe, MM. de Bondeville, Tinteniac et Péchard restèrent dans le salon.

— Maintenant, Messieurs, dit la Rouërie, parlons un peu des affaires qui nous concernent plus particulièrement. Nous voilà tous hors de danger, et même je l'espère à la veille d'un grand succès. Pouvez-vous nous dire à qui Tinteniac et moi, nous devons la liberté?

— C'est à l'abbé Péchard, marquis, dit M. de Bondeville, c'est à lui seul qu'en revient tout l'honneur...

— Mon cher abbé, merci, dit la Rouërie, en serrant la main de Péchard... à charge de revanche.

— Le plus tard possible... dit Péchard en riant.

— Pouvez-vous nous dire le moyen que vous avez employé? Il est de ces choses qu'il est toujours bon de connaître.

— Ma ruse était bien innocente.. je savais depuis longtemps déjà qu'il y avait entre l'abbesse des Bénédictines et le marquis de Fayolle un secret important... l'abbesse était ici; j'espérais qu'il voudrait la revoir... il est venu et M. de Bondeville l'a fait prisonnier de guerre...

— Comment! le marquis est ici! s'écria la Rouërie ..

— Dans une chambre où j'ai placé deux hommes chargés de le garder à vue, dit M. de Bondeville.

— Faites-le venir de suite, dit la Rouërie, j'ai besoin de lui parler.

M. de Bondeville sortit.

— Le général parti, c'était un grand pas de fait, continua Péchard : mais tout n'était pas fini, il fallait encore éloigner le capitaine chargé du commandement pendant son absence. J'employai auprès du second la même ruse qui m'avait si bien réussi une première fois... Je savais le capitaine très-épris de mademoiselle Gabrielle de Fayolle... je ménageai adroitement une entrevue... il était facile de prévoir une explication, des reproches, peut-être même un raccommodement... tout cela devait faire perdre du temps... ce qui eut lieu... Le capitaine absent fut remplacé par un officier de la garde nationale qui nous est dévoué; un moment après, par un hasard providentiel, le feu prenait à une bicoque en bois de la rue Saint-François; le poste se porta pour éteindre l'incendie; et pendant ce temps-là une main amie ouvrait les portes de votre prison...

— Ah! l'abbé! s'écria la Rouërie avec chaleur, quand j'aurai replacé le roi Louis XVI sur un trône digne de lui, je vous promets de lui rappeler ce trait de courage et de dévoûment à la monarchie... Quant à vous, mon pauvre Tinteniac, je crois me souvenir que vous aimiez mademoiselle de Fayolle.

— M. de Tinteniac a l'âme trop haut placée, dit Péchard, pour mettre un instant en balance un caprice amoureux et le triomphe de son parti

— Tout pour le roi, Messieurs! N'est-ce pas notre devise? dit Tinteniac touché de la flatterie de Péchard.

— Plus tard, dit la Rouërie, nous pourrons, je l'espère, reconnaître dignement ce sacrifice... Écoutez... Ah! c'est le marquis que l'on amène.

— Je vous laisse ensemble, dit Péchard, le général doit être furieux contre moi, et je ne me soucie pas d'entrer en explication avec lui.

Péchard et Tinteniac sortirent :

Le général entra.

XXI.

RECONNAISSANCE.

En reconnaissant la Rouërie, le général recula de surprise :

— Comment! toi ici! tu es libre!...

— Et toi mon prisonnier... chacun son tour... Tu le vois, marquis; comme l'amour, la guerre à ses caprices... assieds-toi là et causons... Tu te rappelles, n'est-ce pas, la visite que tu me fis il y a trois jours à la Tour-le-Bat?

— Parfaitement...

— Tu m'aurais laissé guillotiner?...

— C'était mon devoir...

— J'ai préféré me sauver, c'était mon droit... maintenant, je suis maître de la situation... pour te prouver à quel point je suis sûr du triomphe de ma cause, et combien je crains peu toutes les forces réunies du gouvernement révolutionnaire, je te rends la liberté, moi, et la liberté sans condition... Pars, monte à cheval, retourne à Rennes, rassemble ton régiment, toutes les gardes nationales du département et reviens à leur tête me déloger d'ici, si tu peux...

— Non... dit le général accablé : — je suis perdu, deshonoré... je suis indigne désormais de la confiance des braves gens de mon parti... on me croira incapable de commander... ou plutôt on me croira coupable de trahison...

— Que peut-on te reprocher? il n'y a aucune preuve contre toi?...

— On connaît notre ancienne amitié... et l'on dira que je n'ai quitté Rennes que pour faciliter ton évasion..

— Ta réponse est bien simple, et toute la responsabilité retombe sur l'officier chargé de te remplacer pendant ton absence...

— Le capitaine Georges ! s'écria M. de Fayolle en se levant.

— Sans doute... et je l'en remercie, car si tes ordres avaient été fidèlement exécutés, j'ai tout lieu de croire que je ne serais pas ici...

— Oh ! le malheureux ! dit le général, qui comprit seulement alors toute l'horreur de sa position...

— Tu aimerais mieux peut-être que je fusse sacrifié à sa place ?...

— Oh ! oui, cent fois ! toi... et tous ceux de ton infâme parti !...

— Général... vous oubliez !...

— Je n'oublie rien... tiens, fais-moi fusiller ici, sur le champ, car si un seul cheveu tombe de sa tête... je te jure, et je vous jure à tous, une guerre d'extermination, une guerre à mort !

— Tu divagues, marquis, la passion t'égare ; tu as une manière bien simple de te tirer d'affaire ; fais passer le capitaine devant un conseil de guerre... si le capitaine est innocent, le conseil l'acquitte ; s'il est coupable, on le condamne et on le fusille, voilà tout...

— Mais enfin ! que s'est-il passé ?

— Oh ! rien de bien grave, d'après ce qu'on m'a raconté du moins, voici : le capitaine aurait reçu une invitation de se présenter à ton hôtel, et pendant qu'il s'oubliait en tête avec mademoiselle Gabrielle, on venait m'ouvrir les portes de ma prison... au reste, si tu veux de plus amples détails, j'aperçois ton frère, M. le comte de Fayolle qui vient de ce côté, il pourra probablement te donner tous les renseignements que tu désires.

Monsieur le comte, dit la Rouërie en allant à sa rencontre ; j'ai des excuses à vous offrir sur l'occupation de votre château par moi et par mes amis, mais c'est dans un intérêt général, et j'ai lieu d'espérer que je pourrai vous indemniser prochainement de tous les frais de la guerre.

Le marquis sortit en laissant le général seul avec son frère.

— Depuis que j'ai fait la sottise de quitter Rennes pour venir ici, que s'est-il passé ?... demanda le général ; voyons, parle... et dis-moi toute la vérité...

— Voici : deux heures à peine, après que tu nous avais quittés, Péchard vient à l'hôtel... je le reçois très-froidement d'abord, et je le prie poliment de passer la porte... tu sais comme il est parfois souple, insinuant, et peu sensible à un affront... il insiste... je consens à l'écouter... il m'apprend que tu venais d'être arrêté par les chouans... — Si la tête de la Rouërie tombe à Rennes sur la place publique, soyez sûr, me dit-il, que le même jour, à la même heure, la tête de votre frère tombera dans la cour de votre château... voulez-vous le sauver? rien de plus facile... faites une promenade d'une heure, pendant ce temps-là, Georges viendra causer avec Gabrielle, et quand vous rentrerez, la Rouërie sera libre et votre frère sauvé... à ma place, qu'aurais-tu fait?..

— Continue...

— Je sors... une heure après, j'apprends dans la rue l'évasion de la Rouërie, je reviens à l'hôtel et, presque aussitôt, je vois entrer Tinteniac que l'on poursuivait; je veux le faire partir, il est trop tard : la garde arrive, se fait ouvrir au nom de la loi. Martinet et Bouaissier entrent dans le salon, arrêtent Tinteniac et Péchard, puis Gabrielle et moi, comme complices de l'évasion de la Rouërie... nous étions tous perdus... tu étais arrêté, personne pour nous sauver... Comprends-tu notre situation?..

— Continue...

— Tout-à-coup, la porte du salon s'ouvre : Georges entre ; il fait arrêter Martinet et Bouaissier et les envoie au poste ; puis, resté seul avec nous, il ouvre la porte en nous disant : — Partez! vous êtes libres!.. Libres! sauvés par lui que j'avais insulté, chassé; par lui, que nous venions d'attirer dans un piége!.. Ah! vois-tu, c'était admirable, sublime ! et je ne puis y penser sans que les larmes me viennent aux yeux...

— Ah ! tu le trouves généreux et sublime parce qu'il vous a sauvé la vie !.. Eh bien ! sais-tu ce que c'est que sa conduite aux yeux de la loi, de la justice et de la raison ? c'est un crime, une lâcheté, une trahison ! Le capitaine Georges a violé sa consigne, a manqué à tous ses devoirs de soldat ; et, à l'heure où je te parle, le conseil assemblé le juge et le condamne à la dégradation... à la mort des traîtres...

— C'est possible... mais, heureusement le jugement ne sera pas exécuté.

— Comment ?

— Georges nous a suivis... nous l'avons emmené...

— Il a déserté son drapeau... deshonoré ses épaulettes !.. Oh ! mon Dieu ! ma faute fut grande sans doute, mais je l'expie bien cruellement !

— Voyons, réfléchis, que diable ! à ma place, qu'aurais-tu fait ?.. Tinteniac est poursuivi et vient se réfugier chez moi... pouvais-je lui fermer ma porte et le livrer à ses bourreaux ?... Et toi, est-ce que tu aurais laissé mourir la femme que tu aimes sans vouloir la sauver ou mourir avec elle ?...

— C'est vrai, dit le général ; tu as peut-être raison : il y a, dans la vie, des circonstances terribles où l'on se trouve entraîné fatalement à trahir ses devoirs, à sacrifier sa vie et même son honneur. Après tout, je n'ai pas le droit de me montrer trop sévère envers lui, car je me souviens à quel prix j'avais offert à la Rouërie de le sauver : Et maintenant, qu'allez-vous devenir ?

— Ce n'est pas précisément le mari que j'avais choisi pour ma fille ; mais après un dévoûment pareil, nous ne pouvons plus le quitter... d'ailleurs, Gabrielle n'y consentirait jamais...

— Vous ne pouvez plus rester en France ?

— Non ; je voulais te prier de demander à la Rouërie le moyen de passer en Angleterre..

— Nous verrons cela... j'ai depuis quelque temps un projet que je vais vous soumettre dans un instant.

— Maintenant, le capitaine désirerait te voir, te parler, pour t'expliquer les motifs de sa conduite. Le monde entier lui est indifférent, dit-il, mais il ne pourrait jamais se résigner à supporter un mépris ou même un blâme de son général... Sois indulgent à cause de nous, mon ami, car, si tu le condamnes, je jurerais qu'aussitôt après nous avoir mis hors de danger, il reviendrait se constituer prisonnier, se faire juger et condamner... Et alors, Gabrielle en mourrait, et moi, je ne survivrais pas à ma fille !.. Veux-tu que nous te le présentions ?

— Non, pas maintenant ; j'ai besoin de voir quelqu'un auparavant... Je vous ferai demander dans un instant.

En quittant son frère, le général passa dans une autre pièce où Hélène était occupée à causer avec Huguet.

— Vous connaissez les chagrins, les fautes et les malheurs de notre passé, dit le général à Huguet, pensez-vous, monsieur, qu'il nous soit permis de les réparer par une union légitime ? pouvons-nous donner une famille, un nom, au pauvre enfant que vous avez recueilli ?

— Depuis la première visite que vous fîtes à madame, au couvent des Bénédictines, j'ai souvent réfléchi à la question que vous me faites en ce moment, répondit Huguet. Je fus alors, s'il m'en souvient, d'une grande sévérité pour vous ; je le devais : dans mon esprit, l'expiation n'était pas suffisante... La religion, d'ailleurs, avait mis entre vous une barrière infranchissable. Mais aujourd'hui les circonstances ne sont plus les mêmes ; la loi qui a fermé les cloîtres ne reconnaît pas de vœux éternels. Aux yeux de la loi, madame est donc parfaitement libre de contracter un second mariage. Mais reste pour vous le tribunal sacré de la conscience. Je ne dois pas vous le dissimuler, la question est épineuse, délicate et a été longtemps controversée. « Entre nos prédécesseurs évêques, dit saint Cyprien, il s'en est trouvé qui ne croyaient pas qu'on dût réconcilier les adultères, et qui leur fermaient absolument l'entrée à la pénitence ; cependant, selon les règles de la saine doctrine, et telle est d'ailleurs la pratique de l'Église, on doit réconcilier les adultères pénitents aussi bien que les autres pécheurs. »

Ainsi entre vous l'esprit doit se taire, c'est au cœur à prononcer. La grande loi de l'humanité est la charité, l'amour de ses semblables, l'oubli et le pardon des injures ; la base de la société, c'est la famille. A l'enfant que vous mettez au monde, vous devez un nom, une famille, c'est là le premier, le plus saint des devoirs, c'est une loi de la nature. Tout père qui abandonne son enfant est un malhonnête homme. Pour la mère, c'est un crime dont son cœur ne l'absoudra jamais. Quant à Georges, nous avons dû cacher sa naissance pour ne pas lui donner un nom qui n'était pas le sien, une fortune à laquelle il n'avait aucun droit. Le malheureux a bien souffert d'une faute dont il était innocent.

Dans la crainte de révélations dangereuses, pour éviter les rapprochements fâcheux que l'on aurait pu faire entre la naissance de l'enfant et la catastrophe qui termina la vie du comte de Maurepas, je laissai passer plus d'une année avant d'inscrire la naissance de l'enfant sur les registres de ma paroisse ; votre union pourrait donc, par conséquent, lui donner la qualité d'enfant légitime ; et si, plus tard, madame, votre conscience vous reprochait d'avoir renoncé à vos vœux, vous auriez pour apaiser vos remords la bénédiction de vos petits-enfants.

— Punissez-moi, mon Dieu, car j'ai péché, dit Hélène en tombant à genoux ; mais épargnez mon enfant.

Le comte, Gabrielle et Georges entrèrent quelques instants après.

Hélène posa la main sur son cœur pour en comprimer les battements; toute sa vie, toute son âme était passée dans son regard, qui embrassait Georges d'un ardent baiser.

Pâle et tremblant, Georges approchait sans oser lever lever les yeux, de crainte de rencontrer le regard irrité du général.

— Approchez, dit le général d'un ton sévère; capitaine Georges, vous avez trompé la confiance que j'avais mise en vous; vous avez manqué à tous vos devoirs de soldat, votre général vous condamne et vous déclare indigne de servir.

Georges tremblait de tous ses membres.

Puis changeant de ton et lui tendant la main :

— Mais tu as agi en honnête homme, tu as sacrifié ta vie et ton honneur pour sauver des malheureux; c'est bien, mon ami, c'est bien. Ton père te pardonne; viens dans ses bras.

— Mon père! vous! dit Georges en le regardant avec étonnement.

— Malheureux! ton cœur ne m'avait donc pas reconnu?... Embrasse-moi donc.

Georges se jeta dans ses bras, et tous deux restèrent quelque temps pressés dans une chaude et vigoureuse étreinte.

Les assistants pleuraient.

Puis le prenant par la main et le conduisant près d'Hélène qui, paralysée par la joie et l'émotion, ne pouvait ni faire un mouvement, ni trouver une parole :

— Embrasse ta mère!

— Mon fils!... mon fils!... disait la malheureuse femme d'une voix entrecoupée par les sanglots. — Pardonne-moi... pardonne-moi de t'avoir délaissé si longtemps... Ah! tu ne sais pas... tu ne sauras jamais tout ce que j'ai souffert...

— Maintenant, mes enfants, écoutez-moi, dit le général, honteux d'une émotion qu'il ne pouvait maîtriser et des larmes qui ruisselaient le long de ses joues : nous voilà tous réunis... ne nous quittons plus jamais... jamais !... Notre patrie nous repousse, fuyons-la .. partons ensemble !... allons en Amérique, nous trouverons au coin d'un grand bois, à mi-côte, un coin de terre où nous pourrons vivre tranquilles et heureux en nous rappelant nos souffrances passées...

J'ai tout préparé pour notre fuite; j'ai des chevaux et une escorte pour éclairer et assurer la route, et à la pointe de Cancale, un bateau nous attendra... nous pouvons partir, cette nuit, dans une heure, quand vous voudrez...

XXII.

LE MARTYRE.

Au même instant, on entendit au dehors les cris de la chouette qui s'appelaient et se répondaient de plusieurs côtés à la fois.

Huguet prit son chapeau et se leva pour sortir...

— Où allez-vous? s'écria Hélène en voulant le retenir. . ce sont les chouans... au nom du ciel ne sortez pas !...

— C'est mon devoir, dit tristement Huguet, comme c'est celui du soldat de se montrer quand le danger l'appelle...

— Mais ils vous tueront! dit Hélène avec force... comme ils ont tué déjà les curés de Parthenay, de Billé, de Noyal, de Montauban, de la Guerche, de Broons, de Saint-Léger, de la Chapelle-au-Filmains, de Mont-Dol, de Juvigné et tant d'autres !... Je vous en prie, Huguet, ne sortez pas !...

— Où pourrais-je me cacher si mon heure est venue? Je dois à ces malheureux les conseils de la sagesse et l'exemple du courage. Je suis sans haine comme sans crainte, et je pardonne d'avance ma mort à ceux qui l'auront accélérée .. Puisse mon sang couler pour la paix et le bonheur de nos frères!... puisse-t-il faire cesser ces horribles égorgements qui déshonorent à la fois la religion et l'humanité.

Il sortit seul : la porte se referma sur lui.

Voici ce qui se passa aussitôt dans la cour du château : — la scène fut courte et terrible... Les chouans, en joyeuse humeur, accouraient par bandes nombreuses, criant, gambadant, tirant des coups de fusil en l'air et chantant à pleine poitrine.

Un d'eux reconnaît Huguet et, avant qu'il ait pu dire une parole, il est maltraité, frappé, jeté à terre au milieu des cris : à mort l'apostat! à mort l'intrus?.. tuez-le! Un des gars prend les bras du malheureux vieillard, les lie avec une corde et attache l'autre bout à la queue d'un cheval qui part au galop au milieu des cris, des rires et des huées des chouans...

Quelques instants plus tard, le corps déchiré par les ronces et les pierres du chemin, n'était plus qu'un cadavre informe...

XXIII.

LE MIRACLE.

Pendant ce temps-là, les chouans se répandaient dans la basse-cour du château, perçaient les tonneaux de cidre, saignaient les poules, les oies et les canards, allumaient le feu et s'apprêtaient à ripailler joyeusement.

Une heure après, quand le fricot fut cuit, messieurs les chasseurs du roi se pressèrent sur des bancelles autour de la grande table de la cuisine. Puis les pichets coururent au milieu des chansons, des cris, des rires et des jurons de la joyeuse assemblée.

Les uns parlaient de leurs fermes, de leurs labours, de leurs chevaux, de leurs récoltes... Les autres racontaient leurs prouesses des jours passés ; le thème variait peu quant au fond : c'étaient toujours des granges ou des maisons brûlées, des diligences attaquées, des percepteurs volés, des maires étranglés avec leurs écharpes tricolores; des patauds égozillés, ou pendus aux branches. Quelques-uns étaient enterrés vivants jusqu'au menton, et dans la tête qui sortait de terre on s'exerçait à tirer à la cible.

Quand la bande fut en joyeuse humeur, Péchard entra : on voulut se lever de table par déférence... il les engagea à continuer. — Après la besogne le divertissement, rien de plus naturel et de plus innocent... il consentit même à boire un verre de cidre, à la santé du roi !

Puis on s'étonna de ne pas voir assis à la place d'honneur, Chaudeboire et le Grand Fumeur... c'était un manque grossier de politesse, un oubli impardonnable que Péchard s'empressa de réparer, il s'empressa d'aller présenter ses excuses au nom de tous ses amis... chose incroyable! et qui ne s'était jamais vue ! Chaudeboire et le Grand-Fumeur refusèrent de venir se mettre à table et de quitter le corps de leur ami Jean le Chouan ! Le repas tirait à sa fin : la soirée était déjà très-avancée... il était près de minuit.

Péchard voulut verser lui-même le coup de l'étrier et offrit à la société plusieurs bouteilles d'eau-de-vie, de la part de M. le marquis de la Rouërie.

Chaudeboire et le Grand-Fumeur ne pouvaient refuser de boire à la santé du Roi, de l'eau-de-vie offerte par M. le marquis de la Rouërie.

Péchard leur en versa deux larges rasades en les engageant à ne pas quitter un seul instant le corps de leur ami Jean... le miracle de la résurrection devait infailliblement s'accomplir pendant la troisième nuit... brisée par une veille de trois nuits, Yvonne s'était endormie sur la paille à côté en recommandant qu'on eût grand soin de la réveiller.

Péchard sortit... rentré à la cuisine, il engagea tout le monde à aller se reposer pour être frais et dispos le lendemain de grand matin, et préparés aux grands évènements qui devaient s'accomplir.

Depuis une heure environ, le château si bruyant et si agité avait repris son silence de mort et son air de désolation habituelle.

Péchard se leva seul et sans bruit, s'approcha de la grange, des hangars et des celliers... tout le monde dormait.

Il entra dans la salle basse où était placé le corps de Jean le Chouan... les deux cierges brûlaient en jetant une faible clarté... il approche sur la pointe des pieds, retenant son haleine, évitant de faire le plus léger bruit.

Le Grand-Fumeur dormait la tête sur l'épaule et sa pipe dans la main...

Chaudeboiré, accoudé sur ses genoux, ronflait en tenant son sabre à la main.

Yvonne ne s'était pas réveillée.

Péchard se penche, prend dans ses bras le corps de Jean le Chouan ; souffle les deux cierges et part.

Mais il avait mal pris ses dimensions, un des pieds du cadavre effleure la joue de Chaudeboire.

Éveillé brusquement, le Chouan tâte le lit... le trouve vide... dans la pénombre de la porte restée ouverte, il croit apercevoir une masse plus sombre... A tout hasard, il allonge un grand coup de sabre dans l'obscurité... Aussitôt il entend un cri étouffé... un corps tombe lourdement avec un bruit sourd... Le Frand-Fumeur bat le briquet, vide sa corne dans un bouchon de paille et rallume les cierges.

Yvonne était debout au premier bruit.

Le corps de Jean le Chouan était à terre... de larges gouttes de sang conduisaient jusqu'à la porte et se perdaient dans les herbes de la cour.

Chaudeboire, Yvonne et le Grand-Fumeur s'interrogèrent du regard... évidemment l'intervention du coup de sabre avait empêché l'accomplissement du miracle annoncé.

Chaudeboire et le Grand-Fumeur s'en allèrent, réveillant leurs amis et colportant la grande nouvelle... des groupes se formèrent çà et là... le doute s'infiltrait dans les esprits, et l'enthousiasme aveugle s'évanouissait comme les visions et les fantômes aux premières lueurs de la raison...

XXIV.

LA CACHETTE.

Au point du jour, les sentinelles, disséminées aux environs du château, dans les genêts et les broussailles, crièrent :

— Aux armes ! les bleus !

Aussitôt, les chouans, si crânes et si fanfarons à table et le verre à la main, s'esquivent le long des haies et à travers champs.

Les personnages réunis au château, le général, le comte, son frère, Hélène, Georges et Gabrielle se dirent toutes leurs frayeurs, toutes leurs appréhensions, dans un regard furtivement échangé... Que faire? que devenir? où fuir? où se cacher? Dans la campagne? mais les chouans n'étaient pour eux guère moins à craindre que les bleus !

— Voyons, dit le général, du sang-froid, ne perdons pas la tête; Hélène et moi nous n'avons rien à craindre, nous allons les recevoir; il doit bien y avoir dans les caves ou les greniers du château, quelque coin obscur, quelque endroit introuvable où cacher trois personnes?...

— Ici! dit Hélène, en ouvrant un placard placé à côté de la cheminée et faisant jouer un ressort caché dans les boiseries latérales; il y a un renfoncement ménagé dans l'intérieur du mur.

— Vous êtes le plus gravement compromis, et c'est vous surtout que l'on doit chercher, dit le général, en prenant Georges par le bras et le faisant entrer dans la cachette.

— Prenez garde de faire un mouvement, dit Hélène, de crainte de faire trembler la tapisserie, nous serions tous perdus ..

Une tenture de laine à personnages, encadrée dans un châssis, tapissait les murs de cette chambre, qu'occupait habituellement Hélène avant et depuis sa sortie du couvent.

— Toi, dit le général à son frère, endosse la défroque d'un domestique, tu nous serviras ; toi, Gabrielle, passe un jupon court de rayé, mets une coiffe de bazin, et à ton cou, un mouchoir de Chollet à fleurs, tu seras la femme de chambre de Madame !.. J'entends les chiens qui aboient : on entre dans la cour... allez vite et tenez-vous prêts à venir quand je vous appellerai.

Hélène et le général replacèrent avec le soin le plus minutieux les meubles dérangés, prirent chacun un fauteuil et se placèrent devant la cheminée : tous deux avaient l'air très-occupé ; Hélène, à un travail de tapisserie, le général, à lire un volume de Voltaire.

Presque aussitôt, on frappait à la porte avec la formule consacrée :

— Au nom de la loi !

Le comte alla ouvrir sans se faire attendre :

Le général accourut l'air brave et souriant, les mains tendues et paraissant heureux de la visite

— Grâce à vous, messieurs, dit-il, je recouvre ma liberté ; nos ennemis ont pris la fuite : cependant, assurez-vous qu'il n'en est resté aucun ; fouillez le château depuis la cave jusqu'aux combles, et si vous trouvez un chouan caché, faites-le fusiller sur le champ... pas de prisonniers, c'est le seul moyen d'en finir.

— Vous entendez, dit Martinet avec intention, si vous trouvez un chouan, quel qu'il soit, fusillez-le sur place.

Le général fit servir des rafraîchissements aux soldats et aux gardes nationaux, et invita les officiers, commandant le détachement, à le suivre dans la pièce où il avait laissé Hélène occupée à son travail de tapisserie.

— Joseph, dit-il au comte, mettez les couverts, servez du vin et des viandes froides; dépêchez-vous!...

Le comte visitait le buffet, et débouchait les bouteilles pendant que Gabrielle rinçait les verres, plaçait les serviettes et aidait son père, assez gauche et emprunté dans ses nouvelles fonctions; — mais ici, le grotesque disparaissait sous la terreur...

— Voyons, messieurs, à table, dit le général d'un ton dégagé, la marche a dû vous ouvrir l'appétit...

Hélène fit placer Martinet à sa droite; le général s'assit à sa gauche, et lui dit bas à l'oreille :

— N'ayez l'air de rien voir, de rien entendre...

Le comte et Gabrielle se tenaient derrière les fauteuils debout, attentifs, et la serviette sur le bras.

Martinet paraissait soucieux; de temps en temps il jetait de côté un regard soupçonneux, et sa petite queue frétillant sur le collet de velours de son habit marron donnait des signes visibles de sa préoccupation.

— Vous avez appris, général, l'évasion de Tinteniac et de la Rouërie?...

— Oui... vous pourrez voir que les chouans ont passé la dernière nuit dans ce château à fêter leur délivrance.

— Vous connaissez la trahison du capitaine Georges à qui vous aviez laissé le commandement de la place pendant votre absence?

— On me l'a dit, et j'en ai été profondément affligé.

— Savez-vous que j'ai été soupçonné de complicité, traduit en jugement, et que malgré mon patriotisme bien connu, j'aurais été condamné, si je n'avais pris l'engagement d'arrêter le capitaine Georges ou de venir me reconstituer prisonnier...

— Vous saviez où le trouver?

— Nullement; mais c'était un moyen de gagner du temps... Mais depuis, j'ai pris des informations, je me suis mis sur ses traces, je le suis pas à pas et j'ai enfin réussi à l'atteindre, dit lentement Martinet en regardant fixement Hélène dont les regards étaient constamment baissés... Je sais où il est... où il se cache... et avec quelles personnes il a voyagé...

Hélène pâlit horriblement...

Gabrielle se sentit chanceler; et le comte du revers de sa main essuya les gouttes de sueur froide qui perlaient sur son front...

— Eh bien! tant mieux! dit le général, j'en suis enchanté, et si vous parvenez à l'arrêter, son jugement ne sera pas long, ce sera un traître de moins... Voyons, Joseph... verse donc à boire à ces messieurs, tu vois bien que les verres sont vides...

Le comte tremblait tellement que la moitié du vin coulait sur la table.

— Maladroit! cria le général, passe-moi cette bouteille, et va t'assurer à l'office que les soldats ne manquent de rien.

Le comte sortit en chancelant; quelques minutes plus tard son émotion allait le trahir. Un instant après, un sergent vint rendre compte des perquisitions faites dans le château.

— Eh bien? demanda Martinet.

— Nous avons cherché partout, et nous n'avons rien trouvé...

— Recommencez, dit Martinet, le capitaine est ici... je le sais, j'en suis sûr...

Le sergent sortit.

— Vous souffrez, madame, dit Martinet, en remarquant la pâleur livide d'Hélène...

— Je suis souffrante depuis quelque temps, balbutia Hélène...

— Depuis trois jours que nous sommes entre les

mains des chouans, nous n'avons pas pris une minute de repos, dit le général.

— Et vous n'avez pas quitté cette chambre? demanda Martinet.

— Pas une minute; nous étions gardés à vue...

— Alors, il est inutile que je la fasse visiter...

— Je le crois... cependant, voyez... cherchez...

Un second sous-officier entra : on n'avait pas été plus heureux la seconde fois que la première.

— C'est impossible! s'écria Martinet; quand je devrais démolir ce château pierre à pierre, je ne sortirai pas d'ici sans avoir arrêté notre capitaine... Voyons, dit-il au sergent, faites entrer un homme et fouillez cette chambre ..

On comprend l'acharnement de Martinet et de quelle importance était pour lui l'arrestation de Georges; il n'avait pas oublié le terrible billet que Péchard lui avait remis pendant sa première visite à l'hôtel Fayolle; tôt ou tard on pouvait envoyer ce billet au tribunal révolutionnaire; à une preuve si évidente, que répondre? la trahison était flagrante, il était perdu...

Les recherches continuaient... le lit fut défait; les meubles déplacés, les placards fouillés... on ne trouvait rien.

Hélène qui sentait ses forces faiblir voulut sortir.

— Restez, madame, dit Martinet avec autorité.

— Craignez-vous donc que madame ne cache le capitaine dans les plis de ses jupes? dit le général qui commençait à s'impatienter.

— J'ai mes raisons pour agir ainsi, général, dit froidement Martinet.

Arrachant la baïonnette du fusil d'un garde national, il s'en allait çà et là, sondant le plafond, frappant contre les lambris, et s'assurant qu'ils rendaient un son mat et plein. Puis ne trouvant rien de suspect, ce grand citoyen n'eut pas honte de se mettre à deux genoux sur le plancher, et de fouiller une à une chaque feuille du parquet... Rien!

— Allons, dit-il en se relevant, mes renseignements étaient faux ; on m'avait trompé.

Pendant qu'il laissait tomber ces paroles une à une et comme à regret, son regard, glissant sous ses sourcils fourrés, allait de Gabrielle à Hélène et revenait de celle-ci à celle-là.

Les deux femmes soulagées d'une oppression horrible, respirèrent librement.

— Je suis sûr qu'il est ici, reprit Martinet ; cherchons encore.

Il fit enlever le feu de la cheminée, examina l'âtre et s'assura que la plaque ne tournait pas sur elle-même, et ne communiquait pas avec la pièce de l'autre côté.

— Je vois avec quel soin, avec quels scrupules, vous vous acquittez du mandat qui vous est confié, dit le général, et j'en rendrai bon témoignage à l'occasion.

— Je suis heureux que l'on m'ait trompé, dit Martinet, et je vous prie de recevoir mes excuses pour ma longue et désagréable visite.

Les gardes nationaux et les soldats étaient déjà sortis. Furieux et désappointé, Martinet, qui n'avait pas quitté sa baïonnette, sondait avec la pointe les murs recouverts par la tapisserie.

Enfin il sortit.

A peine la porte s'était-elle refermée sur lui, que l'on vit la tapisserie trembler. Hélène ouvre précipitamment le placard et fait jouer le ressort caché dans la boiserie.

Martinet rentre crâne et triomphant, effrayant à voir.

— Tenez, dit-il en leur montrant la baïonnette qu'il tenait à la main et passant son pouce sur la rainure ; voyez... du sang !... il y a du sang... Il est là, derrière cette tapisserie.

Tout le monde était muet et consterné.

Les gardes nationaux rentrent, déchirent la tenture à coups de sabre et l'arrachent par lambeaux.

On trouva Georges dans sa cachette.

Par un effort de courage surhumain, le malheureux avait pu étouffer le cri de la douleur... La baïonnette était entrée dans sa poitrine... La mort avait été instantanée.

XXV.

LE CONSEIL DE GUERRE.

La scène qui suivit fut courte, mais horrible.
Gabrielle tomba évanouie.

— Cette servante est mademoiselle Gabrielle de Fayolle, dit Martinet à l'oreille de l'officier. — Puis, montrant le comte accouru au bruit : Ce domestique est son père. Tous deux sont déjà jugés et condamnés comme complices de l'évasion de la Rouërie.

Hélène, folle, éperdue, désespérée, s'était jetée sur le corps de Georges, soulevant sa tête, et cherchant à étancher le sang qui coulait de la blessure.

Martinet fit aux soldats un geste d'une expression terrible :

— Le premier qui bouge est mort !... dit le général en armant un de ses pistolets.

— Soldats ! crièrent en même temps Martinet et l'officier commandant le détachement : — obéissez...

Le coup partit, la balle effleura sans l'atteindre la tête de Martinet.

Le comte voulut désarmer un des soldats... une lutte s'engagea...

Presque aussitôt, le général et son frère furent entourés, désarmés et conduits la tête nue et les mains liées derrière le dos, dans l'angle le plus reculé de la cour, à gauche de la grande porte du château...

En même temps, les soldats emportaient de la chambre dans la cour, Hélène et Gabrielle évanouies...

Resté seul un moment, Martinet se jeta sur le corps

de Georges, arracha ses habits, fouilla ses poches, et trouva un petit papier roulé...

Il l'ouvre précipitamment, et pousse un cri de joie en reconnaissant le billet écrit au château de la Rouërie...

Les officiers commandant le détachement, s'étaient réunis en conseil de guerre dans la grande salle du château.

La délibération fut courte, et l'exécution ne se fit pas longtemps attendre... Cinq minutes après on entendit un feu de peloton...

La guerre civile avait quatre victimes de plus à enregistrer dans ses funèbres annales

FIN DE LA DEUXIÈME PARTIE.

ÉPILOGUE

———

Un an après, le 3 mars de l'année 1793, à huit heures du soir, au moment où Martinet débouchait de la rue Saint-Georges pour se rendre au club des cordeliers, un homme lui toucha légèrement l'épaule.

— Qui es-tu? demanda Martinet en se retournant vivement.

— Le citoyen Barthe, répondit l'individu, avec un accent méridional très-prononcé et en souriant d'un air d'intelligence, tu ne me reconnais pas, citoyen?

— Je ne t'ai jamais vu, citoyen, dit Martinet en l'examinant attentivement.

— J'étais un des quatre hommes qui vinrent une nuit te prendre dans ton lit pour te conduire chez M. le Préfet de Police...

— A Paris?...

— Il y a quatre ans...

— Que me veux-tu, citoyen?

— Le Comité de salut public m'a investi des fonctions les plus recommandables ; je suis chargé d'une mission de la plus haute importance, et je viens te prier, citoyen, de me prêter ton concours patriotique.

— Dans quel but, citoyen ?

— Dans le but d'opérer une arrestation formidable...

Martinet se recula involontairement : quelques épisodes de sa vie passée ne le laissaient pas sans inquiétude sur ses rapports possibles avec le Comité de salut public.

— Et qui as-tu ordre d'arrêter ? demanda-t-il en regardant le citoyen Barthe avec méfiance.

— C'est un secret, citoyen ; tu le sauras plus tard... pour le moment, il s'agit simplement de me suivre...

— Où cela ?

— Tu le verras...

Barthe et Martinet se dirigèrent vers la rue Vasselot ; une petite carriole lourde et ventrue, attelée de deux petits chevaux mal peignés, attendait dans la cour de l'auberge.

— Citoyen, dit Martinet, en fixant ses petits yeux gris sur l'œil louche de Barthe, tu m'inspires une confiance sans bornes... cependant, comme j'ai eu tant de fois déjà à me défendre contre les piéges des ennemis de la République et des partisans de Pitt et Cobourg, ne trouve pas mauvais que je te demande à voir les pouvoirs que t'a donnés le Comité de sûreté générale.

— Comment donc, citoyen, dit Barthe, en attirant des profondeurs des poches d'une longue houppelande marron, un porte-feuille crasseux gonflé de paperasses ; cette observation, pleine de prudence et de sagacité, me touche profondément et me prouve que tu es digne de marcher sur mes traces, et de concourir avec moi au salut de la République... Voilà mes papiers, citoyen, examine-les.

Martinet déplia une grande feuille de papier gris, cassé aux plis, fleuronnée des armes de la République une et indivisible ; et après avoir flairé du nez et des yeux les signatures, il la rendit à Barthe.

— Citoyen, je suis à tes ordres.

— Partons ! dit Barthe en montant en voiture.

Deux heures plus tard, Martinet et Barthe descendaient au bas du tertre de Pique-Bœuf, à une lieue de Hédé, et pour se réchauffer les pieds et se dégourdir les jambes, montaient la côte à pied.

— Citoyen procureur, demanda Barthe, pourrais-tu me donner des renseignements précis et catégoriques sur le ci-devant marquis Tuffin La Rouërie?

— Sur lui, non... je sais qu'il conspire...

— Toujours... depuis quatre ans... et tu n'as rien appris, autrement? rien découvert ?

— J'ai fait arrêter à Cancale des prêtres venant de Jersey et j'ai appris que les émigrés préparent une descente sur les côtes de Bretagne, entre Saint-Malo et Saint-Servan.

— Et, tu n'as pas encore plongé dans les cachots de la République ce misérable conspirateur?

— Où le prendre?..

— Cela te regarde, citoyen,

— Depuis plus d'un an, La Rouërie a quitté la Bretagne.

— On te trompe, citoyen, on te trompe... Tuffin est dans un château près d'ici...

— C'est impossible...

— J'ai des preuves certaines, positives... prends garde, citoyen... prends garde ! on te soupçonne de modérantisme...

— Moi ! s'écria Martinet avec indignation.

— Et l'on pense au comité, continua Barthe avec un hochement de tête peu rassurant, que si le sieur Tuffin n'avait pas été de connivence avec toi, il n'aurait pu réussir à se soustraire jusqu'ici à la vengeance des lois.

16.

— C'est une abominable calomnie! dit Martinet.

— C'est ce que j'ai représenté au citoyen ministre ; je lui rappelai tes services à Paris et dans l'affaire Fayolle; mais tu étais condamné, mon cher, c'était la loi.. et je devais aussitôt après mon arrivée à Rennes te mettre en accusation, et livrer ta tête au vengeur du peuple...

Martinet se trouvait mal à l'aise...

— Ceux qui m'accusent, dit-il, ignorent sans doute que vingt fois déjà j'ai failli être égorgé, pendu ou fusillé par les chouans de la Rouërie.

— Enfin, j'ai dit au citoyen ministre : mon cher Lebrun, je ne réponds pas du succès de ma mission; je ne connais pas le ci-devant Tuffin, je ne l'ai jamais vu, et je pourrais arrêter à sa place le premier aristocrate venu; il me faut avec moi un citoyen qui puisse le reconnaître au premier coup d'œil malgré tous les travestissements qu'il pourrait prendre; enfin, je demande à me faire accompagner par le citoyen Martinet:—mon cher Barthe, me dit le citoyen ministre, puisque tu le veux absolument, je t'accorde le citoyen Martinet, mais n'oublie pas que tu me réponds de lui... — J'ai répondu de toi, citoyen, et j'espère que tu te montreras digne de ma confiance.

— Sois tranquille, citoyen, tu seras content de moi.

Martinet connaissait assez les hâbleries méridionales pour savoir qu'il n'y avait pas une seule parole de vraie dans tout ce que venait de lui raconter le citoyen Barthe.

— Tu veux arrêter La Rouërie, n'est-ce pas?
— Certainement.
— Combien as-tu d'hommes?
— Deux... toi et moi...
— Est-ce tout?
— Deux hommes libres suffisent pour mettre en déroute un vil troupeau d'esclaves...
— Sais-tu quel homme c'est que La Rouërie?
— Parfaitement... C'est un aristocrate, un royaliste,

un partisan du despotisme... un vil conspirateur en un mot... Voilà ce que c'est que le ci-devant Tuffin de La Rouërie.

— Tu ne connais pas la Bretagne, citoyen Barthe?

— J'y viens pour la première fois, je ne m'en cache pas.

— Eh bien! sache donc que chaque arbre de la route, chaque buisson, chaque sillon de blé, cache un chouan qui, sur un mot, sur un geste de La Rouërie, viendra nous fusiller, nous accrocher à une branche, ou nous saigner avec son couteau...

— Bon! tu me feras croire peut-être qu'il faudrait une armée avec des pièces de canon pour s'emparer de ton ci-devant marquis?

— Pas tout à fait, mais quelque chose d'approchant.

— Bath! tu veux rire, citoyen procureur.

— Je n'en ai nulle envie, je t'assure... seulement écoute-moi...

— Parle, citoyen.

— Tu commanderas l'expédition, je t'en laisserai tout l'honneur.

— C'est mon droit... je le revendique...

— Seulement, comme je partage ta responsabilité, laisse-moi te conseiller, je te dirai ce que tu auras à faire... Où se cache La Rouërie?

— Au château de la Hunaudais, à une lieue de Lamballe, département des Côtes-du-Nord, chef-lieu Saint-Brieuc.

— Comment le sais-tu?

— Par une lettre écrite de Londres au comité de salut public par la société des amis de la constitution.

— C'est bien.

La voiture traversa, pendant la nuit, Hédé, Combourg et Dol; là, Barthe et Martinet changèrent de chevaux, et arrivèrent à Dinan comme le jour commençait à poindre.

Au bas du Jersual, dans une auberge qui forme la

tête du pont, ils trouvèrent le lieutenant Cadenne, le maire, le juge de paix et quelques officiers de la garde nationale, convoqués directement par le comité de la sûreté publique de Paris.

— Citoyens, leur dit Martinet, vous allez convoquer à domicile tous les hommes sur lesquels on peut compter ; et, fractionnés par petits détachements, vous allez vous disséminer sur tous les chemins en évitant autant que possible les villes et les villages, et vous réunir vers deux heures du matin à l'entrée du bois de la Hunaudais; une poignée de paille, allumée et secouée dans l'air, nous servira de signe de ralliement... N'est-ce pas là ce que tu me disais tout à l'heure, citoyen Barthe, demanda Martinet?

— Parfaitement, dit Barthe avec le sourire gracieux d'un homme qui louche, le citoyen procureur syndic a parfaitement compris ma volonté et exprimé mes intentions... Ainsi donc, citoyens, à deux heures du matin, au coin du bois de la Hunaudais.

— Nous y serons... citoyens.

De là, Martinet et Barthe se rendirent à Saint-Brieuc, réunirent les autorités commandant la ville et le département, les officiers de la garde nationale et des troupes ; le 3 Mars et à deux heures du matin, un cordon de deux cents hommes environ, entourait le château de la Hunaudais; les mesures avaient été si habilement prises, le secret de l'expédition si bien gardé cette fois, que tout le château dormait du plus profond sommeil lorsque les portes s'ouvrirent après la sommation officielle.

Barthe et Martinet, ceinturés d'écharpes tricolores, entrèrent en tête du cortége.

Le château de la Hunaudais était alors occupé par M. de la Guyomarais, sa femme, deux garçons de l'âge de dix à douze ans, un jeune homme de vingt-deux ans, leur précepteur, nommé Lachauvenais, le chirurgien Masson, Perrin le jardinier et les gens de service. Aussitôt la grande salle du château fut transformée en tribunal, le citoyen Barthe en juge-commissaire, et l'instruction commença.

Pendant ce temps-là, Martinet les deux mains derrière le dos, comme s'il eût été embarrassé de son temps et de sa personne, s'en allait flânant du côté de l'office.

Dans l'angle le plus obscur de la cuisine, assis sur un banc, adossé à un lit, il aperçut un paysan qui grelottait autant de peur que de froid.

— Jette une brassée de bois dans le feu, dit Martinet en s'approchant de la cheminée, les matinées sont fraîches.

Debout, devant la longue flamme d'un feu de genêts, Martinet se frotta joyeusement les mains et parut se dégourdir comme un vieux serpent au soleil.

Puis, prenant un air bonhomme et comme s'il n'eût cherché qu'à causer pour tuer le temps :

— Comment t'appelles-tu ? demanda-t-il au paysan.
— Guillaume Perrin.
— Que fais-tu au château ?
— Je suis jardinier.
— Il y a longtemps ?
— Une douzaine d'années.
— Combien gagnes-tu par an ?
— Vingt écus.
— Soixante francs !... c'est un bon prix.
— Je ne me plains pas.
— Et puis, avec cela, on te donne des légumes ou des fruits à vendre au marché ; une maison pour te loger, avec un coin de champ pour jardin.
— Notre maître est un bonhomme, on ne peut pas lui ôter ça.
— Eh ! sans doute ; mais par malheur il s'est fourré dans une méchante affaire dont nous aurons bien du mal à le tirer... et pourtant, ce n'est pas qu'on puisse dire qu'il ait fait tort ou mal à personne...
— Il en est incapable.

— Ce qu'il a fait, mon dieu ! tout le monde l'eût fait comme lui... moi tout le premier... un ami forcé de se cacher, vient vous demander l'hospitalité... que diable ! à moins d'être un sans cœur, on ne peut pas lui fermer sa porte au nez ou envoyer chercher la gendarmerie.

— C'est juste... et faudrait être un fameux coquin pour cela.

— Tiens, Perrin, si tu veux me croire, tu vas aller pendant que je suis à me chauffer, dire à M. le marquis de la Rouërie qu'il aille se faire pendre ailleurs.

— Il n'est pas au château.

— Tu le connais donc ? demanda vivement Martinet.

— Je n'ai pas dit ça.

— Il est donc parti ?...

— Qui ?

— Le voyageur qui vint un soir au château avec un vieux domestique nommé Saint-Pierre et une demoiselle blonde à cheval, déguisée en paysan.

— Je ne me souviens pas... dit Perrin d'une voix mal assurée.

— Tu ne te souviens pas !... dit Martinet, du ton de l'ogre dans la cabane du petit Poucet... prends garde ! je serais fâché qu'il t'arrivât malheur ; mais si tu essaies de mentir ou de me tromper, tu es un homme perdu...

Puis se radoucissant tout-à-coup :

— Après tout, est-ce que ces affaires-là te regardent, toi ? est-ce que tes maîtres te demandent la permission de recevoir qui bon leur semble ? laisse-les s'arranger entre eux comme ils l'entendront et réponds-moi franchement : la justice sait tout ce qui s'est fait depuis quinze jours dans ce château, et si tu essaies de mentir, je le verrai bien... Il y a environ quinze jours, dit Martinet, après avoir calculé mentalement le temps qu'avait dû prendre la nouvelle pour se rendre de France à Londres, de là à Paris et en Bretagne : — Un homme de quarante-cinq ans environ, grand et maigre, avec un grand nez mince et de petits yeux, est venu ici accompagné d'un vieux domestique...

— Comment s'appelait-il?

— Il se faisait appeler M. Gosselin, mais tout le monde au château savait que c'était M. le marquis de la Rouërie.

— Ah! et comment était-il habillé?

— Il avait un chapeau rond, pointu, à larges bords ; une houppelande de draps gris avec un petit rabat, des culottes courtes de même étoffe, un gilet jaune à boutons de métal et des bottes molles.

— C'est la vérité, dit Perrin, et je vois bien qu'il n'y a pas moyen de vous rien cacher... Eh bien, l'homme que vous cherchez est mort il y a quatre jours.

— Tu mens! dit Martinet, en le menaçant du doigt.

— Aussi vrai que j'ai nom Guillaume Perrin, l'homme que vous dites est mort et enterré au coin du mur, en dehors du jardin, sous un grand cerisier.

— Et, par qui fut-il porté en terre?

— Par monsieur Lachauvenais et par moi.

— Depuis combien de jours était-il au château?

— Depuis le 16 janvier.

— Pourquoi as-tu remarqué cette date?

— Parce que c'est la fête de saint Guillaume mon patron.

— As-tu appris de quelle maladie il est mort.

— Monsieur Taburel, le médecin du château le traitait pour la fièvre, mais personne, excepté Saint-Pierre son domestique, ne pouvait ni le voir ni l'approcher... Le 23 ou le 24 janvier, M. de la Rouërie reçut de Paris une lettre qui lui annonçait que le roi avait été guillotiné... Cette nouvelle là le rendit fou, furieux. Il poussait des cris que j'entendais de l'autre bout du jardin. Enfin, le dernier jour de l'an, au milieu de la nuit, madame la Guyomarais vint m'éveiller dans mon lit, et me pria d'aider M. Lachauvenais à porter le corps, et à l'enterrer en dehors du mur du jardin au coin du bois.

— Tu retrouverais bien la place?

— Sans difficulté, la terre est encore fraîchement remuée :

— Continue...

— Monsieur Lachauvenais prit le corps par les pieds... le temps était sec et il faisait un beau clair de lune.

— Par qui la fosse fut-elle creusée?

— Ce fut M. Lachauvenais qui commença ; et comme il était fatigué, ce fut moi qui la finit.

— Vous n'étiez que deux pour faire toute cette besogne?

— Si, il y avait encore avec nous, M. Masson, le chirurgien du château, il fit de larges entailles sur le corps et y jeta de la chaux vive ; on en jeta au fond de la fosse ; et quand le corps fut dans la terre, on le couvrit de chaux, et nous comblâmes la fosse avec la terre que nous foulâmes avec les pieds.

— C'est tout ce que tu sais!

— Je n'ai pas vu autre chose.

— C'est bien... suis-moi...

En sortant de la cuisine, Martinet aperçut le citoyen Barthe qui s'en allait la tête basse et le menton dans la main.

— Eh! bien, citoyen Barthe, as-tu appris quelque chose?...

— Rien! absolument rien! s'écria-t-il avec un geste désespéré... tous ces coquins s'entendent et ne veulent pas parler... et toi, citoyen...

— Moi!... dit Martinet, d'un air triomphant... Je sais tout... Viens par ici... toi, dit-il à Perrin, marche devant et conduis-nous.

Sous le cerisier désigné, Perrin s'arrêta.

— Béchez-là! dit Martinet.

A quelques pieds sous terre, on découvrit le cadavre de la Rouërie que la chaux n'avait pas encore dévoré.

MM. de la Guyomarais et sa femme, Thébaud Lachauvenais, Maurin-Delaunay, Loquet de Granville, Grout de La Motte, Thérèse de Moëlien, Georges Fontevieux, et un interprète de lange anglaise nommé Vincent, furent arrêtés le même jour.

— Maintenant, dit Martinet à Perrin, — si tu veux sauver ta tête, réponds-moi?... Où sont les papiers de la Rouërie?... Voyons, parle...

— Je ne saurais trop vous dire au juste, balbutia le jardinier ; mais je crois me rappeler avoir vu ou entendu dire qu'ils avaient été emportés par mademoiselle Thérèse de Moëlien.

— Où les a-t-elle cachés ?..

— Ils pourraient bien être enterrés dans le jardin de la Fosse-Hingant ; mais je n'en suis pas bien sûr.

— Cela suffit... emmenez cet homme, dit Martinet, en montrant Perrin aux gendarmes.

Le même jour, quelques heures plus tard, Barthe et Martinet arrivaient à la Fosse-Hingant et entraient dans le jardin de M. Desilles.

M. Desilles, qui savait déjà la découverte que l'on venait de faire au château de la Hunaudais, s'était jeté dans un bateau de pêcheur et passait à Jersey.

Ses deux filles, Angélique et Marie étaient seules.

Angélique, la plus jeune, sortie de pension la veille, ignorait complètement ce qui s'était passé pendant son absence.

Martinet les fit approcher toutes les deux.

Les fouilles commencèrent devant M. Renoul, juge de paix de Saint-Servan, et les autorités municipales de Saint-Malo.

Quatre, puis cinq carrés du jardin furent creusés inutilement.

Le regard de Martinet allait continuellement de la bêche des terrassiers aux visages des jeunes filles. Toutes deux restèrent impassibles et indifférentes à ce qui se passait.

Les travailleurs étaient fatigués ; les autorités avaient

froid aux pieds et parlaient de se retirer. Martinet insista pour que les fouilles fussent continuées jusqu'à la fin...

La moitié du sixième et du dernier carré avait été bouleversée sans amener aucune découverte... Martinet, qui s'en allait sur les deux genoux, le nez dans les touffes d'herbes, crut remarquer un endroit où la terre paraissait plus fraîche.

— Les papiers sont là !... dit-il, en regardant fixement les deux jeunes filles.

Marie pâlit et perdit connaissance.

Presque aussitôt, la bêche de l'un des hommes mit à jour un grand bocal rempli de papiers.

Martinet était maître de tous les papiers de la conspiration : — listes et adhésions des principaux conjurés ; commissions et proclamations des frères du roi ; des reçus pour achats d'armes, de provisions de guerre, de frais d'équipement.

Vingt-six individus furent arrêtés, conduits à Paris, jugés et condamnés, après des débats solennels, par le tribunal révolutionnaire qui débutait dans ses terribles fonctions.

Quoique les preuves fussent évidentes, tous les conjurés refusèrent de répondre, s'embrassèrent au pied de l'échafaud, et moururent en criant : Vive le roi !

En treize minutes, le même fer trancha douze têtes.

Ce drame lugubre finit par un trait de dévouement sublime :

Angélique Desilles, condamnée au lieu de Marie, refusa d'éclairer le tribunal sur sa méprise et mourut pour sauver sa sœur.

15 Mai 1856.

FIN.

TABLE DES MATIÈRES

PREMIÈRE PARTIE. — LES CHOUANS

Prologue..	1
I. — Le château d'Épinay.............................	18
II. — Le souper..	24
III. — Le père Martinet................................	28
IV. — Le recteur de Vitré............................	31
V. — Le café de l'Union.............................	35
VI. — L'hôtel Fayolle..................................	44
VII. — La place publique............................	52
VIII. — Les deux frères...............................	59
IX. — Conseils d'un père à sa fille..............	64
X. — Les Bénédictines...............................	70
XI. — Péchard...	77
XII — L'entrevue.......................................	79
XIII. — Les adieux.....................................	83
XIV. — La ferme de Jean le Chouan..........	89
XV. — Une soirée à la ferme.....................	96
XVI. — Confidences..................................	104
XVII. —	110
XVIII. —	112
XIX. —	115
XX. — Paris...	118
XXI. —	121
XXII. —	123

DEUXIÈME PARTIE.

I. — Fusion...	127
II. — Le club de Rennes...........................	134
III. — Le château de la Rouërie................	140
IV. —	146

V. — Le cabaret..........		149
VI. — Un mauvais coucheur..........		160
VII. — Le jour des Rois..........		163
VIII. — La surprise..........		171
IX. — Enfin !..........		178
X. — Arrestation..........		179
XI. — L'intrus..........		191
XII. — Les Bénédictines..........		196
XIII. — La forêt de Rennes..........		209
XIV. — La tour Le Bât..........		213
XV. — Les souvenirs..........		225
XVI. — Le comte de Fayolle..........		231
XVII. — La séduction..........		239
XVIII. — Le coup d'état..........		247
XIX. — Jean le Chouan..........		252
XX. — Les importants..........		256
XXI. — Reconnaissance..........		260
XXII. — Le martyre..........		267
XXIII. — Le miracle..........		268
XXIV. — La cachette..........		271
XXV. — Le conseil de guerre..........		277
ÉPILOGUE..........		279

FIN DE LA TABLE.

COLLECTION MICHEL LÉVY

VOLUMES PARUS ET A PARAITRE
Format grand in-18, à 1 franc

A. DE LAMARTINE vol.
- Les Confidences ... 1
- Nouvelles Confidences.. 1

THÉOPHILE GAUTIER
- Les Beaux-Arts en Europe 2
- Constantinople 1
- L'Art moderne 1

GEORGE SAND
- Mauprat 1
- Valentine 1
- Indiana 1
- Jeanne 1
- La Mare au Diable... 1
- La petite Fadette. .. 1
- François le Champi... 1
- Teverino 1

GÉRARD DE NERVAL
- La Bohème galante ... 1
- Le Marquis de Fayolle.. 1
- Les Filles du Feu..... 1

EUGÈNE SCRIBE
- Théâtre, tomes 1 à 10 10
- Nouvelles... 1
- Historiettes et Proverbes 1

F. PONSARD
- Études antiques....... 1

HENRY MURGER
- Le dernier Rendez-Vous. 1
- Le Pays Latin.. 1
- Scènes de campagne. . 1

CUVILLIER-FLEURY
- Voyages et Voyageurs.. 1

EMILE AUGIER
- Poésies complètes . . 1

Mme BEECHER STOWE
- Traduction E. Forcade.
- Souvenirs heureux .. 2

ALPHONSE KARR
- Les Femmes 1
- Agathe et Cécile. ... 1
- Promenades hors de mon Jardin........ 1
- Les Fleurs 1

LOUIS REYBAUD
- Le dernier des Commis-Voyageurs 1
- Le Coq du Clocher ... 1
- L'Industrie en Europe.. 1

Mme É. DE GIRARDIN vol.
- Marguerite, ou deux Amours. 1

PAUL MEURICE
- Scènes du Foyer..... 1

CHARLES DE BERNARD
- Le Nœud gordien..... 1
- Gerfaut. 1
- Un Homme sérieux,. 1
- Les Ailes d'Icare. .. 1

HOFFMANN
- Traduction Champfleury.
- Contes posthumes...... 1

ALEX. DUMAS FILS
- Aventures de quatre Femmes 1
- La Vie à vingt ans... 1
- Antonine. 1
- La Dame aux Camélias. 1

JULES LECOMTE
- Le Poignard de Cristal. 1

X. MARMIER
- Au bord de la Newa.. 1

FRANCIS WEY
- Les Anglais chez eux . 1

J. AUTRAN
- La Vie rurale... 1

PAUL DE MUSSET
- La Bavolette. 1

EDMOND TEXIER
- Amour et Finance.. .. 1

ACHIM D'ARNIM
- Traduc. Th. Gautier fils.
- Contes bizarres........ 1

ARSÈNE HOUSSAYE
- Les Femmes comme elles sont. 1

LE GÉNÉRAL DAUMAS
- Le grand Désert.... 1

H. BLAZE DE BURY
- Musiciens contemporains 1

OCTAVE DIDIER
- Madame Georges..... 1

ÉMILE SOUVESTRE vol.
- Un Philosophe sous les toits... 1
- Confessions d'un Ouvrier 1
- Au coin du Feu.... 1
- Scènes de la Vie intime. 1
- Chroniques de la Mer... 1
- Dans la Prairie..... 1
- Les Clairières 1
- Scènes de la Chouannerie 1
- Les derniers Paysans... 1
- Souvenirs d'un Vieillard. 1
- Sur la Pelouse..... 1
- Les Soirées de Meudon. 1

LÉON GOZLAN
- Les Châteaux de France. 1
- Le Notaire de Chantilly. 1

FÉLIX MORNAND
- La Vie arabe........ 1

EDGAR POE
- Traduct. Ch. Baudelaire.
- Histoires extraordinaires 1

A. VACQUERIE
- Profils et Grimaces. .. 1

CHARLES BARBARA
- Histoires émouvantes.. 1

A. DE PONTMARTIN
- Contes et Nouvelles.... 1
- Mémoires d'un Notaire. 1
- La fin du Procès .. 1
- Contes d'un Planteur de choux........ 1

HENRI CONSCIENCE
- Traduct. Léon Vocquier.
- Scènes de la Vie flamande. 2
- Le Fléau du Village. . 1

DE STENDHAL (H. Beyle)
- De l'Amour 1
- Le Rouge et le Noir.. 1
- La Chartreuse de Parme. 1

MAX RADIGUET
- Souvenirs de l'Amérique espagnole..... 1

PAUL FEVAL
- Le Tueur de Tigres.... 1

MÉRY vol.
- Les Nuits anglaises.
- Une Histoire de l'ou...
- André Chénier...
- Salons et Souterr... de Paris.. ...

LOUIS DE CARN...
- Un Drame sous la T... reur.......

CHAMPFLEURY
- Premiers Beaux Jour...

H. B. RÉVOIL (Trad...
- Les Harems du Nouv... Monde....

ROGER DE BEAUV...
- Le Chevalier de Sa... Georges. ....
- Aventurières et Co... tisanes....
- Histoires cavalières...

GUSTAVE D'ALAU...
- L'empereur Souloüq... et son Empire....

XAVIER EYMA
- Les Peaux-Noires....

HILDEBRAND
- Traduct. Léon Vocqu...
- Scènes de la Vie hollandaise. ....

AMÉDÉE ACHARD
- Parisiennes et Provinciales ....

CHARLES DE LA ROU...
- La Comédie de l'Amou...

ALBÉRIC SECOND
- À quoi tient l'amour...

Mme BERTON (Née Sams...
- Le Bonheur impossible...

NADAR
- Quand j'étais étudiant...

MARC FOURNIER
- Le Monde et la Comédi...

JULES SANDEAU
- Sacs et Parchemins...

PARIS. — IMP. BOURDI S-DUPRÉ, RUE SAINT-LOUIS, 46

www.ingramcontent.com/pod-product-compliance
Lightning Source LLC
Chambersburg PA
CBHW071604170426
43196CB00033B/1746